역주 **오륜행실도**

역주 오륜행실도

천명희 지음

한국문화사

머리말

『오륜행실도』는 1797년(정조2) 왕명으로 『삼강행실도(三綱行實圖)』와 『이륜행실도(二倫行實圖)』의 내용을 편집 수정하여 간행한 5권 4책의 문헌이다. 최초의 원간본은 정리자본(整理字本)이며, 이후 1859년(철종 10)에 교서관(校書館)에서 목판본 5권 5책이 간행되었다. 이 목판본은 중간(重刊) 서문(序文)이 추가되어 있으며 이 외에는 원간본과 내용에서 동일하다. 현재 원간본은 국립중앙도서관을 비롯하여 서울대 규장각, 한국학중앙연구원 장서각 등에 소장되어 있으며 복각본도 다수가 확인되고 있다. 또한, 19세기의 필사본도 다수가 전해지고 있다.
풍속교화를 위해 유교의 강령인 오륜(五倫)의 행실에 모범이 될 수 있는 인물의 행적을 중국(133건)과 우리나라(17건)의 역대 문헌에서 찾아내어 그 사적(事蹟)을 시(詩)와 찬(贊)과 함께 수록하였다. 특히 각 항목에는 내용이 요약된 삽화를 첨가하였는데, 조선 후기 풍속화의 화풍을 따르고 있어 높은 가치를 평가받고 있다.
'행실도'류의 문헌은 1434년(세종 16)에 『삼강행실도』가 처음 한문본으로 간행되었으며 1491년(성종 12)에 와서 사적의 수를 줄이고 언해가 첨가된 『삼강행실도』가 재차 간행된 이후 『이륜행실도』로 이어졌다. 『오륜행실도』는 이전의 '행실도'류 문헌을 합하였으나 기존과는 달리 형식과 내용에 수정이 이루어져 있다. 즉 언해 부분을 한문 원문과 함께 배치하고 삽화의 구성도 단순하게 변화하였다. 원문의 번역에 있어서도 직역에 충실한 모습을 보이고 있다. 문헌은 18세기 후반의 한글 표기 특성이 반영되어 있으며 앞서 간행된 문헌과의 비교를 통해 국어의 변천과정을 살필

수 있다는 점에서 큰 가치를 지니고 있다.

   내용은 크게 서문과 본문으로 구분된다. 서문은 정조의 윤음(綸音)과 '오륜행실도서(五倫行實圖序)', '삼강행실도원서(三綱行實圖原序)', '삼강행실도원발(三綱行實圖原跋)', '이륜행실도원서(二倫行實圖原序)', '교인제신(校印諸臣)' 등이 수록되어 있다. '교인제신'에는 간행에 관여한 이병모(李秉模), 윤시동(尹蓍東), 이만수(李晩秀), 심상규(沈象奎), 김근순(金近淳), 신현(申絢), 오태회(吳泰曾), 김이영(金履永), 조석중(曹錫中), 홍석주(洪奭周) 등의 명단이 드러난다. 본문은 5권으로 구분하여 권1에서 권3까지는 『삼강행실도』, 권4와 권5는 『이륜행실도』의 내용이 비슷한 순서로 나열되어 있으며 오륜의 순서인 효자(孝子, 父子有親)·충신(忠臣, 君臣有義)·열녀(烈女, 夫婦有別)·형제(兄弟, 長幼有序)·붕우(朋友, 朋友有信)로 이루어져 있다.

   이 책에서는 원간본 『오륜행실도』의 본문 내용을 선별하여 간략한 주석을 달고 현대어역을 시도하였다. 원문의 확인은 기존에 발간된 영인본보다 정밀한 이미지가 제공된 디지털한글박물관 아카이브를 활용하였다. 그리고 해석에는 이미 발간된 3편의 역주서를 참고하였으며, 여러 연구논저들도 내용의 정리에 큰 도움이 되었음을 밝힌다. 부족한 원고에 대해 흔쾌히 출판을 허락해주신 한국문화사에 감사의 인사를 드린다. 앞으로 이 책이 국어사 문헌에 대한 이해와 연구에 활용되기를 기대한다.

2019년 5월 저자 씀

차례

- 머리말 / v

권제일(卷第一)
효자(孝子) ____ 1

권제이(卷第二)
충신(忠臣) ____ 29

권제삼(卷第三)
열녀(烈女) ____ 129

권제사(卷第四)
형제(兄弟) ____ 191

권제오(卷第五)
붕우(朋友) ____ 247

권제일(卷第一)

효자(孝子)

민손단의 閔損單衣
자로부래 子路負來
고어도곡 皐魚道哭
진씨양고 陳氏養姑
설포쇄소 薛包洒掃
효아포시 孝娥抱屍
황향선침 黃香扇枕
정란각목 丁蘭刻木
동영대전 董永貸錢
왕부폐시 王裒廢詩
맹종읍죽 孟宗泣竹
왕상부빙 王祥剖冰
허자매수 許孜埋獸
왕연약어 王延躍魚

민손단의(閔損單衣)

閔損單衣
閔損字子騫孔子弟子早喪母父去後妻生二子母嫉損所生子衣棉絮衣損
以蘆花絮父冬月令損御車體寒夫靷夫察知之欲遣後妻損啓父曰母在一
子寒母去三子單父善其言而止母亦感悔遂成慈母
詩 身衣蘆花不禦寒隆冬寧事一身單仍將好語回嚴父子得團圝母得安
孝哉閔損世稱賢德行由來萬古傳繼母一朝能感悟從茲慈愛意無偏
贊 後母不慈獨厚已兒弟溫兄凍蘆絮非棉父將逐母跪白于前母今在此一
子獨寒若令母去三子俱單父感而止孝乎閔子

<五倫孝02a> 민손의 ᄌᆞ는 ᄌᆞ건이니 공ᄌᆞ 뎨지라 일즉 어미 죽고 아비 후쳐 취ᄒᆞ여 두 아들을 나ᄒᆞ니 손의 계뫼 손을 믜워ᄒᆞ여 나흔 아들으란 오시 소음 두어 닙히고 손으란 ᄀᆞᆯ품을 두어 닙히더니 겨올에 그 아비 손으로 ᄒᆞ여곰 술위를 몰 시 치위 물혁을 노하 ᄇᆞ린ᄃᆡ 아비 술펴 알고 후쳐를 내티고져 ᄒᆞ거늘 손이 술와 ᄀᆞᆯ오ᄃᆡ 어미 이시면 ᄒᆞᆫ 아들이 칩고 어미 업스면 세 아들이 치우리이다 ᄒᆞᆫ대 아비 그 <五倫孝02b> 말을 어딜이 너겨 아니 내티니 계뫼 ᄯᅩᄒᆞᆫ 감동ᄒᆞ고 뉘웃처 드듸여 ᄌᆞ인ᄒᆞᄂᆞᆫ 어미 되니라

■ 민손단의(閔損單衣: 민손이 홑옷을 입다.)

민손의 자는 자건이니 공자 제자였다. 일찍 어미가 죽고 아비가 후처를 취하여 두 아들을 낳으니 손의 계모가 손을 미워하여 낳은 아들은 옷에 솜을 두어 입히고 손은 갈풀을 두어 입혔다. 겨울에 그 아비 손에게 수레를 몰게 하니 추워 말고삐를 놓아 버리니 아비가 살펴 알고 후처를 내치고자 하므로 손이 말하기를 "어미가 있으면 한 아들이 춥고 어미 없으면 세 아들이 추울 것입니다." 하니 아비가 그 말을 어질게 여겨 (민손을) 아니 내치니 계모가 또한 감동하고 뉘우쳐 드디어 자식을 사랑하는 어미가 되었다.

민손의 주는 주건이니: 중국 노나라 때의 현인(賢人). 이름은 손(損)이며 자건(子騫)은 자이다. 효행이 뛰어났으며 공자(孔子)의 뛰어난 열 제자 중의 한 사람이다.
뎨지라: 제자라.
일즉: 일찍.
후쳐: 후처.
나흐니: 낳으니.
계뫼: '계모-+-ㅣ(주격조사)'>계모가.
믜워ᄒ여: 미워하여.
아ᄃᆞᆯ으란: 아들은. '-으란'은 현대어의 보조사 '은/는'과 같다.
소음: 솜.
겨올에: 겨울에.
술위롤: 수레를.
치위: 추위. '치위다, 치위'는 현대어에서는 '춥다, 추위'의 뜻이다.
ᄆᆞᆯ혁을: 말고삐를.
노하 ᄇᆞ린디: 놓아 버렸는데.
술와: 사뢰어.
이시면: '이시(有)-+-면'>있으면.
치우리이다: 추울 것이다.
어딜이: 어질게.
뉘웃쳐: 뉘우쳐.
ᄌᆞ이ᄒᆞᄂᆞᆫ: 자애(慈愛)하는.

자로부미(子路負米)

子路負米
仲由字子路孔子弟子事親至孝家貧食藜藿之食爲親負米於百里之外親歿之後南遊於楚從車百乘積粟萬鐘累茵而坐列鼎而食乃歎曰雖欲食藜藿之食爲親負米不可得也孔子聞之曰由也可謂生事盡力死事盡思者也
詩 家貧食藜藿僅能充負米供親困苦中當日孔門稱盡孝仲由千古播高風一朝列鼎累重茵富貴終能念賤貧生事死思惟盡孝聖門嘉譽屬賢人

<五倫孝03b> 중유의 ᄌᆞᄂᆞᆫ ᄌᆞ뢰니 공ᄌᆞ 뎨ᄌᆞ라 어버이 셤기믈 <五倫孝04a> 지효로 홀 시 집이 가난ᄒᆞ야 ᄂᆞ믈 음식을 먹으며 어버이를 위ᄒᆞ야 빅 니 밧긔 ᄡᆞᆯ을 져 오더니 어버이 죽은 후의 남으로 초나라히 놀 시 조츤 술위 일빅이오 만종 곡식을 ᄡᆞ흐며 자리를 겹으로 안즈며 솟츨 버려 먹을 시 이에 탄식ᄒᆞ여 ᄀᆞᆯ오더 비록 ᄂᆞ믈을 먹으며 어버이 위ᄒᆞ야 ᄡᆞᆯ을 지랴 ᄒᆞ나 가히 엇디 못ᄒᆞ리로다 ᄒᆞ대 공ᄌᆞ 드르시고 ᄀᆞᆯ으샤더 ᄌᆞ로는 가히 닐오더 살아셔 셤기매 힘을 다ᄒᆞ고 죽은 후 셤기매 ᄉᆞ모ᄒᆞ믈 다ᄒᆞ다 ᄒᆞ리로다

■ 자로부미(子路負米: 자로가 쌀을 지다.)

중유의 ᄉᆞ는 ᄉᆞ로이니 공자의 세자였다. 어버이 섬기는 깃을 지극정성으로 하니 집이 가난하여 나물 음식을 먹으며 어버이를 위하여 백 리 밖의 쌀을 져 왔다. 어버이가 죽은 후에 남쪽으로 초나라에 가니 따르는 수레가 백이고 만종 곡식을 쌓으며 자리를 겹으로 앉고 솥을 버려 먹을 때에 탄식하며 말하기를 "비록 나무를 먹으며 어버이를 위하여 쌀을 지려 하나 할 수 없구나." 하니 공자가 들으시고 말하기를 "자로는 살아서는 (부모를) 힘을 다해 섬기고 죽은 후 섬기매 사모함을 다하였구나." 하였다.

주뢰니: 자로(子路)이니. '자로'는 중국 고대의 유학자로 공자의 훈계로 입문하여 곧고 순진하여 헌신적으로 공자를 섬겼다. 공자도 그를 매우 사랑한 듯하며 《논어》에 그 친분이 잘 표현되어 있다. 위(衛)나라에서 벼슬하던 중 내란이 일어났을 때 스스로 전사(戰死)를 택했다.
지효(至孝)로: 지극한 효성으로.
ᄂᆞ믈: 나물.
ᄡᆞᆯ을: 쌀을.
남으로: 남쪽으로.
솟츨: 솥을.
버려: 벌여놓고. 늘어놓고.

고어도곡(皐魚道哭)

皐魚道哭
孔子出行聞有哭聲甚悲至則皐魚也被褐擁劒哭於路左孔子下車而問其故對曰吾少好學周流天下而吾親死夫樹欲靜而風不止子欲養而親不待往而不可返者年也逝而不可追者親也吾於是辭矣立哭而死於是孔子之門人歸養親者一十三人
贊 皐魚銜恤自訟自傷親不待養如何彼蒼泣盡眼枯立死路傍嗟嗟卓行見重素王

<五倫孝05a> 공지 나가실 시 우롬소리 심히 슬프믈 드르시고 다드라 보시니 고어란 사롬이라 뵈오슬 닙고 칼을 가지고 길ㄱ의셔 울거늘 공지 술위에 나리샤 <五倫孝05b> 그 연고롤 므르신대 디ㅎ여 골오디 져머셔 혹문을 됴화ㅎ여 텬하에 두로 돈니더니 어버이 죽은 디라 므릇 남기 고요ㅎ고져 ㅎ여도 브람이 그치디 아니ㅎ고 즈식이 효양ㅎ고져 ㅎ여도 어버이 기드리디 아니ㅎ느니 가고 도라오디 아니ㅎ는 거슨 회요 죽으매 쏘로디 못ㅎ리는 어버이니 내 여긔셔 하직ㅎ느이다 ㅎ고 셔셔 우다가 죽으니 이에 공즈 뎨지 도라가 어버이 봉양ㅎ는 재 열 세 사롬이러라

■ 고어도곡(皐魚道哭: 고어가 길에서 울다.)

공자가 외출을 했을 때 울음소리가 몹시 슬픔을 듣고 따라가 보시니 고어란 사람이었다. 베옷을 입고 칼을 가지고 길가에서 울거늘 공자가 수레에서 내려서 그 이유를 물으니 고어가 대답하여 말하기를 "젊어서 학문을 좋아하여 천하를 두루 다니다 보니 어버이가 모두 돌아가셨습니다. 무릇 나무가 조용히 있고 싶어도 바람이 그치지 아니하고 자식이 효를 행하고 싶어도 어버이가 기다리지 아니하니 가고 돌아오지 않는 것은 세월이고 죽으매 따라오지 않는 것은 어버이니 저는 여기서 하직하겠습니다."

하고 서서 울다가 죽었다. 이에 공자의 제자가 돌아가 어버이를 봉양하는 자가 열 세 사람이었다.

뵈오술: 베옷을.
연고(緣故)롤: 이유를.
므르신대: 물으셨는데.
디ᄒᆞ여: 대답하여.
져머셔: 젊어서.
훅문을: 학문을.
남기: 나무가.
우다가: 울다가.
봉양ᄒᆞᄂᆞᆫ 재: 봉양하는 자가.

진씨양고(陳氏養姑)

陳氏養姑
陳孝婦年十六而嫁其夫當戍且行屬曰我生死未可知幸有老母無他兄弟
備養吾不還汝肯養吾母乎婦曰諾夫果死不還婦養姑不衰終無嫁意其父
母將取而嫁之婦曰夫去時屬妾以養老母妾旣許諾養人老母而不能
卒許人以諾而不能信將何以立於世欲自殺父母懼而不敢嫁養姑二十八
年姑終盡買田宅葬之號曰孝婦
贊 良人遠征屬我老母身歿不歸言在敢負之死靡他養專葬厚萬世稱之曰
陳孝婦

<五倫孝06b> 진효부는 한 적 사룸이니 나히 십뉵 셰에 셔방 마자 <五倫孝07a> 그 지아비 슈자리를 당ᄒ여 쟝ᄎᆺ 힝홀 ᄉᆡ 당부ᄒ여 굴오ᄃᆡ 내 ᄉᆞ성을 가히 아디 못ᄒᆞᆯ디라 다힝이 노뫼 겨시되 다ᄅᆞᆫ 봉양홀 형뎨 업스니 내 도라오디 못ᄒᆞ여도 그ᄃᆡ 즐겨 내 노모를 봉양홀소냐 효뷔 굴오ᄃᆡ 그리ᄒᆞ리이다 지아비 과연 죽고 도라오디 못ᄒᆞ니 효뷔 싀어미 봉양ᄒᆞ기를 게얼니 아니ᄒᆞ여 ᄆᆞᄎᆞᆷ내 기가ᄒᆞᆯ ᄠᅳᆺ이 업스니 그 부뫼 쟝ᄎᆺ 드려가 기가ᄒᆞ려 ᄒᆞᆫ대 효뷔 굴오ᄃᆡ 지아비 갈 제 내게 노모를 맛디거늘 내 이믜 허락ᄒᆞᆫ디라 ᄂᆞᆷ의 노모를 봉양ᄒᆞ다가 능히 못디 못ᄒᆞ며 ᄂᆞᆷ의게 <五倫孝07b> 허락ᄒᆞ고 능히 밋브게 못ᄒᆞ면 엇디 셰샹의 셔리오 ᄒᆞ고 스스로 죽고져 ᄒᆞ니 부뫼 두려워 감히 기가ᄒᆞ디 못ᄒᆞ니 싀어미를 스믈 여듧 ᄒᆡ를 봉양ᄒᆞ다가 싀어미 죽거늘 밧과 집을 다 ᄑᆞ라 장ᄉᆞ디내니 일홈을 효뷔라 ᄒᆞ더라

▪ 진씨양고(陳氏養姑: 진씨가 시어머니를 섬기다.)

진효부는 한나라 시대 사람이었는데 나이 십육 세에 남편을 맞이하여 그 지아비가 나라를 지키게 되어 떠날 때 당부하여 말하기를 "내가 죽고 사는 것을 알지 못할지라. 다행히 노모가 계시나 노모를 봉양할 다른 형제가 없으니 내 돌아오지 못하여도 그대가 내 노모를 봉양할 수 있겠소?" 효부가 말하기를 "그리하겠습니다." 지아비가 과연 죽고 돌아오지 못하니 효부가 시어머니 봉양하기를 게을리 아니하여 마침내 개가할 뜻이 없으니 효부의 부모가 장차 데려가 개가하려 하니 효부가 말하기를 "지아비가 갈 때 내게 노모를 맡기었는데 내가 이미 그것을 허락하였습니다. 남의 노모를 봉양하다가 마치지 못하고 남에게 허락하고 능히 지키지 못하면 어찌 세상에 서겠습니까?" 하고 스스로 죽고자 하니 부모가 두려워서 감히 개가를 시키지 못하였다. 그리하여 시어머니를 스물 여덟 해를 봉양하다가 시어머니가 죽거늘 밭과 집을 다 팔아 장사지내니 이름을 효부라 하였다.

슈자리롤: 수(戍)자리를. 국경을 지키는 일을 말한다.
스싱을: 사생(死生)을. 죽고 사는 것을.
노뫼: 노모가. 늙으신 어머니가.
형뎨: 형제가.
봉양홀소냐: 봉양할 수가 있겠소?
게얼니: 게을리.
맛디거늘: 맡기었는데. 맡기다〈 맛기다〈 맛디다〈 용비어천가(1447) 〉←맜-+-이-
밧과: 밭과.
장ᄉ디내니: 장사지내니.

설포쇄소(薛包洒掃)

薛包洒掃
薛包汝南人父娶後妻憎包分出之包日夜號泣不去至被毆扑不得已廬于
舍外早入洒掃父怒又逐之乃廬于里門晨昏不廢積歲餘父母慚而還之父
母亡弟求分財異居包不能止奴婢引老者曰與我共事久若不能使也天廬
取荒頓者曰少時所治意所戀也器物取朽敗者曰素所服食身口所安也弟
數破其産輒復賑給安帝徵拜侍中
詩 不得親心涕泗濡晨昏洒掃守門閭積誠感得親顔悅父子和諧遂厥初
中分財産讓天廬孝義能全世罕如自是佳名聞闕下侍中有命召公車
贊 父兮憎兒多因繼室兒若至誠將悔其失包也被毆未忍遠出慚而還之終
始如一

<五倫孝11b> 셜포는 한나라 여남 사룸이니 아비 후쳐룰 취ᄒᆞ매 포룰 믜워ᄒᆞ여 내티거눌 푀 밤낫으로 브르지져 울며 가디 아니ᄒᆞ더니 매 맛기에 니르러는 마디 못ᄒᆞ여 집 밧긔 막을 의지ᄒᆞ고 이셔 일즉이 드러와 쓰레디ᄅᆞᆫ 대 아비 노ᄒᆞ여 ᄯᅩ 구축ᄒᆞ거놀 니문에 막을 의지ᄒᆞ고 신혼 【부모긔 됴셕으로 뵈ᄂᆞᆫ 녜라】을 폐티 아니ᄒᆞ여 ᄒᆞᆫ 히 남죽이 되니 부뫼 븟그러워 도로 드려 <五倫孝11b> 오니라 부뫼 죽ᄋᆞ매 이이 지믈을 ᄂᆞ회 가가 살기룰 구ᄒᆞ거눌 말ᄂᆡ디 못ᄒᆞ여 노비ᄂᆞᆫ 늙은 거슬 잡아 ᄀᆞᆯ오ᄃᆡ 날로 더브러 ᄒᆞᆫ가지로 일ᄒᆞ연디 오라니 너는 능히 브리디 못ᄒᆞ리라 ᄒᆞ고 밧과 집은 거츤 거슬 가지며 ᄀᆞᆯ오ᄃᆡ 내 져머실 째 다스리던 배라 ᄆᆞᄋᆞᆷ에 권련ᄒᆞ노라 ᄒᆞ고 긔믈은 석고 샹ᄒᆞᆫ 거슬 가지며 ᄀᆞᆯ오ᄃᆡ 내 본ᄃᆡ 쓰고 먹던 거시라 몸과 입의 편ᄒᆞᆫ 배라 ᄒᆞ고 아이 ᄌᆞ조 가산을 파ᄒᆞ매 믄득 다시 니워 주더라 안황뎨 블러 시둥 벼슬을 ᄒᆞ이시다

■ 설포쇄소(薛包洒掃: 설포가 집안을 깨끗이 청소하다.)

설포는 한나라 여남 사람이었다. 아비가 후처를 취하였는데 후처가 포를 미워하여 내치거늘 포가 밤낮으로 부르짖어 울며 집을 떠나지 아니하였더니 매 맞기에 이르러 마지 못하여 집 밖에 막을 의지하고 있다가 일찍이 들어와 집안을 깨끗이 청소했다. 어느 날 아버지도 노하여 포를 쫓아내거늘 이문에 막을 세우고 신혼을 폐하지 아니한 지 일 년 남짓이 되니 부모가 부끄러워 도로 데려 왔다. 부모가 죽으매 아우가 재물을 나누어 각각 살기를 구하거늘 말리지 못하였다. 제일 늙은 노비를 차지하고 말하기를 "나와 더불어 함께 일한 지 오래니 이제 일을 시킬 수가 없다." 하고 밭과 집을 제일 거친 것을 가지며 말하기를 "내가 젊었을 때 다스리던 것이다. 마음에 간절히 그리워하노라." 하고 기물은 썩고 상한 것을 가지며 말하기를 "내가 본디 쓰고 먹던 것이다. 몸과 입에 편한 것이다." 하고 아우가 몇 번이나 가산을 파했어도 다시 나누어 주었다. 안황제가 이 소식을 듣고 그를 불러 벼슬을 내렸다.

내티거늘: 내치거늘. 내쫓거늘.
브르지져: 부르짖어.
구츅ᄒ거ᄂᆞᆯ: 구축(驅逐)하거늘. 쫓아내거늘.
니문에: 이문(里門)에. 동네 어귀에 세운 문을 말한다.
남죽이: 남짓이.
븟그러워: 부끄러워.
아이: '아우'의 방언형이다.
ᄂᆞ화: 나누어.
말니디: 말리지.
권련(眷戀)ᄒ노라: 마음에 간절히 생각해서 그리워하노라.
긔믈은: 기물(器物). 살림살이에 쓰는 그릇을 말한다.
석고: 썩고.

효아포시(孝娥抱屍)

孝娥抱屍
孝女曹娥者會稽人父盱爲巫祝漢安二年五月五日於縣江泝濤迎婆娑神
值江水大發而遂溺死不得其屍娥年十四乃沿江號哭晝夜不絶聲旬有七
日遂投江而死抱父屍而出後吏民改葬樹碑焉
贊 孝娥姓曹父溺驚濤娥年十四晝夜哀號聲不暫停旬又七日投江抱屍經
宿以出誠貫穹壤淚溢滄浪黃絹妙筆萬世流芳

<五倫孝13a> 효녀 조아는 한나라 회계 사롬이니 아비 무당이 되여 오월 오일에 강ᄀᆞ의셔 파ᄉᆞ신 【믈신령이라】을 마즐 시 마춤 강믈이 탕일ᄒᆞ여 ᄲᅡ져 죽어 그 죽엄을 엇디 <五倫孝13b> 못ᄒᆞ니 이 ᄣᅢ에 조아의 나히 십ᄉᆞ 셰라 강ᄀᆞ으로 ᄃᆞ니며 브르지져울어 밤낫으로 소리ᄅᆞᆯ 긋치디 아니ᄒᆞ더니 열나레만의 믈의 ᄲᅡ져 죽어 아븨 죽엄을 안고 믈 우희 ᄯᅳ니 후에 아젼과 빅셩이 고쳐 장ᄉᆞᄒᆞ고 비ᄅᆞᆯ 셰오다

■ 효아포시(孝娥抱屍: 효녀 조아가 시체를 안다.)

효녀 조아는 한나라 회계 사람이었다. 아비가 무당이 되어 5월 5일에 상가에서 파사신을 맞을 때 마침 강물이 불어 빠저 죽어 그 주검을 찾지 못하였다. 이때 조아의 나이가 십사 세였다. 강가로 다니며 부르짖어 울어 밤낮으로 소리를 그치지 아니하더니 하루만에 물에 빠져 죽어 아비의 주검을 안고 물 위에 뜨니 후에 아전과 백성이 고쳐 장사하고 비를 세웠다.

파ᄉᆞ신: 물신령의 이름이다.
탕일ᄒᆞ여: 창일(漲溢)하여. 물이 불어 넘쳐서.
셰오다: 세웠다.

황향선침(黃香扇枕)

黃香扇枕
黃香江夏人年九歲失母思慕憔悴殆不免喪鄕人稱其孝獨養其父躬執勤
苦夏則扇枕席冬則以身溫被太守劉護表而異之自是名聞於世後官累遷
至尙書今至子瓊及孫皆貴慈慈顯
詩 黃香行孝自髫年扇枕溫衾世共傳寒暑不令親體受誠心一念出天然
江夏黃童志異常當時已道世無雙累官直至尙書令孝感能令後嗣昌

<五倫孝14b> 황향은 한나라 강하 사롭이니 나히 구 셰에 어미롤 일코 스모ᄒ고 쵸췌ᄒ여 거의 죽게 되니 향니 <五倫孝15a> 사롬이 그 효성을 일큿더라 홀로 그 아비롤 봉양홀 시 몸소 근고ᄒᆞ믈 잡아 여름이면 벼개와 자리에 부칠딜ᄒ고 겨울이면 몸으로ᄡᅥ 니블을 ᄃᆞ스게 ᄒ니 태슈 나라히 주문ᄒ여 일로부터 세상에 일홈 난디라 후에 벼슬이 여러 번 올마 샹셔령에 니르고 아돌과 손지 다 귀히 되니라

■ 황향선침(黃香扇枕: 황향이 베개에 부채질하다.)

황향은 한나라 강하 사람이었다. 나이 구 세에 어미를 잃고 사모하여 초췌하여 거의 죽게 되었다. 고향 사람이 그 효성을 일컬었다. 홀로 그 아비를 봉양할 때 몸소 근고함을 잡아 여름이면 베개와 자리에 부채질하고 겨울이면 몸으로써 이불을 따뜻하게 하니 태수가 나라에 주문하여 이로부터 세상에 이름나였다. 후에 벼슬에 여러 번 올라 상서령에 이르고 아들과 손자가 다 귀하게 되었다.

향니: 향리(鄕里). 고향.
근고(勤苦)ᄒᆞ믈: 근고함을. 몸과 마음을 애쓰는 것을 말한다.
벼개와: 베개와. 베개〈 벼개〈 월인석보(1459) 〉←베-+-개
부칠딜ᄒ고: 부채질하고.

드ᄉ게: 따뜻하게.
태쉬: 태수가. '태수'는 중국의 한 군의 장관이다. 우리나라 이조 때에는 지방관의 별칭으로 썼다.
일로브터: 이로부터.
샹셔령에: 상서령에. '상서령'은 벼슬이름이다. 진나라 때 처음 생겼고 한나라 때에는 소부의 속관이었다. 또 당나라에서는 재상으로 되었다.

정란각목(丁蘭刻木)

丁蘭刻木
丁蘭河內人少喪考妣不及供養乃刻木爲親形像事之如生朝夕定省後鄰
人張叔妻從蘭妻有所借蘭妻跪拜木像木像不悅不以借之張叔醉罵木像
以杖敲其頭蘭還卽奮合劒殺張叔吏捕蘭蘭辭木像去木像見蘭爲之垂淚
郡縣嘉其至孝通於神明奏之詔圖其形像
詩 刻木爲親出至情晨昏定省似平生恍然容色能相接感應由來在一誠
孝思精徹杳冥間木像能爲戚戚顔當代圖形旌至行誰人不道漢丁蘭
贊 哀哀丁蘭早喪慈顔衆人皆有我獨無母刻木肯形事之猶生晨昏定省以
盡誠噫彼世人不有其親生不能養能不泚顙

<五倫孝16b> 뎡난은 한나라 하니 사름이니 일즉 부모를 일허 미처 공양ᄒᆞ디 못ᄒᆞ니 이에 남글 사겨 어버이 얼골을 민ᄃᆞ라 셤기기를 싱시 ᄀᆞ티 ᄒᆞ여 됴셕의 뎡셩 【부모긔 뵈옵ᄂᆞᆫ 녜라】 ᄒᆞ더니 후에 니웃 사ᄅᆞᆷ 쟝슉의 쳬 난의 쳐ᄃᆞ려 빌리라 ᄒᆞᄂᆞᆫ 배 잇거늘 난의 쳬 ᄭᅮ러 목샹긔 졀ᄒᆞ여 고ᄒᆞᆫ대 목샹이 깃거 아니ᄒᆞ거늘 빌리디 아니ᄒᆞ엿더니 쟝슉이 대취ᄒᆞ여 목샹을 ᄭᅮ짓고 <五倫孝17a> 막대로 그 마리를 티거늘 난이 도라와 듯고 칼을 ᄲᅢ혀 쟝슉을 죽이니 관가의셔 난을 잡아갈 시 난이 목샹을 하직ᄒᆞᆫ대 목샹이 난을 보고 눈믈을 드리으니 군현이 그 지극ᄒᆞᆫ 효셩이 신명에 통ᄒᆞᆷ믈 아ᄅᆞᆷ다이 너겨 나라히 주문ᄒᆞ니 됴셔ᄒᆞ샤 그 얼골을 그려 올니라 ᄒᆞ시다

■ 정란각목(丁蘭刻木: 정란이 목상을 깎다.)

정란은 한나라 하내 사람이었다. 일찍이 부모를 잃어 미처 공양하지 못하니 이에 나무를 새겨 어버이 얼굴을 만들어 섬기기를 항상 하여 아침저녁으로 정성하였다. 후에 이웃 사람 장숙의 처가 정란의 처에게 빌리려고 하는 물건이 있었는데 정란의 처가 꿇어 목상에게 절하여 말하니 목상이 기뻐 아니하거늘 빌려주지 아니하였다. 장숙이 술에 몹시 취하여 목상을 꾸짖고 막대로 그 머리를 치자 정란이 돌아와 그 말을 듣고 칼을 빼서 장숙을 죽이니 관가에서 정란을 잡아갈 때 정란이 목상에게 하직하니 목상이 정란을 보고 눈물을 흘렸다. 군현이 그 지극한 효성이 신명을 감동시켜 아름답게 여겨 나라에 주문하여 조서를 내려 그 얼굴을 그려 올리게 하였다.

남글: 나무를.
사겨: 새겨. 새기다〈 사기다〈 월인석보(1459)〉
싱시: 상시(常時). 항상. 늘.
됴셕의: 조석(朝夕)에. 아침 저녁에.
꾸러: (무릎을) 꿇어.
깃거: 기뻐. 기쁘다〈 깃브다〈 석보상절(1447)〉←깄-+-브-
대취ᄒ여: 대취(大醉)하여. 만취하여. 술에 몹시 취하여.
마리롤: 머리를.

동영대전(董永貸錢)

董永貸錢
董永千乘人父亡無以葬乃從人貸錢一萬日後若無錢還當以身作奴葬畢
將往爲奴於路忽逢一婦人求爲妻永日今貧若是身復爲奴何敢屈夫人爲
妻婦人日願爲君婦不恥貧賤永遂將婦人至錢主問永妻日何能妻日能織
主日織絹三百匹卽放於是一月之內三百匹絹足主驚遂放二人而去行至
舊相逢處謂永日我天之織女感君至孝天使我爲君償債語訖騰空而去
詩 得錢一萬葬其親身擬爲傭報主人豈料孝心終感格天敎織女助身貧
孝念終能感上天爲敎織女助還錢一月足縑三百匹飄然分手上雲煙
贊 欒欒孝子千乘董氏傭力以養債身以葬路逢美婦爲妻償負日織縑帛一
月三百償畢告語我乃織女天譴償汝乘雲而去

<五倫孝18b> 동영은 한나라 쳔승 사롬이니 아비 죽으매 쟝亽홀 길히 업서 사롬의게 돈 일만을 꾸고 골오디 후의 만일 돈을 갑디 못ᄒ면 맛당이 몸으로ᄡᅥ 종이 되리라 ᄒ엿더니 쟝亽ᄅᆞᆯ ᄆᆞᄎᆞ매 쟝ᄎᆞᆺ 가셔 종이 되려 홀 시 길히셔 홀연이 ᄒᆞᆫ 부인을 만나니 원ᄒᆞ여 <五倫孝19a> 쳬 되여디라 ᄒᆞ거늘 영이 골오디 이제 가난ᄒᆞ미 이러ᄐᆞᆺ ᄒᆞ고 몸이 쏘ᄒᆞᆫ 종이 되여시니 엇디 감히 그디ᄅᆞᆯ 굴ᄒᆞ여 쳐롤 삼으리오 부인이 골오디 그디 지어미 되믈 원ᄒᆞ고 빈쳔ᄒᆞᆷ 붓그려 아니ᄒᆞ리라 영이 드듸여 부인을 드리고 가니 돈 님재 영의 쳐ᄃᆞ려 무러 골오디 므슴 직죄 잇ᄂᆞ뇨 쳬 골오디 뵈 ᄧᆞ기를 능히 ᄒᆞᄂᆞ이다 돈 님재 골오디 깁 삼ᄇᆡᆨ 필을 ᄧᆞ면 즉시 노ᄒᆞ리라 ᄒᆞ거늘 이에 ᄒᆞᆫ 둘 ᄂᆡ에 삼ᄇᆡᆨ 필 깁을 ᄧᆞᄂᆞᆫ디라 돈 님재 놀나 두 사롬을 노하 보내니 힝ᄒᆞ여 녜 서로 만나던 곳에 니르러 <五倫孝19b> 영ᄃᆞ려 닐러 골오디 나는 하ᄂᆞᆯ 직녀라 하ᄂᆞᆯ이 그디 지효ᄅᆞᆯ 감동ᄒᆞ샤 날로 ᄒᆞ여곰 그디ᄅᆞᆯ 위ᄒᆞ여 빗을 갑게 ᄒᆞ시니라 ᄒᆞ고 말이 ᄆᆞᄎᆞ매 공듕으로 올나가더라

■ 동영대전(董永貸錢: 동영이 돈을 빌리다.)

동영은 한나라 천승 사람이었다. 아비가 죽으매 장사할 길이 없어 다른 사람에게 돈 만 냥을 꾸고 말하기를 "후에 만일 돈을 갚지 못하면 마땅히 몸으로 종이 되겠습니다." 하였다. 장사를 마치고 가서 종이 되려고 할 때 홀연히 한 부인을 만나니 그 부인이 동영의 처가 되기를 원하였다. 동영이 말하기를 "이제 가난함이 이렇듯 하고 몸이 또한 종이 되었는데 어찌 감히 그대를 굴하여 처로 삼겠습니까?" 부인이 말하기를 "그대의 지어미됨을 원하고 빈천함을 부끄러워 아니하겠습니다." 영이 드디어 부인을 데리고 가니 돈의 주인이 영의 처에게 물어 말하기를 "무슨 재주가 있느냐?" 처가 말하기를 "베 짜기를 능히 합니다." 돈 주인이 말하기를 " 비단 삼백 필을 짜면 즉시 돌려 보내주겠다." 하거늘 이에 한 달 내에 삼백 필을 짰다. 돈 주인이 놀라 두 사람을 놓아 보내니 두 사람이 옛날에 서로 만났던 곳에 이르렀다. 부인이 동영에게 말하기를 "나는 하늘의 직녀입니다. 하늘이 그대의 효에 감동하여 나로 하여금 그대를 위하여 빚을 갚게 하였습니다." 하고 말을 마치고 공중으로 올라갔다.

갑다: 갚지.
빈쳔ᄒ믄: 빈쳔(貧賤)함은. 가난하고 천함은.
님재: 임자가. 주인이.
직죄: 재주가. 재주〈 직조(석보상절)〈 才操
노호리라: 놓아주겠다. 돌려보내겠다.

왕부폐시(王裒廢詩)

王裒廢詩
王裒城陽人父儀爲魏安東將軍司馬昭司馬東關之敗昭問曰誰任其咎儀
對曰責在元帥昭怒曰欲委罪於孤邪引出斬之裒痛父非命隱居教授三徵
七辟皆不就終身未嘗西向而坐以示不臣於晉廬於墓側朝夕常至墓所拜
跪攀栢悲號涕淚著樹樹爲之枯母性畏雷母歿每雷輒到墓曰裒在此讀詩
至哀哀父母生我劬勞未嘗不三復流涕門人受業者並廢蓼莪篇
詩 王裒爲孝自來無淚瀝泉水壹栢盡枯父死獨傷非正命終身不仕只閒居
怕聽雷聲母性然每因雷動繞墳前蓼莪未誦先流涕使門人廢此篇
贊 偉元喪父不應徵辟朝夕悲號淚灑墓栢每讀蓼莪三復涕洟門人不忍遂
廢此詩

<五倫孝21a> 왕부는 위나라 셩양 사룸이니 아븨 일홈은 의라 의 안동 쟝군 스마쇼의 막해 되엿더니 동관 싸홈에 패ᄒᆞ매 쇼 무러 굴오더 뉘 그 죄롤 당ᄒᆞ고 ᄒᆞ대 의 디ᄒᆞ여 굴오더 칙망이 웃듬 댱슈의 잇ᄂᆞ니라 쇼 노ᄒᆞ여 굴오더 패군흔 죄롤 내게 미루고져 ᄒᆞᆫ다 ᄒᆞ고 잡아내여 버히니 뷔 아비 비명에 죽으믈 <五倫孝21b> 셜워ᄒᆞ여 숨어 이셔 글 ᄀᆞᄅᆞ치더니 됴뎡의셔 여러번 브르시되 나디 아니ᄒᆞ고 죵신토록 셔향ᄒᆞ여 안찌 아니ᄒᆞ여 딘나라에 신복디 아니ᄒᆞᄂᆞᆫ 뜻을 뵈고 무덤 겻ᄒᆡ 녀막ᄒᆞ여 됴셕으로 무덤의 니ᄅᆞ러 비례ᄒᆞ며 잣남글 밧들고 슬피 브르지져 눈믈이 남긔 브드치니 남기 ᄆᆞᄅᆞ더라 어미 셩품이 우레롤 무셔워ᄒᆞ더니 어미 죽으매 미양 우레ᄒᆞ면 믄득 무덤의 니ᄅᆞ러 굴오더 뷔 여긔 잇ᄂᆞ이다 ᄒᆞ더라 시롤 닑을 시 이이 부모여 날 나키를 슈고로이 ᄒᆞ샷다 ᄒᆞᄂᆞᆫ데 니ᄅᆞ러는 여러 번 다시 외와 <五倫孝22a> 눈믈 아니 흘릴 적이 업스니 문하의 글 빈호ᄂᆞ 사름이 뇩아편을 폐ᄒᆞ고 닑디 아니ᄒᆞ더라

■ 왕부폐시(王裒廢詩: 왕부로 인해 시경을 읽지 않다.)

왕부는 위나라 성양 사람이었는데 아비의 이름은 의였다. 의가 안동 장군 사마소의 막하가 되었는데 동관 싸움에서 패하였다. 사마소가 물어 말하기를 "누가 그 죄를 당하겠느냐?" 하니 의가 대답하여 말하기를 "책망은 으뜸 장수에게 있습니다." 사마소가 노하여 말하기를 "패한 죄를 내게 미루고자 하는구나." 하고 의를 잡아내어 베니 왕부가 아비의 비명횡사에 죽음을 서러워하여 숨어 있어 글을 가르쳤다. 조정에서 여러 번 불렀지만 나가지 아니하고 종신토록 서쪽으로 향하여 앉지 아니하여 진나라의 신하가 아니라는 뜻을 보였다. 무덤 곁에 여막을 치고 아침 저녁으로 무덤에 이르러 배례하며 잣나무를 받들고 슬피 부르짖으니 눈물이 나무에 부딪쳐 나무가 다 말랐다. 어미의 성품이 천둥을 무서워하여 어미가 죽으매 매양 천둥이 치면 문득 무덤에 이르러 말하기를 "왕부가 여기 있습니다." 하였다. 시를 읽을 때 '슬프도다 슬프도다 부모여 날 낳기를 수고로이 하셨습니다.' 하는데 이르러는 여러 번 다시 외워 눈물을 아니 흘릴 적이 없으니 문하에 글을 배우는 사람이 육아편을 읽지 않기로 했다.

막해: 막하(幕下)가. '막하'는 '장막의 아래라는 뜻으로, 지휘관이나 책임자가 거느리는 사람'을 말한다.
댱슈의: 장수에게.
패고훈: 패한. 싸움에서 진.
버히니: 베니.
비명(非命)에: 뜻밖의 재난으로 제대로 살지 못하고 죽음을 뜻한다.
셜워ᄒᆞ여: 서러워하여. 슬퍼하여.
셔향ᄒᆞ여: 서향(西向)하여. 서쪽으로 향하여.
신복디: 신복(臣服)하지. 신하로서 복종하지.
녀막ᄒᆞ여: 여막(廬幕)하여. '여막'은 '궤연(几筵) 옆이나 무덤 가까이에 지어 놓고 상제가 거처하는 초막'을 말한다.
ᄇᆡ례ᄒᆞ며: 배례(拜禮)하며. 절하여 예를 표하며.
잣남글: 잣나무를.
ᄆᆞ르더라: 말랐다.
ᄋᆡᄋᆡ: 애애(哀哀). 슬프도다 슬프도다.

一. 효재(孝子)

맹종읍죽(孟宗泣竹)

孟宗泣竹
孟宗江夏人性至孝母年老病篤冬節將至思笋食時地凍無笋宗入竹林哀
泣有頃地上出笋數莖持笋作羹供母食畢病愈人皆以爲至孝所感
詩 孝行行當年說孟宗慈親思笋逼寒冬竹林灑淚哀號處數笋須臾出地中
母因食笋病全蘇塡扶
贊 昔有賢士孟姓宗名冬寒母病思啜笋羹號天繞竹泣涕縱橫龍雛包擘雪
裏羅生採歸供膳疾乃瘳平精誠旣切感應孔明

<五倫孝23b> 밍종은 오나라 강하 사룸이니 효힝이 지극ᄒ더라 어믜 나히 늙고 병이 듕ᄒ여 겨올에 듁슌을 먹고져 ᄒ되 ᄯ히 어러 듁슌이 업ᄂ디라 종이 대수풀의 드러가 슬피 우니 이윽ᄒ여 ᄯᅡ 우희 듁슌 두어 줄기 나거눌 가지고 도라와 국을 민ᄃᆞ라 어ᄂᆞ게 드린대 먹기를 다ᄒᆞ매 병이 나으니 사룸마다 닐오ᄃᆡ 지극ᄒᆞᆫ 효셩의 감동ᄒᆞᆫ 배라 ᄒ더라

■ 맹종읍죽(孟宗泣竹: 맹종이 울며 죽순을 구하다.)

맹종은 오나라 강하 사람이었는데 효행이 지극하였다. 어미가 나이가 늙고 병이 중하여 겨울에 죽순을 먹고 싶었는데 땅이 얼어 죽순이 없었다. 종이 대수풀에 들어가 슬피 우니 땅 위에 죽순 두어 줄기가 나거늘 가지고 돌아와 국을 만들었다. 어머니께 드리니 먹기를 다하매 병이 나으니 사람마다 말하기를 지극한 효성이 감동한 바라 하였다.

듁슌을: 죽순(竹筍)을. 대의 땅 속 줄기에서 돋아나는 어린 싹.
어러: 얼어.

왕상부빙(王祥剖冰)

王祥剖冰
王祥琅琊人蚤喪母繼母朱氏不慈數譖之由是失愛於父每使掃除牛下祥
愈恭謹父母有疾衣不解呆湯藥必親嘗母嘗欲生魚時天寒冰凍祥解衣將
剖冰求之冰忽自解雙鯉躍出母又思黃雀炙復有黃雀數十飛入其幕有丹
奈結實母命守之每風雨輒抱樹而泣母歿居喪毁瘁杖而後起後仕於朝官
至三公
詩 王祥誠孝眞堪羨承順親顔志不回不獨剖冰雙鯉出還看黃雀自飛來
鄕里驚嗟孝感深皇天報應表純心白頭重作三公貴行誼尤爲世所欽
贊 晉有王祥生魚母嗜天寒川凍綱釣難致解衣臥冰自躍雙鯉懇懇孝誠奚
止此耳抱奈夜號羅雀朝饋後拜三公名標青史

<五倫孝25a> 왕샹은 딘나라 낭야 사룸이니 일즉 어미를 여희고 계모 쥬시 스랑티
아니ᄒ여 ᄌ로 춤소ᄒ니 일로 말미암아 아븨게 ᄉ랑을 일허 미양 마구를 츠라
ᄒ되 샹이 더욱 공슌ᄒ더라 부뫼 병이 이시매 오시 ᄯ를 그르디 아니ᄒ고 탕약을
밧드러 친히 맛보고 어미 산 고기를 먹고져 ᄒ더 날이 치워 믈이 <五倫孝25b>
어럿ᄂᆫ디라 샹이 오슬 벗고 쟝ᄎᆺ 어름을 ᄢᅢ쳐 고기를 잡으려 ᄒ더니 어름이 홀연
스ᄉ로 푸러디며 니어 둘이 ᄯᅱ여나더라 어미 ᄯ 누른 새 젹을 먹고져 ᄒ니 누른
새 수십이 그 집으로 ᄂᆞ라 드러오고 어미 샹으로 ᄒ여곰 실과 남글 딕희라 ᄒ니
미양 ᄇᆞ람 블고 비 오면 샹이 남글 안고 우더라 어미 죽어 거상ᄒᆞᆯ 시 이훼ᄒ야
병들고 여외여 막대를 집흔 후에 니러나더라 후에 벼슬ᄒ여 삼공에 니ᄅᆞ니라

■ 왕상부빙(王祥剖冰: 왕상이 얼음을 깨다.)

왕상은 진나라 낭야 사람이었는데 일찍 어미를 여의고 계모 주씨가 왕상을 사랑하지 아니하여 자주 참소하였다. 이로 말미암아 아비로부터 사랑을 잃어 매양 마굿간을 치우라 하니 왕상이 더욱 공순하였다. 부모가 병이 나면 옷의 띠를 끄르지 않고 탕약을 받들어 친히 맛보고 어미가 물고

기를 먹고 싶어하였는데 날이 추워 물이 얼었다. 왕상이 옷을 벗고 얼음을 깨 고기를 잡으려 하니 얼음이 갑자기 스스로 갈라지며 잉어 둘이 뛰어나왔다. 어미가 또 누른 새 고기를 먹고 싶어 하였는데 누른 새 수십이 그 집으로 날아 들어왔다. 어미가 왕상으로 하여금 나무의 열매와 나무를 지키라 하니 매양 바람이 불고 비가 오면 왕상이 나무를 안고 울었다. 어미가 죽어 거상할 때 몹시 슬퍼하여 병들고 야위어 막대를 짚은 후에야 일어났다. 후에 벼슬하여 삼공에 이르렀다.

ᄌᆞ로: 자주.
참소ᄒᆞ니: 참소(讒訴)하니. 거짓말로 고하니.
그ᄅᆞ디: 가리지.
산 고기ᄅᆞᆯ: '산 고기'는 '활어(活魚)'를 말한다.
치워: 추위.
어럿ᄂᆞᆫ디라: 얼었는지라.
푸러디며: 풀어지며. (얼음이) 갈라지며.
니어: '잉어'의 방언형이다.
거상(居喪)ᄒᆞᆯ 시: 상 중에 있을 때.
ᄋᆡ훼ᄒᆞ야: 애훼(哀毁)하여. '애훼하다'는 '부모의 죽음을 슬퍼하여 몸이 몹시 여위다.'는 뜻이다.
삼공(三公): 중국에서, 최고의 관직에 있으면서 천자를 보좌하던 세 벼슬. 주나라 때는 태사(太師)·태부(太傅)·태보(太保)가 있었고 진(秦)나라, 전한(前漢) 때는 승상(丞相)·태위(太尉)·어사대부(御史大夫), 또는 대사마(大司馬)·대사공(大司空)·대사도(大司徒)가 있었으며 후한(後漢), 당나라, 송나라 때는 태위(太尉)·사도(司徒)·사공(司空)이 있었다.

허자매수(許孜埋獸)

許孜埋獸
許孜東陽人年二十師事豫章太守孔沖受學還鄕里沖亡孜制服三年俄而
二親歿柴毁骨立杖而能起建墓於縣之東山躬自負土不受鄕人之助每一
悲號烏獸翔集孜獨守墓所列植松柏亘五六里有鹿犯所種松孜悲歎曰鹿
獨不念我乎明日鹿爲猛獸所殺致於犯松下孜悵惋不已爲埋隧側自後樹
木滋茂孜乃立宅墓次事亡如存邑人號其居爲考順里
詩　孝事雙親義事師此心應只有天知辛勤營頻哀慟烏獸徊翔亦愴悲　墓
前松柏已蒼蒼鹿本無知遂觸傷一日戕生依樹下鬼神應使孝心彰
贊　許孜孝恭好學有立及喪其親柴毁而泣負土東山鳥獸翔集人之見之能
不爲邑

<五倫孝27a> 허주는 딘나라 동양 사룸이니 나히 이십에 예쟝태수 공튱을 스승ᄒ
야 비호다가 향니에 도라왓더니 튱이 죽으매 삼년을 거상ᄒ고 이윽고 부뫼 다
죽으니 이훼ᄒ여 뼈 드러나 막대를 잡고야 능히 니러나고 무덤을 경영홀 시 몸소
흙을 지고 ᄆᄋᆯ 사룸의 돕는 거슬 밧디 아니ᄒ더라 미양 슬피 <五倫孝27b> 브르지
디면 새즘싱이 ᄂᆞ라와 못고 지 홀로 무덤을 딕희여 숑빅을 버려 심거 오륙리의
ᄢᅴ쳣더니 사ᄉᆞᆷ이 심근 솔을 상ᄒᆡ거늘 지 슬피 탄식ᄒ여 곧오디 사ᄉᆞᆷ은 홀로
날을 념녀티 아니ᄒᄂᆞᆫ다 이튿날 사ᄉᆞᆷ이 범의 죽인 배 되여 그 솔 아래 두엇거늘
지 챵연ᄒ고 슬퍼ᄒ기를 마디 아니ᄒ여 무덤 길 겻히 무드니 그 후로 남기 점점
셩ᄒᄂᆞᆫ디라 지 무덤 아래 집을 짓고 죽은 어버이 셤기기를 사니ᄀᆞ티 ᄒ니 고을
사ᄅᆞᆷ이 그 사ᄂᆞᆫ 디를 일ᄏᆞᆮ더 효슌리라 ᄒ더라

■ 허자매수(許孜埋獸: 허자가 짐승을 묻어주다.)

허자는 진나가 동양 사람이었는데 나이 이십에 예장태수 공충을 스승
으로 섬겨 글을 배우다가 고향에 돌아왔더니 충이 죽었다. 삼년을 거상하
고 이윽고 부모가 다 죽으니 몹시 슬퍼하여 뼈가 다 드러나 막대를 잡고야

능히 일어나고 무덤을 지을 때 몸소 흙을 지고 마을 사람이 돕는 것을 받지 아니하였다. 매일 슬퍼 부르짖으면 새와 짐승이 날아와 모여들고 무덤을 지키며 송백을 버려 심고 오륙리에 뻗쳤더니 사슴이 심은 솔을 상하게 했다. 허자가 슬퍼 탄식하여 말하기를 "사슴은 홀로 남은 나를 걱정하지 아니하는구나." 이튿날 사슴이 범이 죽인 바 되어 그 솔 아래 있거늘 허자가 창연하고 슬퍼하기를 마지 아니하여 무덤 길 곁에 묻으니 그 후로 나무가 점점 성하였다. 허자가 무덤 아래 집을 짓고 죽은 어버이 섬기기를 산 이 같이 하니 고을 사람이 그가 사는 데를 일컬어 효순리라 하였다.

새즘성이: 새와 짐승이.
몯고: 모여들고.
숑빅을: 송백(松柏)을. 소나무와 잣나무를.
넘녀티: 염려하지.
챵연ᄒ고: 창연(悵然)하고. 몹시 서운하고 섭섭하고.

왕연약어(王延躍魚)

王延躍魚
王延西河人九歲喪母泣血三年幾至滅性每至忌日則悲啼至旬繼母卜氏
遇之無道恆以蒲穰及敗麻頭與延貯衣延知而不言事母彌謹卜氏嘗盛冬
思生魚使延求而不獲杖之流血延尋汾叩凌而哭忽有一魚長五尺踊出冰
上取以進母食之積日不盡於是心悟撫延如已生延事親色養夏則扇枕席
冬則以身溫被隆東盛寒身無全衣而親極滋味父母終廬於墓側
詩　孝道能敦在稚年良心一點出天然三年泣血　應堪憫忌月悲啼更可憐
繼母相看性不慈心　存孝敬未曾衰汾濱哀哭魚隨躍此意皇天后土知

<五倫孝29a> 왕연은 딘나라 셔하 사름이니 구셰에 어미를 여희고 삼년을 피눈물을 흘려 거의 죽기의 니르고 미양 졔날에 다드르면 슬피 울기를 열흘이 니르더라 계모 복시 무도히 디졉ᄒ여 미양 부들품과 쓱긔 삼머리로 연의 오시 두어 주니 연이 알오디 말을 아니ᄒ고 어미 셤기기를 더옥 공근ᄒ더라 복시 일즉 깁흔 겨울에 산 고기를 먹고져 ᄒ여 연으로 ᄒ여곰 구ᄒ여 엇디 못ᄒ니 텨서 피 흐르는디라 <五倫孝29b> 연이 믈이 가 어름을 두드리며 우니 홀연 ᄒᆫ 고기 길희 다숫 자히나 ᄒ여 어름 우희 뛰여나거늘 가져다가 드리니 어미 여러 날을 먹으되 진티 아니ᄒᄂ니라 이에 ᄆᆞ음에 ᄭᆡᄃᆞ라 연을 ᄉᆞ랑호믈 긔츌ᄀᆞ티 ᄒ더라 연이 어버이를 지셩으로 셤겨 여름이면 벼개와 자리에 부치딜ᄒ며 겨울이면 몸으로쎠 니블을 ᄃᆞᄉᆞ호게 ᄒ고 능동셩한에 몸에ᄂᆞᆫ 셩ᄒᆞᆫ 오시 업ᄉᆞ되 어버이ᄂᆞᆫ 맛 됴흔 음식이 극ᄒ고 부뫼 죽으매 무덤 겻히 녀막ᄒ니라 양향은 송나라 남향고을 양풍의 ᄯᆞᆯ이니 아비를 ᄯᆞᆯ와 밧히셔 곡식을 븨다가 아비 범의게 물니이니 이때에 향의 나히 겨요 십ᄉ셰라 손에 죠고만 <五倫孝31a> 눌이 업스니 바로 범의게 드라드러 목을 즈르 퀀대 범이 노하브리니 아비 사라난디라 원이 듯고 지믈과 곡식을 주고 졍문ᄒ니라

■ 왕연약어(王延躍魚 : 왕연을 위해 물고기가 뛰어나오다.)
왕연은 진나라 서하 사람이었는데 9세에 어머니를 여의고 삼년을 피눈

물을 흘려 거의 죽기에 이르렀다. 매일 제삿날이 가까워 오면 슬퍼 울기를 열흘이었다. 계모 복씨가 막되게 대접하여 매일 부들품과 쪽기 삼머리로 연의 옷에 두어 주니 연이 알지만 말을 아니하고 어미 섬기기를 더욱 부지런히 하였다. 복씨가 한겨울에 산 고기를 먹고 싶어 하여 연으로 하여금 구해 오게 하였는데 연이 구하지 못하니 계모가 연을 쳐서 피가 흘렀다. 그러자 연이 물에 가 얼음을 두드리며 우리 갑자기 길이가 다섯 자나 되는 고기가 얼음 위에서 뛰거늘 가져다가 드리니 어미가 여러 날을 먹었다. 이에 계모가 마음에 깨달음이 있어 연을 사랑하게 되었다. 연이 부모를 지성으로 섬겨 여름이면 베개와 자리에 부채질하며 겨울이면 몸으로 이불을 따뜻하게 하고 엄동설한에 몸에는 성한 옷이 없어도 어버이는 맛 좋은 음식을 드리고 부모가 죽으매 무덤 곁에 여막하여 지냈다. 양향은 송나라 남향 고을 양풍의 딸이었는데 아비를 따라 밭에서 작은 날이 없으니 바로 범에게 달려들어 몸을 조르니 범이 놓아 버려 아비가 살아났다. 원이 이를 듣고 곡식을 주고 정문하였다.

졔날에: 제삿날에.
무도히: 말이나 행동이 인간으로서 지켜야 할 도리에 어긋나서 막되게.
공근(恭勤)ᄒ더라: 공손하고 부지런하더라.
ᄃᆞᄉᄒ게: 따뜻하게.
녀막ᄒ니라: 여막(廬幕)하니라. '여막'은 '궤연(几筵) 옆이나 무덤 가까이에 지어 놓고 상제가 거처하는 초막'을 뜻한다.

권제이(卷第二)

충신(忠臣)

용방간사(龍逢諫死)
난성두사(欒成鬥死)
석작순신(石碏純臣)
왕촉절두(王蠋絶脰)
기신광초(紀信誑楚)
소무장절(蘇武杖節)
주운절함(朱雲折檻)
공등추인(龔騰推印)
이업수명(李業授命)
혜소위제(嵇紹衛帝)
변문충효(卞門忠孝)
환이치사(桓彝致死)
안원매적(顔袁罵賊)
장허사수(張許死守)
장흥거사(張興鋸死)
수실탈홀(秀實奪笏)
연분쾌사(演芬快死)

약수효사(若水効死)
유합연생(劉韐捐生)
부찰식립(傅察植立)
방예서금(邦乂書襟)
악비열배(岳飛涅背)
윤곡부지(尹穀赴池)
천상불굴(天祥不屈)
방득불식(枋得不食)
화상손혈(和尙噀血)
강산장군(絳山葬君)
하마자분(蝦蟆自焚)
보안전충(普顔全忠)
제상충렬(堤上忠烈)
비녕돌진(丕寧突陣)
정리상소(鄭李上疏)
몽주운명(夢周殞命)
길재항절(吉再抗節)
원계함진(原桂陷陣)

용방간사(龍逢諫死)

龍逢諫死
桀鑿池爲使宮男女雜處三旬不朝關龍逢諫曰人君謙恭敬信節用愛人故天下安而社稷宗廟固今君用財若無窮殺人若不勝民惟恐君之后後亡矣人心已去天命不祐盍少悛乎不聽龍逢立不去桀殺龍逢
詩 夏桀荒淫毒下民弗親朝政至三旬輕生極諫言辭切得似龍逢有幾人庭立陣辭冀小悛如何不聽殺忠賢民言曷喪眞堪畏自道予生命在天

<五倫忠01b> 하나라 님군 걸이 모술 프며 어두온 집을 밍둘고 <五倫忠02a> 남녜 흔더이셔 오리 됴회 밧디 아니ᄒᆞ니 농방이 간ᄒᆞ여 굴오디 인군이 겸공ᄒᆞ고 경신ᄒᆞ며 지믈을 절용ᄒᆞ고 사ᄅᆞᆷ을 ᄉᆞ랑ᄒᆞᄂᆞᆫ 고로 텬해 평안ᄒᆞ고 샤직종묘ᄅᆞᆯ 보젼ᄒᆞᄂᆞ니 이제 군은 지믈 ᄡᅳ기ᄅᆞᆯ 궁진ᄒᆞ미 업슬ᄃᆞ시 ᄒᆞ고 사ᄅᆞᆷ 죽이믈 밋쳐 못홀ᄃᆞ시 ᄒᆞ니 ᄇᆡᆨ셩이 오직 군이 더디 망홀가 두려워 ᄒᆞᄂᆞ니라 인심이 비반ᄒᆞ고 텬명이 돕디 아니ᄒᆞ거늘 엇디 죠곰도 곳치디 아니ᄒᆞᄂᆞ닛가 걸이 듯디 아니ᄒᆞ거늘 농방이 셔고 가디 아니ᄒᆞ니 걸이 농방을 죽이니라

■ 용방간사(龍逢諫死: 용방이 간하다 죽다.)

하나라 임금 걸이 연못을 파고, 어두운 집을 만들어 남녀가 한 곳에 있서 오랫동안 조회(朝會)를 받지 않았다. 용방이 간하여 말하기를, "인군(人君)이란 겸공(謙恭)하고 경신(敬信)하며 재물을 절용(節用)합니다. 또 사람을 사랑하여 천하가 편안하고 종묘사직(宗廟社稷)을 보전합니다. 그런데 지금 임금께서는 재물쓰기를 궁진(窮盡)함이 없을 듯이 하고 사람 죽이는 것을 미처 못 할 듯이 하니 백성이 오직 임금이 더디게 망할까 두려워합니다. 인심이 배반하고 천명(天命)이 돕지 않거늘 어찌 조금도 고치지 않으십니까." 걸이 듣지 않아 용방이 그 자리에 서서 가지 않으니 걸이 용방을 죽였다.

[시]
하나라 걸왕이 주색에 빠져 백성을 돌보지 않으니
나라의 정사 떨쳐버린 지 한 달에 이르렀네
죽는 것을 가벼이 여겨 극진히 간하는 그 말 간절하니
이 용방같은 사람 몇몇이나 있었으리

하(夏)나라 님군 걸: 하나라 임금 걸. '걸'은 하나라 마지막 왕. 주왕(紂王)과 더불어 폭군으로 일컬어짐.
됴회: 조회(朝會). 모든 벼슬아치가 함께 정전에 모여 임금에게 문안드리고 정사를 아뢰던 일. 대조(大朝), 조참(朝參), 상참(常參) 따위가 있다.
뇽방이: 용방(龍龐)이. '용방'은 걸왕의 신하인 관용방(關龍龐). 임금에게 간(諫)하다 죽임을 당함.
인군(人君)이: 임금은.
겸공(謙恭)ᄒᆞ고: 겸손하고 공경하고
경신(敬信)ᄒᆞ며: 공경하고 믿음이 있으며.
지믈을: 재물(財物)을.
졀용ᄒᆞ고: 절용(節用)하고. '절용'은 절약하여 씀.
텬해: '텬하+ㅣ(주격조사)'>천하(天下)가.
샤직종묘롤: 종묘사직(宗廟社稷)을. '종묘사직'은 왕실과 나라를 통틀어 이르는 말.
궁진ᄒᆞ미: 궁진(窮盡)함이. '궁진'은 다하여 없어짐.
더듸: 더디게.
텬명이: 천명(天命)이. '천명'은 하늘의 명령.

난성투사(欒成鬭死)

欒成鬭死
曲沃武公伐翼殺哀侯止欒共子曰無死吾以子爲上卿制晉國之政辭曰成
聞之民生於三事之如一父生之師敎之君食之非父不生非食不長非敎不
知生之族也故一事之唯其所在則致死焉報生以死報賜以力人之道也成
敢以私利廢人之道遂鬭而死
詩 武公伐翼殺哀侯止死欒成待欲優縱受上卿專國政其如不共戴天讎
君師自古生之族所在唯應以死酬大義胸中曾識得肯將私利爲身謀

<五倫忠03b> 딘나라 곡옥무공이 익짜흘 텨 이후롤 죽이고 난셩을 잡아 닐오디 죽디 말라 내 널로 뻐 샹경 벼슬을 ᄒᆞ여 나라 졍ᄉᆞ롤 ᄀᆞ옴알게 ᄒᆞ리라 셩이 ᄉᆞ양ᄒᆞ여 골오디 나는 드르니 빅셩이 세 곳의 사라 셤기믈 ᄒᆞᆫᄀᆞᆺ티 혼다 ᄒᆞ니 아비 나ᄒᆞ시고 스승이 ᄀᆞᄅᆞ치고 님군이 먹이시니 아비 아니면 나디 못ᄒᆞ고 밥이 아니면 ᄌᆞ라디 못ᄒᆞ고 ᄀᆞᄅᆞ치디 아니ᄒᆞ면 아롬이 업는 고로 ᄒᆞᆫᄀᆞᆺ티 셤겨 죽기롤 닐위ᄂᆞ니 살오니는 죽기로뻐 갑고 주ᄂᆞ니는 힘으로뻐 갑흐미 사롬의 도리라 내 엇디 니로뻐 사롬의 <五倫忠04a> 도리롤 폐ᄒᆞ리오 ᄒᆞ고 드듸여 싸화 죽으니라

■ 난셩투사(欒成鬭死: 난셩이 싸우다 죽다.)

진나라 곡옥무공(曲沃武公)이 익(翼)땅을 쳐서 애후(哀侯)를 죽이고 난셩(欒成)을 잡아 말하기를, "죽지 마라. 내 너를 써서 상경(上卿) 벼슬을 주어 나라 정사를 관리하게 하리라." 난셩이 사양하며 말하기를, "내가 듣기로 백성은 살아 세 곳을 섬김을 한결같이 한다 하였소. 아비가 낳으시고 스승이 가르치고 임금이 먹이시니, 아비가 아니면 나지 못하고 밥이 아니면 자라지 못하고 가르치지 않으면 앎이 없소. 그런 고로 한결같이 섬겨 죽기를 이루니 살아있는 이는 죽음으로 갚고 준 이는 힘으로 갚는 것이 사람의 도리라. 내 어찌 이로써 사람의 도리를 폐(廢)하리오." 하고 드듸여 싸워 죽었다.

[시]
무공이 익 땅을 쳐 애후를 죽였을 때
난성을 잡아다가 죽이지 않고 후하게 대접하려 하니
내 아무리 상경 벼슬 받아 나라 정치 맘대로 한다 해도
내 임금 죽인 원수와 어찌 한 하늘 밑에 살겠나
임금과 스승은 원래 나를 살리고 가르치신 분
그 뜻은 응당 죽음으로 그 은혜를 갚는 법
대의품은 그 흉중을 일찍이 알았더라도
어찌 사사로운 이익을 위해 자기 몸을 사리려 했을까

곡옥무공(曲沃武公)이: 곡옥무공이. '곡옥무공'은 춘추 시대 진나라의 국군(國君). 이름은 칭(稱)이고, 곡옥장백(曲沃莊伯)의 아들이다.
익(翼)짜흘: 익땅을. '짜ㅎ+을'
이후롤: 애후(哀侯)를. '애후'는 중국 춘추 시대 진나라의 제15대 임금. 이름은 광(光)이다.
난셩을: 난성(欒成)을. '난성'은 춘추 시대 진(晉)나라 사람. 대부(大夫)를 지냈다. 공숙(共叔) 또는 난공자(欒共子)로도 불린다. 애후(哀侯)의 스승이었다.
샹경: 상경(上卿). 상위(上位)의 경(卿), 곧 정1품의 정승이나 종1품의 판서(判書)를 이르는 말.
ᄒᆞᆫᄀᆞᆯᄀᆞ티: 한결같이.
ᄀᆞᅀᆞᆷ알게: 관리하게.
닐위ᄂᆞ니: 이루니.

석작순신(石碏純臣)

石碏純臣
衛州吁弑桓公而立未能和其民石碏子厚問定君於石碏碏曰王覲爲可曰
何以得覲曰陳桓公方有寵於王陳衛方睦若朝陳使請必可得也厚從州吁
如陳碏使告于陳曰衛國褊小老夫耄矣無能爲也此二人者實弑寡君敢卽
圖之陳人執之而請涖于衛衛人使右宰醜涖殺州吁于濮碏使其宰獳羊肩
涖殺厚于陳君子曰石碏純臣也惡州吁而厚與焉大義涉減親其是之謂乎
詩 家兒當賊致紛紜來問和民與定君國小無能身亦老勸令王覲是奇勳
陳人討賊是誰因老子謀謨動四隣大義滅親如欲識請看青史記純臣

<五倫忠05b> 위나라 쥬위【환공의 첩 아돌이라】 환공을 죽이고 스스로 셔니 빅셩이 화티 아니ᄒᆞᆫ는디라 셕쟉의 아들 휘 쟉ᄃᆞ려 무러 ᄀᆞᆯ오디 엇디ᄒᆞ면 님군을 뎡ᄒᆞ리잇가 쟉이 ᄀᆞᆯ오디 텬ᄌᆞ긔 뵈오미 가ᄒᆞ니라 휘 ᄀᆞᆯ오디 엇디 ᄡᅥ 어더 뵈오리잇가 쟉이 ᄀᆞᆯ오디 진환공이 ᄇᆞ야흐로 텬ᄌᆞ긔 툥이 잇고 진과 위 쏘 화목ᄒᆞ니 만일 진환공을 보고 쳥ᄒᆞ면 가히 되리라 셕휘 쥬우로 더브러 진으로 갓더니 쟉이 사ᄅᆞᆷ으로 ᄒᆞ여곰 <五倫忠06a> 진에 고ᄒᆞ여 ᄀᆞᆯ오디 나라히 젹고 내 늙어 능히 홀 일이 업ᄂᆞᆫ디라 이 두 사ᄅᆞᆷ이 실로 우리 님군을 죽여시니 쳥컨대 즉시 도모ᄒᆞ라 진환공이 쥬우와 셕후ᄅᆞᆯ 잡아 위 사ᄅᆞᆷ ᄃᆞ려와 죽이라 ᄒᆞ대 위인이 우지 【벼슬이라】 츄ᄅᆞᆯ 보내여 쥬우ᄅᆞᆯ 죽이고 셕쟉이 쏘 가신을 보내여 그 아ᄃᆞᆯ 후ᄅᆞᆯ 죽이니 군지 ᄀᆞᆯ오디 셕쟉은 튱슌ᄒᆞᆫ 신해라 쥬우ᄅᆞᆯ 믜워ᄒᆞᆯ ᄉᆡ 아들이 참예ᄒᆞ니 큰 의로 지친을 멸ᄒᆞᆫ다 ᄒᆞᆷ은 셕쟉을 니ᄅᆞ미로다

■ 석작순신(石碏純臣: 석작은 충순한 신하이다.)

위나라 주우【환공의 첩의 아들이다】가 환공을 죽이고 스스로 서니 백성이 화(和)치 않았다. 석작의 아들 석후가 석작에게 물어 말하기를, "어찌하면 임금의 자리를 안정시킵니까." 석작이 대답하기를, "천자께 뵈는 것이 좋다." 석후가 다시 묻기를, "어찌 써서 얻어 뵙니까." 석작이 다시 대답하기를, "진환공이 바야흐로 천자께 총애가 있고 진과 위가 또한 화목하니 만일 진환공을 보고 청하면 가히 되리라." 이 말을 듣고 석후가 주우와 더불어 진으로 갔다. 석작이 사람을 시켜 진에 고하여 말하기를, "나라가 작고 내가 늙어 능히 할 일이 없습니다. 이 두 사람이 실로 우리 임금을 죽였으니 청컨대 즉시 도모하십시오." 진환공이 주우와 석후를 잡아 위나라 사람을 데려와 죽이라 하였다. 위나라 사람이 우재(右宰)【벼슬이다】추(醜)를 보내어 주우를 죽였다. 석작이 또 가신(家臣)을 보내어 그 아들 석후를 죽이니 군자가 말하기를, "석작은 충순(忠純)한 신하이다. 주우를 미워하여 아들이 참예(參詣)하니 큰 뜻으로 지친(至親)을 멸한다 함은 석작을 이름이로다." 하였다.

[시]
자기 아들 역적와 통하여 시끄러운 일 꾸밀 때
백성 화목하게 하고 인군 정하는 방침을 와서 물으니
나라가 작아 일할 수 없고 이 몸 또한 늙어
이웃나라 가보라 한 것 실로 큰 공적이네
진나라 사람이 적을 친 것 누구 때문일까
늙은 아비 꾀를 내어 이웃나라 움직이니
대의로써 지친을 멸한단 말 알고 싶거든
역사에 실린 석작의 순결한 신하노릇을 보라

쥬위: '주우(州吁)+ㅣ (주격조사)'> 주우가. '주우'는 중국 춘추 시대 위(衛)나라의 군주이다.
환공(桓公)을: 환공을. '환공'은 춘추 시대 위(衛)나라의 국군(國君). 이름은 완(完)이다. 장공(莊公)의 아들이다.
스스로: 스스로.
셕쟉의: 석작(石碏)의. '석작'은 춘추 시대 위(衛)나라 사람. 대부(大夫)를 지냈다.
휘: '후+ㅣ (주격조사)'> 석후가. '석후'는 석작의 아들이다.

뎡ᄒᆞ리잇가: 졍(定)합니까. 안정시킵니까.
가ᄒᆞ니라: 가(可)하다. 옳고 좋다.
진환공(陳 桓公)이: 진환공이. '진환공'은 중국 춘추 시대 진(陳)나라의 12대 임금으로, 휘는 포(鮑)이다.
툥이 잇고: 툥(寵)이 있고. '툥'은 남달리 귀여워하고 사랑함.
셕휘: '셕후+ㅣ(주격조사)'> 셕후가.
우ᄌᆡ: 우재(右宰). 벼슬이름.
튱슌흔: 충슌(忠純)한. 충직하고 참되다.
신해라: '신하+ㅣ(주격조사)+-라'> 신하이라.
참예ᄒᆞ니: 참예(參詣)하니. 신이나 부처에게 나아가 뵘.
지친(至親)을: 지친을. '지친'은 매우 가까운 친족. 아버지와 아들, 언니와 아우 사이를 이르는 말이다.

왕촉절두(王蠋絶脰)

王蠋絶脰
燕樂毅破齊聞畫邑人王蠋賢令軍中媛畫邑三十里無入使人請蠋蠋謝不往燕人曰不來吾屠畫邑蠋曰忠臣不事二君烈女不更二父齊王不用吾諫故退而耕於野國破君亡吾不能存而又欲劫之以兵吾與其不義而生不若死遂頸經其頸於樹枝自奮絶脰而死
詩 燕人圍畫欲屠城節士安能枉已行不事二君當日語凜然千載樹風聲君亡國破不能存非義而生豈足論經死樹間方自慊千秋地下作忠魂

<五倫忠07b> 연나라 댱슈 악의 제나라롤 파ᄒᆞ고 획읍 사ᄅᆞᆷ 왕쵹의 어딜믈 듯고 군듕에 녕ᄒᆞ여 획읍 삼십리롤 침노티 말라ᄒᆞ고 사ᄅᆞᆷ으로 ᄒᆞ여곰 쵹을 쳥ᄒᆞᆫ대 쵹이 샤례ᄒᆞ고 가디 아니ᄒᆞ니 연사ᄅᆞᆷ이 ᄀᆞᆯ오ᄃᆡ 오디 아니ᄒᆞ면 획읍을 뭇디ᄅᆞ리라 쵹이 ᄀᆞᆯ오ᄃᆡ 튱신은 두 님군을 셤기디 아니ᄒᆞ고 녈녀는 두 지아비롤 곳치디 아니ᄒᆞ니 졔 왕이 내 간ᄒᆞᄂᆞᆫ 말을 쓰디 아니ᄒᆞᆫ 고로 믈러와 들히 밧가더니 나라히 파ᄒᆞ고 님군이 망ᄒᆞ여시니 내 능히 보존케 못ᄒᆞ고 ᄯᅩ 군사로 협박ᄒᆞ고져 ᄒᆞ니 내 그 블의코 살<五倫忠08a>므론 ᄎᆞᄅᆞ리 죽음만 ᄀᆞᆮ디 못ᄒᆞ다 ᄒᆞ고 그 목을 남게 둘고 스스로 ᄂᆞ려더니 목이 ᄭᅳᆫ쳐 죽으니라

■ 왕촉절두(王蠋絶脰: 왕촉이 목을 끊다.)

연나라 장수 악의(樂毅)는 제나라를 격파하였다. 화읍(畫邑) 사람인 왕촉(王蠋)이 어질다는 말을 듣고 군중에 명하여 화읍 삼십 리를 침노(侵擄)치 말라하였다. 또 사람을 시켜 왕촉을 청하였다. 왕촉이 사양하고 가지 않자 연나라 사람이 말하기를, "오지 아니하면 화읍을 무찌르겠소." 왕촉이 말하기를, "충신은 두 임금을 섬기지 않고 열녀는 두 지아비를 고치지 않소. 제나라 왕이 내가 간하는 말을 쓰지 않아서 물러나 들로 나왔소. 나라가 파하고 임금이 망하셨는데 내가 능히 보존할 수 없소. 또 군사로 협박하고자 하니 내 그 불의(不義)로 사느니 차라리 죽음만 같지 못하오."

그리 말하고 그 목을 나무에 달고 스스로 덜어지니 목이 끊어져 죽었다.

[시]
연나라 사람이 포위하여 성을 무찌르려 하거늘
절개 있는 선비 어찌 평안함을 따르리
두 임금 섬기지 않는다는 그날의 말
뚜렷하게 천년 동안 바람 소리처럼 전해 오네
임금 죽고 나라 망해 이 몸을 보존할 곳 없으니
의리가 아닌 곳에 어찌 살겠는가
나무에 목을 매어 자기 몸을 더럽히지 않으니
천년 후까지 지하에 충성된 혼령 살아 있네

댱슈: 장수(將帥).
악의: 악의(樂毅). 전국시대 연(燕)의 명장. 소왕(昭王) 때 상장군(上將軍)이 되어 제(齊)의 70여 성을 부수고 창국군(昌國君)에 봉해졌음.
획읍 사롬: 화읍(畫邑) 사람.
왕쵹의: 왕촉(王蠋)의. '왕촉'은 전국 시대 제(齊)나라 화읍(畫邑, 臨淄 區高) 사람.
군듕에: 군중(軍中)에.
침노(侵擄)티 말라: 침노치 말라. '침노'는 남의 나라를 불법으로 쳐들어가거나 쳐들어 옴.
샤례하고: 사례(謝禮)하고. '사례'는 사양하다.
믓디르리라: 무찌르리라.
튱신은: 충신(忠臣)은.
녈녀는: 열녀(烈女)는.
협박ᄒ고져 ᄒ니: 협박(脅迫)하니.
남게: 나무에.
ᄂᆞ려디니: 내려지니.
ᄭᅳᆫ처: 끊어져.

기신광초(紀信誑楚)

紀信誑楚
紀信漢將項羽圍滎陽漢王請和割滎陽以西爲漢范增勸羽急攻滎陽王患之信曰事急矣臣請誑楚王可以間出於是陳平夜出女子滎陽東門二千餘人楚因四面擊之信乃乘王車黃屋左纛曰城中食盡漢王降楚楚皆呼萬歲之城東觀以故王得與數十騎從西門出走成皐羽燒殺信

詩 漢王當日被重圍事急何人解指麾不有將軍謀誑楚陳平雖智計無施攀龍父附鳳幾英雄黃屋生降爲沛公帝業緜緜基此擧蕭何不是漢元功

<五倫忠09b> 긔신은 한나라 댱쉬니 항위 형양을 에워ᄡᅥ거늘 한왕이 싸홀 베혀 화친을 쳥ᄒᆞ니 범증이 항우를 권ᄒᆞ여 형양을 급히 티라 ᄒᆞ거늘 왕이 근심ᄒᆞᆯ 시 긔신이 ᄀᆞᆯ오ᄃᆡ 일이 급ᄒᆞᆫ디라 신이 쳥컨대 초를 소길 거시니 왕은 스이길로 ᄃᆞ라 나쇼셔 ᄒᆞ고 이에 진평이 밤에 겨집 이쳔여 인을 동문으로 내여 보내여 ᄡᅡ홈ᄒᆞ려 ᄒᆞ는 톄 ᄒᆞ니 초나라 군시 ᄉᆞ면으로 티거놀 신이 이에 왕의 술위를 트고 황옥좌독【님군의 위의라】으로 나와 ᄀᆞᆯ오ᄃᆡ 셩듕의 군량이 진ᄒᆞ여 한왕이 초의 항복ᄒᆞ노라 ᄒᆞ대 초군이 다 만셰를 <五倫忠10a> 부르고 셩동문으로 가 보거눌 그 ᄉᆞ이에 왕이 수십 긔를 거ᄂᆞ리고 셔문으로 나 셩고로 ᄃᆞ라나니 항위 긔신을 불에 살와 죽이니라

■ 기신광초(紀信誑楚: 기신이 초를 속이다.)

기신(紀信)은 한나라 장수이다. 항우(項羽)가 형양(滎陽)을 에워싸니 한왕(漢王)이 땅을 떼어 화친(和親)을 청하였다. 범증(范增)이 항우에게 권하여 형양을 급히 치라 하니 왕이 근심하였다. 기신이 말하기를, "일이 급합니다. 신이 청하건대, 초를 속일 것이니 왕은 샛길로 달아나소서." 이에 진평(陳平)이 밤에 계집 이천여 명을 동문으로 내보내어 싸우려고 하는 척을 하니 초나라 군사가 사면으로 닥쳤다. 기신이 이에 왕의 수레를 타고 황옥좌독【임금의 위의다】으로 나와 말하기를, "성 안에 군량이 다하여 한왕이 초에 항복하노라" 하니 초군이 다 만세를 부르고 성의 동문으로 가 보았다. 그 사이에 왕이 수십 기를 거느리고 서문으로 나가 성고(成皐)로 돌아가자 항우가 기신을 불에 태워 죽였다.

[시]
당시 한왕이 겹겹이 포위당할 제
누구의 재주로 일의 급함을 면하였는가
기신이 초나라를 속이지 않았다면
진평이 비록 꾀가 있어도 소용 없으니
용과 같고 봉새 같은 영웅들 많은 틈에도
오직 기신이 패공으로 거짓 꾸며 적을 속이니
한왕의 왕업이 이로부터 시작된 것이라
어찌 소하만이 한나라 제일가는 공신이라 하리오

긔신은: 기신(紀信)은. '기신'은 한 고조(漢高祖)의 신하. 고조가 항우와 싸우다가 아주 위급한 지경에 빠졌을 때, 기신이 한 고조로 가장하여 대신 죽고 고조를 탈출시켰다.
댱쉬니: '쟝수+ㅣ(주격조사)+--니'> 장수이니
항위: '항우+ㅣ(주격조사)'> 항우가. 항우(項羽). 중국 신(秦)나라 말기에 유방(劉邦)과 진나라를 멸망시키고 중국을 차지하기 위해 다툰 무장.
한왕(漢王)이: 한왕이. '한왕'은 한고조(漢高祖). 중국 한(漢)나라의 제1대 황제(재위 BC 202~BC 195). 진나라 말기에 군사를 일으켜 진왕으로부터 항복을 받았으며, 4년간에 걸친 항우와의 쟁패전에서, 항우를 대파하고 천하통일의 대업을 실현시켰다.
베혀: 베어. 떼어.
범증(范增)이: 범증이. '범증'은 중국 초나라 항우(項羽)의 모사. 기묘한 계교에 능하여 항우로 하여금 제후의 패자가 되도록 도왔다.
수이길로: 샛길로.
진평(陳平)이: 진평이. '진평'은 중국 한대의 정치가. 처음에는 항우를 따랐으나 후에 유방을 섬겨 한나라 통일에 공을 세웠다.
군시: '군사+ㅣ(주격조사)'> 군사가.

술위를: 수레를.
황옥좌독(黃玉左纛)으로: 황옥좌독으로. 황옥과 좌도. 좌도는 수레의 왼쪽 위에 세운 기. 天子(천자)의 수레.
셩듕의: 셩듕(城中)에. 셩 안에.
진(盡)ᄒᆞ여: 진하여. 다하여.
술와: 사르다. 태우다.

소무장절(蘇武杖節)

蘇武杖節
蘇武杜陵人以中朗將使匈奴會虞常謀殺衛律單于使律治之常引武副張騰知謀召武受辭武引刀自刺律驚自抱持武氣絶半日復息律謂武曰副有罪當相坐武曰本無謀又非親屬何謂相坐復舉劍擬之武不動乃幽武大窖中絶不飲食武齧雪與旃毛幷咽之徙北海上使牧羝曰羝乳乃得歸武掘野鼠去草實而食杖漢節牧羊臥起操持節旄盡落單于使李陵置酒謂曰足下兄弟皆坐事自殺大夫人已不幸婦亦更嫁人生如朝露何自苦如此武曰臣事君猶子事父子爲父死無所恨願勿復言陵與飮數日復曰一聽陵言武曰自分已死人矣必欲降請効死於前陵見其至誠歎曰嗟乎義士陵與衛律罪通于天因泣下與武決去始元六年武始得還
詩 初承帝命使匈奴那料荒陲苦被拘强引受辭終不屈堪嗟自刺絶還蘇牧羝掘鼠歷多艱杖節持旄意尙閑不聽陵言期効死安知後日得生還

<五倫忠11b> 소무는 한나라 두릉 사룸이니 듕낭댱 벼슬로뻐 흉노 【북방 오랑캐 칭회라】 에 ᄉ신 갓더니 마츰 우샹이 위률 【우샹 위률은 다 한나라 사롬으로 흉노에 항복ᄒᆞᆫ 재라】 을 죽이려ᄒᆞ다가 발각ᄒᆞ매 션 <五倫忠12a> 위 【흉노 왕이라】 위률로 ᄒᆞ여곰 사획ᄒᆞ라 ᄒᆞ니 우샹이 소무의 부사 댱승을 다ᄒᆡᆫ대 률이 무릎 블러 툐ᄉᆞ룰 바드니 뮈 칼을 ᄲᅡ혀 스스로 먹 디르니 위률이 놀나 븟들고 말린대 뮈 반일을 긔졀ᄒᆞ엿다가 다시 ᄭᆡ거늘 률이 무드려 닐러 골오ᄃᆡ 부사의 죄로 맛당이 년좌ᄒᆞ리라 뮈 골오ᄃᆡ 본디 모계 업고 또 내 친쇽이 아니어늘 엇디ᄒᆞ여 년좌ᄒᆞ리오 률이 칼을 드러 죽이려 ᄒᆞ되 뮈 요동티 아니ᄒᆞᄂᆞ디라 이에 무룰 디함에 가도고 음식을 ᄭᅳᆫᄒᆞ니 뮈 눈과 긔에 둘닌 털을 섯거 숨키더니 다시 븍히 우히 옴겨 <五倫忠12b> 두고 ᄒᆞ여곰 수양을 먹이고 수양이 삿기쳐야 노하 보내리라 ᄒᆞ니 뮈 먹을 거시 업서 들에 쥐굼글 파 쥐 먹던 플열미롤 먹고 한나라 졀을 잡아 누으나 안즈나 노티 아니ᄒᆞ니 졀모 다 쩌러디더라 션위 니릉 【릉은 한나라 댱슈로 흉노의 항복ᄒᆞᆫ 재라】 으로 ᄒᆞ여곰 술을 가지고 무룰 다래여 닐오ᄃᆡ 그디 형뎨 다 죄에 죽고 대부인도 이믜 불힝ᄒᆞ고 안히도 ᄯᅩ흔 기가ᄒᆞ엿ᄂᆞ디라 인싱이

아츰 이슬ᄀᆞ트니 엇디 구트여 이러트시 괴롭게 ᄒᆞᄂᆈ 뮈 ᄀᆞᆯ오ᄃᆡ 신해 님군을 섬기매 ᄌᆞ식이 아비 셤김ᄀᆞ트니 ᄌᆞ식이 아비를 위ᄒᆞ여 <五倫忠13a> 죽어도 ᄒᆞᆯ 배 업ᄂᆞ니 원컨대 다시 이런 말을 말라 릉이 ᄒᆞᆫ가지로 두어날 술 먹다가 다시 닐오ᄃᆡ ᄒᆞᆫ 번 내 말을 드ᄅᆞ라 뮈 ᄀᆞᆯ오ᄃᆡ 이믜 죽기ᄅᆞᆯ 결단ᄒᆞ여시니 반ᄃᆞ시 항복 밧고져 ᄒᆞ거든 쳥컨대 알픠셔 죽으리라 릉이 그 지셩을 보고 탄식ᄒᆞ여 ᄀᆞᆯ오ᄃᆡ 슬프다 의ᄉᆞ여 릉과 위률은 죄 하ᄂᆞᆯ에 다핫도다 ᄒᆞ고 인ᄒᆞ여 눈믈을 흘리고 무로 더브러 니별ᄒᆞ고 갓더니 시원【한 쇼뎨 대 년호라】뉵년에 뮈 비로소 도라오니라

■ 소무장절(蘇武杖節: 소무가 부절을 잡다.)

소무(蘇武)는 한나라 두릉(杜陵) 사람이다. 중랑장(中郎將)의 벼슬로 흉노【북방 오랑캐의 칭호이다】에 사신으로 갔는데 마침 우상이 위율【우상과 위율은 모두 한나라 사람으로 흉노에 항복한 자이다】을 죽이려고 하다가 발각되니 선우【흉노의 왕이다】가 위율을 시켜 사핵(查覈)하라 하였다. 이에 우상이 소무의 부사(副使) 장승을 잡았고 위율이 소무를 불러 조사를 하니 소무가 칼을 빼서 스스로 목을 찔렀다. 위율이 놀라 붙들고 말리고 소무는 반일동안 기절하였다가 다시 깨어났다. 위율이 소무에게 말하기를, "부사의 죄로 마땅히 연좌되리라." 하니 소무가 말하기를, "본디 모계(謀計)가 없고 또 내 친속(親屬)이 아닌데 어찌하여 연좌를 한단 말이오." 위율이 칼을 들어 죽이려 해도 소무는 동요하지 않았다. 이에 소무를 지함(地陷)에 가두고 음식을 주지 않으니 소무는 눈과 깃발에 달린 털을 섞어 삼켰다. 다시 북해 위로 옮겨서 숫양을 먹이고 숫양이 새끼를 쳐야 풀어주겠다 하였다. 소무가 먹을 것이 없어 들에 쥐구멍을 파서 쥐가 먹던 풀과 열매를 먹으면서도 한나라 부절(符節)을 잡고 눕거나 앉아도 놓지 않아 부절의 털이 다 떨어졌다. 선우가 이릉(李陵)【릉은 한나라 장수로 흉노에 항복한 자이다】을 시켜 술을 가지고 가서 소무를 달래어 말하기를, "그대의 형제가 모두 죄로 죽고 대부인도 이미 불행하고 아내도 또한 개가(改嫁)하였소. 인생이 아침이슬 같은데 어찌 구태여

이렇듯이 괴롭게 사시오." 소무가 말하기를, "신하가 임금을 섬김이 자식이 아비를 섬김과 같으니, 자식이 아비를 위하여 죽어도 한이 없소. 원컨대 다시 이런 말을 하지 마시오." 이릉이 두어날 술을 먹다가 다시 말하기를, "한번 내 말을 들어 보시오." 소무가 말하기를, "이미 죽기를 결단하였으니 반드시 항복을 받고자 하거든 청컨대 앞에서 죽겠소." 이릉이 그 지성(至誠)을 보고 탄식하여 말하기를, "슬프다 의사(義士)여. 이릉과 위율은 죄가 하늘에 닿았도다." 하고 눈물을 흘리고 소무와 이별하고 갔더니 시원(始元)【한 소제 때의 연호이다】 육년에 비로소 돌아왔다.

[시]
천자의 명령 받고 흉노에 사신으로 갈 때
그 누가 잡혀서 고초받을 줄 알았으랴
억지로 자백 받으려 했으나 끝내 굽히지 않고
칼 빼어 자결하니 갸륵한 소무라
양 치고 쥐구멍 파니 그 고생 이를 데 없건만
부절을 손에 쥔 채 뜻은 태연하네
이릉의 권고 듣지 않고 죽으려 하더니
후일에 다시 살아 돌아갈 줄 누가 알았으랴

소무(蘇武)는: 소무는. '소무'는 전한 경조(京兆) 두릉(杜陵) 사람. 자는 자경(子卿)이고, 흉노 정벌에 공을 세운 소건(蘇建)의 둘째 아들이다.
듕낭댱: 중랑장(中郎將). 한나라 때의 벼슬 이름.
사획ᄒᆞ라 하니: 사핵(査覈)하라 하니. 실제 사정을 자세히 조사하여 밝히라 하니.
다힌대: 다히다. 잡다.
뮈: '무+ㅣ(주격조사)'> 소무가.
모계(謀計)없고: 모계가 없고. '모계'는 계교를 꾸밈. 또는 그 계교.
친쇽이 아니어늘: 친속(親屬)이 아니거늘. '친속'은 친족.
요동티 아니ᄒᆞᆫ디라: 동요하지 않는지라.
디함에 가도고: 지함(地陷)에 가두고. '지함'은 구덩이.

굼글: 구멍을.
한나라 졀을 잡아: 한나라 부절(符節)을 잡아. '부절'은 예전에, 돌이나 대나무 · 옥 따위로 만들어 신표로 삼던 물건. 주로 사신들이 가지고 다녔으며 둘로 갈라서 하나는 조정에 보관하고 하나는 본인이 가지고 다니면서 신분의 증거로 사용하였다.
졀모: 부절의 모(毛)가.
니릉으로 ᄒᆞ여곰: 이릉(李陵)을 시켜. '이름'은 중국 전한(前漢)의 무장. 이광리가 흉노를 쳤을 때 출정, 흉노의 배후를 기습하여 이광리를 도왔으나 귀로에 무기·식량이 떨어지고 8만의 흉노군에게 포위되어 항복했다.
안히도: 아내도.
기가ᄒᆞ엿ᄂᆞ니라: 개가(改嫁)하였다. '개가'는 결혼하였던 여자가 남편과 사별하거나 이혼하여 다른 남자와 결혼함.
지셩을 보고: 지성(至誠)을 보고. '지성'은 지극한 정성.
의ᄉᆞ여: 의사(義士)여. '의사'는 의로운 지사(志士).
시원: 시원(始元). 한나라 제8대 소제(昭帝) 때의 연호.

주운절함(朱雲折檻)

朱雲折檻
朱雲平陵人張禹以天子師國家大政必與定議時吏民多言災異王氏專政所致成帝然之乃至禹第問以天變因用吏民言王氏事示禹禹自見年老子孫弱又與王根不平恐爲所怨謂上曰災變之意深遠難見陛下宜修政事以善應之新學小生亂道誤人宜無信用上雅信禹由是不疑雲求見曰朝廷大臣皆尸位素餐願賜斬馬劍斷佞臣一人頭以厲其餘上問誰對曰張禹上大怒曰小臣廷辱師傅罪死不赦御史將雲下雲攀殿檻輒呼曰得從龍逢比干游足矣御史遂將雲去將軍辛慶忌免冠叩頭流血爭上意解得已後當治檻上曰勿易因而輯之以旌直臣
詩 災異雖云降自天實由王氏專模權奈何張禹依阿甚廷辱當時氣凜然誠心請斷佞人頭擬與逄干地下游治檻異時令勿易是知端爲直臣畱

<五倫忠14b> 쥬운은 한나라 평능 사룸이니 댱위 텬즈 스부로 이셔 국가의 큰일은 텬지 미양 우로 더브러 의논ᄒ더니 이때에 지변이 만ᄒ니 사룸이 다 닐오디 왕시 【셩뎨 외척이라】 권을 잡은 연괴라 ᄒ니 황뎨 그러히 너 <五倫忠15a> 기샤 댱우의 집에 가 텬변을 무르시고 인ᄒ야 왕시 의논ᄒᄂ 말을 니르시니 위 스스로 ᄉᆡᆼ각호디 나히 늙고 즈손이 약ᄒ니 왕시와 경원홀가 두리워ᄒ여 ᄉᆞ리 엿ᄌᆞ오디 지변되는 ᄯᅳ디 깁고 머러 알기 어려온디라 폐하는 맛당이 졍ᄉᆞᆯ 닷가 어딘 일로 응ᄒ실디니 져믄 션비 들이 어즈러이 말ᄒ여 사룸을 그릇되게 ᄒᆞᄂ니 맛디 마ᄅᆞ쇼셔 ᄒᆞ대 샹이 본디 댱우ᄅᆞᆯ 미드시ᄂᆞᆫ디라 이러므로 의심티 아니ᄒᆞ시니 쥬운이 텬ᄌᆞ긔 뵈와 ᄀᆞᆯ오디 됴뎡대신이 다 녹만 먹고 제 딕칙을 출ᄒᆞ디 못ᄒᆞ오 <五倫忠15b> 니 원컨대 참마검을 주셔든 ᄒᆞᆫ 아당ᄒᆞᄂ 신하의 마리ᄅᆞᆯ 버혀 다른 사ᄅᆞᆷ을 딩계ᄒᆞ리이다 샹이 무르시디 눌을 니른 말인다 디ᄒᆞ여 ᄀᆞᆯ오디 댱우로소이다 샹이 대노ᄒ여 ᄀᆞᆯᄋᆞ샤디 져근 신해 내 스승을 욕ᄒᆞ니 그 죄 죽여 샤티 못ᄒᆞ리라 어ᄉᆞ 운을 잡아 ᄂᆞ리거ᄂᆞᆯ 운이 대궐 난간을 잡으니 난간이 부러디ᄂᆞᆫ디라 운이 크게 소ᄅᆡᄒᆞ여 ᄀᆞᆯ오디 신이 뇽방비간을 조차 놀미 죡ᄒᆞ도소이다 어ᄉᆞ 드ᄃᆡ여 운을 잡아가니 쟝군 신경긔 관을 벗고 마리ᄅᆞᆯ 두드려 피 흐르도록 ᄃᆞ토신대 샹의

쓰디 져기 플니 <五倫忠16a> 샤 운의 죄를 샤ᄒ고 후에 그 난간을 고칠 시 샹이
골ㅇ샤디 밧고디 말고 인ᄒ여 곳쳐 딕신을 표ᄒ라 ᄒ시다

■ 주운절함(朱雲折檻: 주운이 난간을 부러뜨리다.)

　주운(朱雲)은 한나라 평릉(平陵)사람이다. 장우(張禹)가 천자의 사부로 있어서 국가의 큰일은 천자가 매양 장우와 더불어 의논하였다. 이때에 재변(災變)이 많아 사람들이 다 말하길, "왕씨 【성제(成帝)의 외척이다】가 권력을 잡은 연고(緣故)이다." 하니 황제가 그렇게 여겨 장우의 집에 가서 천변(天變)을 물으시고 왕씨에 대해 의논하는 말을 하였다. 장우가 스스로 생각하길, '내가 늙고 자손이 약하니 왕씨와 결원(結怨)할까 두렵구나' 황제께 여쭙길, "재변되는 뜻이 깊고 멀어서 알기 어려운지라 폐하께서는 마땅히 정사를 닦아 어진 일로 응하시옵소서. 젊은 선비들은 어지럽게 말하여 사람을 그릇되게 하니 믿지 마시옵소서." 한 성제는 본디 장우를 믿으시는지라 의심하지 않았다. 주운이 천자께 나아가 말하기를, "조정 대신이 다 녹만 먹고 제 직책(職責)을 차리지 못하오니 원컨대 참마검(斬馬劍)을 주시면 아당(阿黨)하는 한 신하의 머리를 베어 다른 사람에게 징계(懲戒)하게 하겠습니다." 하니 성제가 물으시길, "누구를 이르는 말인가." 대답하여 말하기를, "장우입니다." 성제가 대노하여 말하기를, "작은 신하가 내 스승을 욕하니 그 죄를 죽여서도 용서하지 못하리라." 어사(御史)가 주운을 잡아끌어 내리거늘 주운이 대궐의 난간을 잡으니 난간이 부러졌다. 주운이 크게 소리를 치며 말하기를, "신이 용방(龍龐)과 비간(比干)을 좇아 노는 것이 만족스럽습니다." 어사가 드디어 주운을 잡아가니 장군 신경기가 관을 벗고 머리를 두드려 피가 흐르도록 다투었다. 성제의 뜻이 적잖이 풀리시어 주운의 죄를 용서하고 후에 그 난간을 고칠 때 성제가 말하기를, "바꾸지 말고 고쳐서 직신(直臣)을 표하겠다." 하시었다.

[시]
재변이 비록 하늘에서 내리기는 하지만
실상 이것은 왕씨의 전권 때문이니
어찌해서 장우는 아첨만 하는가
주운이 조정에서 욕할 제 그 의기 사뭇 장하니
간사한 대신의 머리 벨 것을 성심으로 청하여
용방비간과 함께 지하에서 놀겠다 하네
난간 고칠 제 다른 재목으로 바꾸지 말라 하니
충성스러운 신하의 잘한 일을 기념함이라

쥬운은: 주운(朱雲)은. '주운'은 한 성제(漢成帝) 때 괴리령(槐里令). 자 유(游)
쟝위: '장우+ㅣ(주격조사)'> 장우(張禹)가. '장우'는 중국 한(漢) 나라 성제(成帝) 때의 정승. 자(字)는 자문(子文)이며, 안창후(安昌侯)에 봉해졌음.
지변이 만흐니: 재변(災變)이 많으니. '재변'은 재앙으로 인하여 생긴 변고.
셩뎨: 성제(成帝). 유오(劉驁). 전한의 제11대 황제. 자는 태손(太孫)이다. 원제(元帝)의 맏아들이다.
연괴라: '연고+ㅣ(주격조사)'> 연고(緣故)이다. 까닭이다.
텬변을: 천변(天變)을. '천변'은 하늘에서 생기는 자연의 큰 변동. 동풍, 번개, 일식, 월식 따위를 이른다.
결원(結怨)홀가 두려워 ᄒ여: 결원할까 두려워 하여. '결원'은 서로 원수가 되거나 원한을 품음.
져믄 션비들이: 젊은 선비들이.
묘명 대신이: 조정(朝廷)대신이. '조정'은 임금이 나라의 정치를 신하들과 의논하거나 집행하는 곳. 또는 그런 기구.
딕칙을: 직책(職責)을.
출히디 못ᄒ오니: 차리지 못하니.
참마검(斬馬劍)을: 참마검을. '참마검'은 중국 전한(前漢) 때의 명검의 이름으로, 한칼에 말을 베어 쓰러뜨릴 수 있을 만큼 예리한 칼을 이르는 말.
아당(阿黨)ᄒᄂᆞᆫ: 아당하는. '아당'은 남의 비위를 맞추거나 환심을 사려고 다랍게 아첨함.
마리롤: 머리를.
딩계ᄒᆞ리이다: 징계(懲戒)하겠다. '징계'는 허물이나 잘못을 뉘우치도록 나무라며 경계함.

어시: '어스+ㅣ(주격조사)'> 어사(御史)가. '어사'는 왕명으로 특별한 사명을 띠고 지방에 파견되던 임시 벼슬.
뇽방비간을 조차: 용방비간(龍逄比干)을 쫓아. '용방'은 하(夏) 나라 걸왕(桀王)의 신하이고, '비간'은 은(殷) 나라 주왕(紂王)의 숙부인데, 두 사람 모두 임금에게 충간하다가 죽음을 당했음.
드톤대: 다투니.
져기: 적잖이.
딕신을 표호랴: 직신(直臣)을 표시하겠다. '직신'은 육정신의 하나. 강직한 신하를 이른다.

공승추인(龔勝推印)

龔勝推印
龔勝楚郡人仕漢爲光祿大夫以王莽秉政乞骸骨歸鄕莽旣簒位遣使奉璽
書太子師友祭酒印綬安車駟馬迎勝卽拜使者與郡縣長吏入里致詔使者
欲令勝起迎久立門外勝稱病篤使者致詔付璽書進曰聖朝製作未定待君
爲政騰曰素愚加以老病命在朝夕隨使上道必死道路使者要說以印綬加
身勝輒推不受使者爲勝兩子及門人高暉等言朝廷虛心待君以茅土之封
雖疾病宜移至傳舍示有行意必爲子孫遺大業暉等白之勝曰吾受漢家厚
恩無以報今年老朝暮入地誼豈以一身事二姓下見故主哉因敕棺歛喪事
語畢遂不復飮食積十四日死年七十九
詩 新室方與國柄移乞歸鄕里是其宜竟稱病篤無行意何用安車駟馬爲
身加印綬禮雖勤臣子何心事二君絶粒旬餘仍不起聞風孰不挹淸芬

<五倫忠17b> 공승은 한나라 초군사롬이니 벼슬ᄒ여 광녹태우에 나ᄅ럿더니 왕망이 졍ᄉᆞᄅᆞᆯ 잡으니 벼슬을 ᄇᆞ리고 고향의 도라갓더니 망이 찬역ᄒᆞ매 ᄉᆞ쟈ᄅᆞᆯ 보내여 시셔 【됴셔라】 와 태ᄌᆞ ᄉᆞ우재쥬 벼슬 인슈 <五倫忠18a> ᄅᆞᆯ 밧들고 거마ᄅᆞᆯ ᄀᆞᆺ초와 승을 마ᄌᆞᆯ ᄉᆡ ᄉᆞ재군현 쟝니 【원이라】 로 더브러 승의 집의 가 됴셔ᄅᆞᆯ 젼홀 ᄉᆡ ᄉᆞ재 승으로 ᄒᆞ여곰 나와 밋고져 ᄒᆞ여 오래 문 밧ᄭᅴ 섯시니 승이 병들믈 일ᄏᆞᆺ고 나오디 아니ᄒᆞ니 ᄉᆞ재 명을 젼ᄒᆞ고 시셔ᄅᆞᆯ 맛져 ᄀᆞᆯ오디 됴뎡졔도ᄅᆞᆯ 뎡티 못ᄒᆞ여 그ᄃᆡᄅᆞᆯ 기ᄃᆞ리ᄂᆞ니라 승이 ᄀᆞᆯ오디 내 늙고 병드러 명이 됴셕에 이시니 ᄉᆞ쟈ᄅᆞᆯ 조차가다가 반ᄃᆞ시 길히셔 죽으리라 ᄉᆞ재 인을 가져 승의 몸의 더ᄒᆞ니 승이 밀치고 밧디 아니ᄒᆞ거ᄂᆞᆯ ᄉᆞ재 승의 아ᄃᆞᆯ과 문인들ᄃᆞ려 닐오디 됴뎡이 <五倫忠18b> ᄆᆞ옴을 기우려 기ᄃᆞ리ᄂᆞ니 맛당이 봉후에 귀ᄒᆞ미 이시리니 비록 질병이 이시나 잠간 긱샤에 올마 힝홀 ᄯᅳᆺ을 뵈면 반ᄃᆞ시 ᄌᆞ손의게 큰 업을 ᄭᅵ치리라 문인 등이 이말을 승의게 고ᄒᆞ니 승이 ᄀᆞᆯ오디 내 한나라 후은 닙어 갑흐미 업고 이제 나히 늙어 됴모의 죽을디라 엇디 ᄒᆞᆫ 몸으로 두 님군을 셤기고 디하의 가 녯 님군을 보리오 ᄒᆞ고 인ᄒᆞ여 샹ᄉᆞ졔구ᄅᆞᆯ 출히라 ᄒᆞ고 밥 먹디 아니ᄒᆞ여 열나흘만의 죽으니 나히 칠십 구셰러라

■ 공승추인(龔勝推印: 공승이 인수를 밀다.)

　공승(龔勝)은 한나라 초군 사람이다. 벼슬을 하여 광록대부(光祿大夫)에 이르렀는데 왕망(王莽)이 정사를 잡으니 벼슬을 버리고 고향으로 돌아갔다. 왕망이 찬역(簒逆)함에 사자를 보내어 서(書)【조서(詔書)이다】와 태자사우제주의 벼슬 인수(印綬)를 받들고 거마(車馬)를 갖추어 공승을 맞이하여 갔다. 사자는 군현장(郡縣長) 이【원이다】와 더불어 공승의 집에 가서 조서를 전하려 하였다. 사자가 공승이 나와서 맞기까지 오랫동안 문밖에 서있었으나 공승이 병이 들었다고 하고 나오지 않으니 사자가 명을 전하고 조서를 맡기며 말하기를, "조정 제도를 정하지 못하여 그대를 기다리겠소." 공승이 말하기를, "내 늙고 병들어 명이 조석(朝夕)에 있으니 사자를 쫓아 가다가 반드시 길에서 죽을 것이오." 사자가 인을 공승의 몸에 더하니 공승이 밀치고 받지 않았다. 사자가 공승의 아들과 문인들에게 말하길, "조정이 마을을 기울여 기다리니 마땅히 봉후(封侯)에 귀함이 있을 것이오. 비록 질병이 있으나 잠간 객사(客舍)에 올라 행할 뜻을 보이면 반드시 자손에게 큰 업을 끼칠 것이오." 문인 등이 이 말을 공승에게 고하니 공승이 말하기를, "내가 한나라의 후은(厚恩)을 입어 갚지 못하고 이제 내가 늙어 조모(朝暮)에 죽을 것이다. 어찌 한 몸으로 두 임금을 섬기고 지하에 가서 옛 임금을 보리오." 하고 초상에 쓰는 제구(祭具)를 차리라 하고 밥을 먹지 않고 열나흘 만에 죽으니 나이 칠십 구세였다.

　[시]
　신나라 새로 일어나 국가의 권리 옮겨지니
　벼슬 내놓고 고향으로 돌아가 누웠네
　병 위독하다 칭탁하고 행할 뜻을 보이지 않으니
　편안한 수레와 네 필 말 어디에 쓰랴
　인수 내주는 일 비록 뜻은 은근하지만

신하된 마음 어찌 두 임금 섬긴단 말인가
곡기 끊고 십여 일만에 마침내 일어나지 못하니
이 소문 듣고 깨끗한 덕행에 어찌 고개 숙이지 않으리

공승(龔勝)은: 공승은. '공승'은 전한 초국(楚國) 팽성(彭城) 사람. 자는 군빈(君賓)이다.
광녹태우에: 광록대부(光祿大夫)에. '광록대부'는 한나라 벼슬의 이름.
왕망(王莽)이: 왕망이. '왕망'은 중국 전한(前漢) 말의 정치가이며 '신(新)' 왕조(8~24)의 건국자. 갖가지 권모술수를 써서 최초로 선양혁명(禪讓革命)에 의하여 전한의 황제권력을 찬탈하였다. 하지만 이상적인 나라를 세우기 위해 개혁정책을 펼친 인물로 평가되기도 한다.
셔: 서(書). 조서(詔書). 임금의 명령을 일반에게 알릴 목적으로 적은 문서.
찬역(簒逆)ᄒ매: 찬역함에. '찬역'은 임금의 자리를 빼앗으려고 반역함.
인슈롤: 인수(印綬)를. '인수'를 관리가 몸에 지니던 도장과 그 끈.
거마(車馬)롤: 거마를. '거마'는 수레와 말을 아울러 이르는 말.
ᄉᆞ재: '사쟈+ㅣ(주격조사)'>사자(使者)가.
일ᄏᆞ고: 이르고. 말하고.
맛뎌: 맡기어.
됴셕에 이시니: 조석(朝夕)에 있으니. '조석'은 아침과 저녁을 아울러 이르는 말.
봉후(封侯)에: 봉후에. '봉후'는 제후를 봉하던 일. 또는 그 제후.
긱샤에: 객사(客舍)에. '객사'는 지방 군현(郡縣)에 마련된 국왕의 위패를 모시기 위한 정당(正堂)과 중앙에서 파견된 관리가 숙박하는 건물을 합친 시설.
후은(厚恩)을 닙어: 후은을 입어. '후은'은 두터운 은혜.
됴모의: 조모(朝暮)에. 조석(朝夕).
디하의 가: 지하(地下)에 가서. '지하'는 '저승'을 비유적으로 이르는 말.
상ᄉ: 상사(喪事). 사람이 죽은 사고.
졔구롤: 제구(祭具)를. '제구'는 제사에 쓰는 여러 가지 기구.
출히라: 차리라.

이업수명(李業授命)

李業授命
李業梓潼人元始中擧明經除爲郞王莽居攝以病去官隱藏山谷終莽之世
公孫述僭號素聞業賢徵之欲以爲博士業固疾不起述使尹融持毒酒奉詔
以劫若起則受公侯之位不起賜之以藥融諭旨方今天下分崩孰知是非
朝廷貪慕名德曠官缺位宜上奉知已下爲子孫身名俱全不亦優乎今數年
不起猜疑寇心凶禍立加非計之得者也業乃歎曰危國不入亂國不居親於
其身爲不善者義所不從君子見危授命何乃誘以高位重餌哉融見業不屈
曰宜呼室家計之業曰丈夫斷之於心久矣何妻子之爲遂飮毒而死

詩　明經應擧擅才名漢室除郞亦至榮告疾休官終莽世公孫豈得餌公卿
　　天下分崩孰是非尹融諭旨適貽譏丈夫固自由心斷妻子焉能授指揮

<五倫忠20a> 니업은 한나라 직동 사룸이니 원시【한 평뎨대 년호라】 듕에 명경
과거ᄒᆞ여 낭 벼슬을 ᄒᆞ엿더니 왕망이 찬역ᄒᆞᄆᆡ 업이 벼슬을 ᄇᆞ리고 산듕에 숨엇
더니 왕망이 망ᄒᆞᆫ 후에 공손슐이 쵹을 웅거ᄒᆞ여 황뎨라 일ᄏᆞᆺ고 업의 어딜믈
듯고 블러 박ᄉ 벼슬을 ᄒᆞ이 <五倫忠20b> 려 ᄒᆞ니 업이 병을 일ᄏᆞᆺ고 니디 아니ᄒᆞ
니 슐이 ᄉᆞ쟈를 보내여 독약을 가져 겁박ᄒᆞ여 굴오디 오면 공후에 위를 바들
거시오 오디 아니ᄒᆞ면 독약을 먹이리라 ᄒᆞ고 ᄉᆞ재 ᄯᅩ 다래여 굴오디 이제 텬해
어즈러오니 뉘 시비를 알리오 됴뎡이 그디 일홈과 덕을 ᄉᆞ모ᄒᆞ여 벼슬노 그디를
기ᄃᆞ리니 맛당이 우ᄒᆞ로 지긔를 밧들고 아래로 ᄌᆞ손을 위ᄒᆞ여 신명이 완젼ᄒᆞ면
ᄯᅩᄒᆞᆫ 아롬답디 아니ᄒᆞ랴 그디 이제 수 년을 니디 아니ᄒᆞ니 됴뎡이 싀긔ᄒᆞ고 의심
ᄒᆞ여 흉홰 반ᄃᆞ시 니르리니 이는 니ᄒᆞᆫ 계괴 아 <五倫忠21a> 니니라 업이 탄식ᄒᆞ여
굴오디 위퇴ᄒᆞᆫ 나라희는 드러가디 아니ᄒᆞ고 어즈러온 나라희는 사디 아니ᄒᆞᆫ다
ᄒᆞ니 내 엇디 벼슬을 탐ᄒᆞ여 블의를 조ᄎᆞ리오 ᄉᆞ재 업이 굴티 아니ᄒᆞᄆᆞᆯ 보고
굴오디 맛당이 집안사룸과 의논ᄒᆞ여 보라 업이 굴오디 댱뷔 ᄆᆞ음의 결단ᄒᆞ연
디 오란디라 엇디 처ᄌᆞ와 꾀ᄒᆞ리오 ᄒᆞ고 드디여 독약을 먹고 죽으니라

■ 이업수명(李業授命: 이업이 명을 받다.)

이업(李業)은 한나라 재동(梓潼) 사람이다. 원시(元始)【한평제(漢平帝) 때의 연호이다】중에 명경(明經) 과거(科擧)를 치뤄 낭(郞) 벼슬을 하였는데 왕망(王莽)이 찬역(簒逆)함에 이업이 벼슬을 버리고 산중에 숨었다. 왕망이 망한 후에 공손술(公孫述)이 촉(蜀)을 웅거(雄據)하여 황제라 일컬었다. 이업이 어질다는 것을 듣고 불러서 박사(博士) 벼슬을 주려하니 이업이 병이라 일컫고 일어나지 않았다. 공손술이 사자를 보내 독약을 가지고 겁박(劫迫)하며 말하기를, "오면 공후(公侯)의 지위를 받을 것이고 오지 않으면 독약을 먹이겠소." 하고 사자가 또 달래며 말하기를, "이제 천하가 어지러우니 누가 시비(是非)를 알 것이오. 조정이 그대 이름과 덕을 사모하여 벼슬로 그대를 기다리니 마땅히 위로는 지기(知己)를 받들고 아래로는 자손을 위하여 신명(身名)이 완전하면 또한 아름답지 아니하리오. 그대 이제 수년을 일어나지 않으니 조정이 시기(猜忌)하고 의심하여 흉화(凶禍)가 반드시 일어나리니 이는 이로운 계교(計巧)가 아니오." 이업이 탄식하여 말하기를, "위태한 나라에는 들어가지 아니하고 어지러운 나라에는 살지 아니한다 하니 내 어찌 벼슬을 탐하여 불의(不義)를 쫓으리오." 사자가 이업이 굴하지 않음을 보고 말하기를, "마땅히 집안 사람과 의논하여 보시오." 이업이 말하기를, "장부가 마음의 결단을 한지 오래되었으니 어찌 처자(妻子)와 꾀하리오." 하고 드디어 독약을 먹고 죽었다.

[시]
명경과에 급제하여 그 이름 조정에 떨치니
한나라에서 낭벼슬 주어 영화로움 차지했네
병 핑계하고 시골에 돌아가 왕망이 망하기 기다렸으나
공손술이 공경 벼슬로 유인한다고 어찌 응하랴

천하 어지러워 누가 옳고 그른 것을 모르겠으니
윤융이 높은 벼슬로 달래어 나오기를 바라나
장부의 굳은 마음 이미 정해져있으니
처자 때문에 어찌 이 결심 돌이킬 수 있으랴

니업은: 이업(李業)은. '이업'은 전한 말기 광한(廣漢) 재동(梓潼, 사천성) 사람. 자는 거유(巨游)다. 지조가 있었다.
한평뎨 대: 한평제(漢平帝) 때. '한평제'는 유간(劉衎). 전한의 제13대 황제. 본명은 기자(箕子)고, 원제(元帝)의 손자다.
공손슐이: 공손술(公孫述)이. '공손술'은 후한 부풍(扶風) 무릉(茂陵) 사람. 자는 자양(子陽)이다. 처음에는 왕망(王莽)을 섬겨 도강졸정(導江卒正)을 지냈다.
웅거(雄據)ᄒ여: 일정한 지역을 차지하고 굳게 막아 지켜.
니디 아니ᄒ니: 일어나지 않으니.
겁박(劫迫)ᄒ여: 으르고 협박하여
공후(公侯)에 위롤: 공후의 지위를. 봉작(封爵)의 하나. 공(公)·후(侯)·백(伯)·자(子)·남(男) 등의 다섯 등급의 작위 가운데 그 첫째 등급인 공작(公爵)과 둘째 등급인 후작(侯爵)을 말함.
다래여: 달래어.
뉘: '누+ㅣ(주격조사)'> 누가.
시비(是非)롤: 옳음과 그름을.
일홈: 이름.
지긔롤 받들고: 지기(知己)를 받들고. '지기'는 자기의 속마음을 참되게 알아주는 친구.
신명(身名)이: 몸과 명예가
싀기ᄒ고: 시기(猜忌)하고. '시기'는 남이 잘되는 것을 샘하여 미워함.
흉홰: '흉화(凶禍)+ㅣ(주격조사)'> 흉화(凶禍)가. '흉화'는 흉악한 재화(災禍).
계괴: '계교(計巧)+ㅣ(주격조사)'> 계교(計巧)가. '계교'는 요리조리 헤아려 보고 생각해 낸 꾀.
블의롤 조츠리오: 불의(不義)를 쫓으리오.
댱뷔: '장부+ㅣ(주격조사)'> 장부가.
쳐ᄌ와: 처자(妻子)와. '처자'는 아내와 자식을 아울러 이르는 말.

혜소위제(嵇紹衛帝)

嵇紹衛帝
嵇紹譙國人官侍中太弟穎僭侈日甚大失衆望司空東海王越等謀討之奉
惠帝北征徵紹詣行在侍中秦準謂紹曰今日向難卿有佳馬乎紹正色曰臣
子扈衛乘輿死生以之佳馬何爲穎遣石超帥衆五萬拒戰超軍奄至乘輿敗
績於蕩陰帝傷頰中三矢百官侍御皆散紹朝服下馬登輦以身衛帝兵人引
紹於轅中斫之帝曰忠臣也勿殺對曰奉太弟令惟不犯陛下一人耳遂殺紹
血濺帝衣左右欲浣之帝曰此嵇侍中血勿浣也
詩　肅奉天威討亂臣肯論生死故逡巡蕩陰敗績羣僚散獨被朝衣衛帝身
殺身終是要成仁千古忠貞見一人血濺御衣仍勿浣按圖誰不爲酸辛

<五倫忠22b> 희쇼는 딘나라 쵸국 사롬이니 시듕 벼슬을 ᄒᆞ엿더니 이 ᄣᅢ에 태뎨영【딘 혜뎨 아이라】이 반역ᄒᆞ니 모든 신해 혜뎨롤 밧드러 영을 틸 시 희쇠 ᄯᅩᄒᆞᆫ 님군을 뫼셧더니 시듕 진쥰이 쇼ᄃᆞ려 닐러 글오디 오늘 난을 당ᄒᆞ니 그ᄃᆡ 됴ᄒᆞᆫ 물이 잇ᄂᆞ냐 쇠 뎡식ᄒᆞ고 글오디 신지 사셩으로 님군을 호위ᄒᆞᆯ디라 됴ᄒᆞᆫ 물을 무엇ᄒᆞ리오 ᄒᆞ더라 영이 댱슈롤 보내여 마자 뿌 <五倫忠23a> 홀시 영의 군시 불의에 니ᄅᆞ니 황뎨 대패ᄒᆞ여 ᄂᆞᆾ치 세 살을 맛고 빅관이 다 훗터디되 쇠 홀로 됴복으로 물게 ᄂᆞ려 황뎨 ᄐᆞ신 술위에 올라 몸으로써 뎨롤 ᄀᆞ리오니 영의 군시 술위 가온데셔 쇼롤 잡아내여 띡으니 뎨 글ᄋᆞ샤ᄃᆡ 이는 튱신이라 죽이디 말라 군시 글오ᄃᆡ 태뎨의 녕을 바다시니 폐하 ᄒᆞᆫ 사롬만 범티 아니ᄒᆞ리이다 ᄒᆞ고 쇼롤 죽이니 피 ᄲᅱ여 뎨의 오시 젓더라 후에 좌위 뎨의 오슬 썰고져 ᄒᆞᆫ대 뎨 글ᄋᆞ샤ᄃᆡ 희시듕의 피니 ᄲᅡ디 말라 ᄒᆞ시다

■ 혜소위제(嵇紹衛帝: 혜소가 임금을 호위하다.)

혜소(嵇紹)는 진나라 초국(譙國) 사람이니 시중(侍中) 벼슬을 하였다. 이때 태제(太弟) 영(穎)【진 혜제(晉惠帝)의 아우이다】이 반역하니 모든 신하가 혜제를 받들어 영을 칠 때 혜소 또한 임금을 모셨다. 시중 진준

이 혜소에게 일러 말하기를, "오늘 난을 당하니 그대는 좋은 말이 있소?" 혜소가 정색(正色)하고 말하기를, "신은 사생(死生)으로 임금을 호위할 것인데 좋은 말이 있어 무엇하리오." 하더라. 영이 장수를 보내어 맞아 싸울 때 영의 군사가 불의(不意)에 이르니 황제가 대패하여 얼굴에 화살 세 개를 맞고 백관(百官)이 다 흩어졌다. 혜소는 홀로 조복(朝服)으로 말에서 내려 황제가 타신 수레에 올라 몸으로 황제를 가렸다. 영의 군사가 수레의 가운데서 혜소를 잡아내려 찍으니 황제 말하기를, "이는 충신이다. 죽이지 말라." 군사가 말하기를, "태제의 명을 받았으니 폐하 한사람만 범하지 않겠습니다." 하고 혜소를 죽이니 피가 튀어 황제의 옷에 젖더라. 후에 좌우가 황제의 옷을 빨려고 하자 황제가 말하기를, "혜시중의 피니 빨지 말라." 하셨다.

[시]
엄숙히 임금 모시고 역적을 치는 마당에
어찌 죽고 사는 것 따져 머뭇거릴까
탕음의 싸움에 패하자 신하들 모두 흩어지건만
해소 홀로 조복 차림으로 임금을 호위하네
몸을 바쳐 마침내 어진 일 이루니
만고의 충정은 오직 이 한 사람이라
임금이 옷에 묻은 피 빨지 못하게 했으니
세상의 어려운 일 그 누가 쉽게 도모할 수 있으리

히쇼는: 혜소(嵇紹)는. '혜소'는 서진(西晉) 초군(譙郡) 질현(銍縣) 사람. 죽림칠현(竹林七賢)으로 이름이 높은 혜강(嵇康)의 아들이다. 자는 연조(延祖)다. 시중(侍中)을 지내 혜시중(嵇侍中)으로도 불린다.
태뎨: 태제(太弟). '태제'는 천자(天子)의 동생을 가리키는 존칭. 황제(皇弟) 또는 황태제(皇太弟)라고도 함.

혜뎨롤: 진혜제(晉惠帝)를. '진혜제'는 사마츙(司馬衷). 진나라의 황제. 자는 정도(正度)고, 무졔(武帝)의 아들이다. 성격이 어리석고 우매했다.
됴흔: 좋은.
명식ᄒ고: 정색(正色)하고. 얼굴에 엄정한 빛을 나타냄. 또는 그런 얼굴빛을 띠고.
ᄉ생으로: 사생(死生)으로. 죽음과 삶으로.
불의(不意)에: 미처 생각하지 않았던 판에.
살을 맞고: 화살을 맞고.
빅관이: 백관(百官)이. '백관'은 모든 벼슬아치.
됴복으로: 조복(朝服)으로. '조복'은 관원이 조정에 나아가 하례할 때에 입던 예복.
녕을 받아: 명령(命令)을 받아.

변문충효(卞門忠孝)

卞門忠孝
卞壺濟陰人官尙書令蘇峻擧兵反陷姑孰濟自橫江壹兵屢敗成帝詔壹都
督大桁東諸軍及峻戰于西陵大敗峻攻靑溪柵壹又拒擊峻因風縱火燒臺
省諸營皆盡壹背癰新愈瘡猶未合力疾苦戰而死二子眕盰隨之亦赴敵死
眕母撫二子尸哭曰父爲忠臣汝爲孝子夫何恨乎贈侍中驃騎將軍開府儀
同三司諡曰忠貞祠以太牢
詩 强臣跋扈濟橫江屢敗臺兵犯大邦新愈癰疽瘡未合傾身苦戰死無雙
一門忠孝兩能全二子賢名孰比肩贈諡褒崇祠太牢輝光靑史至今傳

<五倫忠24b> 변곤은 딘나라 졔음 사룸이니 샹셔령 벼슬ᄒᆞ엿더니 소쥰이 반ᄒᆞ여 고슉 ᄯᅡ흘 함몰ᄒᆞ고 횡강을 건너니 됴셩 군시 여러 번 패ᄒᆞ거ᄂᆞᆯ 텬지 곤을 명ᄒᆞ여 졔군을 거ᄂᆞ려 쥰으로 더브러 셔릉의셔 ᄡᅡ호다가 크게 패ᄒᆞ고 ᄯᅩ 쳥계칙의셔 ᄡᅡ홀 시 쥰이 ᄇᆞ람을 인ᄒᆞ여 블을 노화 ᄃᆡ셩【셔울 마ᄋᆞᆯ이라】과 여러 영을 다 ᄉᆞ로니 이 ᄢᅢ에 곤이 등챵이 새로 나아 오히려 낫디 못ᄒᆞ엿더니 병을 강잉ᄒᆞ여 힘뻐 ᄡᅡ호다가 죽거ᄂᆞᆯ 두 아ᄃᆞᆯ 진과 위 젹진의 ᄃᆞ라드러 홈ᄢᅴ 죽 <五倫忠25a> ᄋᆞ니 진의 어미 두 아ᄃᆞᆯ의 죽엄을 어ᄅᆞ만지며 우러 ᄀᆞᆯ오ᄃᆡ 아비ᄂᆞᆫ 튱신이 되고 너ᄂᆞᆫ 효지 되니 므어슬 ᄒᆞᆫᄒᆞ리오 나라히 시둉 표긔쟝군 긔부의 동삼ᄉᆞ 벼슬을 튜증ᄒᆞ고 시호ᄒᆞ여 ᄀᆞᆯ오ᄃᆡ 튱졍이라 ᄒᆞ고 태뢰로 졔ᄒᆞ니라

■ 변문충효(卞門忠孝: 변문의 충효)

변곤(卞壺)은 진나라 제음(濟陰) 사람이니 상서령(尙書令) 벼슬을 하였다. 소준(蘇峻)이 반란을 하여 고숙(姑孰) 땅을 함몰하고 횡강(橫江)을 건너니 도성 군사가 여러 번 패하였다. 천자가 변곤에게 명하여 제군(諸軍)을 거느려 소준과 더불어 서릉(西陵)에서 싸우다가 크게 패하였다. 또 청계책(靑溪柵)에서 싸울 때 소준이 바람을 이용하여 불을 놓아 대성(臺省)【서울의 마을이다】과 여러 영을 다 태웠다. 이때 변곤은 등창이 새로

나서 오히려 낫지 못해 병을 강잉(强仍)하며 힘써 싸우다가 죽고 두 아들 진과 우가 적진에 달려들어 함께 죽었다. 진의 어미가 두 아들의 주검을 어루만지고 울면서 말하기를, "아비는 충신이 되고 너는 효자가 되니 무엇을 한탄하리오." 나라가 시중 표기장군 개부의동삼사(侍中驃騎將軍開府儀同三司) 벼슬을 추증(追贈)하고 시호(諡號)를 충정(忠貞)이라 하고 태뢰(太牢)로 제사를 지냈다.

[시]
사나운 신하 반란 일으켜 횡강을 건너올 제
나라 군사 여러 번 패하여 도성이 위태로워
앓고 있던 등창이 채 합창도 되지 않은 몸으로
힘 다해 싸우다 죽으니 견줄만한 짝이 없네
한집에 충효 두 가지가 모두 온전하여
두 아들의 어진 이름에 비길 것이 있으랴
증직하고 시호 내려 태뢰로 제사 지내니
청사에 빛나는 이름 지금까지 전해오네

상서령: 상서령(尙書令). 상서성[尙書省]의 장관. 위진[魏晉] 이후 직위가 점점 높아져 당[唐]나라에 이르러서는 재상이 됨.
계군을: 제군(諸軍)을. '제군'은 여러 군대.
스로니: 불태우니.
등창(-瘡)이 새로 나아: 등창이 새로 생겨. '등창'은 등에 나는 큰 부스럼.
강잉(强仍)ᄒᆞ여: 강잉하여. '강잉'은 억지로 참음. 또는 마지못하여 그대로 함.
죽엄: 주검. 송장.
튜증ᄒᆞ고: 추증(追贈)하고. 나라에 공로가 있는 벼슬아치가 죽은 뒤에 품계를 높여 주던 일.
시호(諡號)ᄒᆞ여: 시호를 내려. '시호'는 제왕이나 재상, 유현(儒賢) 들이 죽은 뒤에, 그들의 공덕을 칭송하여 붙인 이름.
태뢰(太牢)로: 태뢰로. '태뢰'는 나라에서 제사를 지낼 때에, 소를 통째로 바치던 일.

환이치사(桓彝致死)

桓彝致死
桓彝譙國人爲宣城內史蘇峻襲陷姑孰彝欲起兵赴朝長史裨惠以郡兵寡
弱山民易擾宜且按甲以待彝厲色曰見無禮於其君者若鷹鸇之逐鳥雀今
社稷危逼義無晏安乃遣將討賊別帥於蕪湖破之彝尋出石頭聞王師敗績
慷慨流涕進屯涇縣惠又勸彝與峻通使以紓交至之禍彝曰吾受國厚恩義
在致死焉能忍耻與醜逆通和如其不濟此則命也彝遣將軍兪縱守蘭石峻
遣將韓晃攻之縱將敗左右勸退軍縱曰吾受桓侯厚恩當以死報吾之不可
負桓侯猶桓侯之不負國也遂力戰而死晃遂進軍城陷執彝殺之
詩 心期掃賊愧迍邅成敗曾將命付天兪縱感恩終死報桓侯眞箇以身先
賊勢强梁莫可捘官軍寡弱奈如何縱然死敵人臣分節義堅貞問幾多

<五倫忠26b> 환이는 딘나라 쵸국 사롬이니 션셩뇌스 벼슬을 ᄒᆞ엿더니 소쥰이 고
슉 싸흘 함몰ᄒᆞ니 환이 군ᄉᆞ롤 니르혀 도셩을 구원ᄒᆞ려 ᄒᆞ니 휘하 사롬이 간ᄒᆞ여
ᄀᆞᆯ오디 우리 군시 과약ᄒᆞ고 산군 빅셩이 요동키 쉬오니 아직 군ᄉᆞ롤 머므러 기ᄃᆞ
리라 ᄒᆞᆫ대 <五倫忠27a> 환이 뎡식ᄒᆞ고 ᄀᆞᆯ오디 님군긔 무례ᄒᆞᆫ 쟈룰 보거든 매가
새룰 ᄯᅩᆺ듯 ᄒᆞᄂᆞ니 이제 샤직이 위틱ᄒᆞᄆᆞᆯ 보고 엇디 평안이 안자시리오 ᄒᆞ고 이에
댱슈룰 보내여 적쟝을 텨 무호에셔 파ᄒᆞ고 환이 셕두셩으로 나오다가 나라 군시
패ᄒᆞᄆᆞᆯ 듯고 강개ᄒᆞ여 눈믈을 흘리며 군ᄉᆞ롤 나와 경현 ᄯᅡ히 딘 첫더니 혹이
권ᄒᆞ여 소쥰으로 더브러 화친ᄒᆞ라 ᄒᆞᆫ대 환이 ᄀᆞᆯ오디 내 국은을 닙어시니 의 맛당
이 죽을디라 엇디 븟그러오믈 ᄎᆞ마 역젹과 교통ᄒᆞ리오 비록 죽으나 이 ᄯᅩᄒᆞᆫ 명이
라 ᄒᆞ고 쟝군 유종을 보내 <五倫忠27b> 여 ᄡᅡ화 ᄯᅩ 패ᄒᆞ니 좌위 종을 권ᄒᆞ여 믈러
나라 ᄒᆞᆫ대 죵이 ᄀᆞᆯ오디 내 환공의 둣터온 은혜룰 닙어시니 맛당이 죽으므로 갑흘
디라 내 환공을 져ᄇᆞ리디 아니ᄒᆞᆷ믄 곳 환공의 나라흘 져ᄇᆞ리디 아님 ᄀᆞᆮᄐᆞ니라
ᄒᆞ고 드듸여 ᄡᅡ화 죽으니 적쟝이 군을 나와 셩을 파ᄒᆞ고 환이룰 자바 죽이다

■ 환이치사(桓彝致死: 환이가 죽음에 이르다.)

환이(桓彝)는 진나라 초국(譙國) 사람이니 선성내사(宣城內史) 벼슬을

하였다. 소준(蘇峻)이 고숙(姑孰) 땅을 함몰하니 환이가 군사를 일으켜 도성을 구원하려 하였는데 휘하(麾下)에 사람이 간하며 말하기를, "우리 군사가 과약(寡弱)하고 산에 사는 백성이라 동요하기 쉬우니 아직 군사를 머물게 하고 기다리는 것이 어떻습니까?" 하니 환이가 정색하고 말하기를, "임금께 무례한 자를 보거든 매가 새를 쫓듯 하는데 이제 사직이 위태함을 보고 어찌 평안히 앉아 있으리오." 하였다. 이에 장수를 보내어 적장을 치고 무호에서 격파하고 환이가 석두성으로 나오다가 나라 군사가 패함을 듣고 강개(慷慨)하여 눈물을 흘리면서 군사를 나와 경현 땅에 진을 쳤다. 혹이 권하여 소준과 더불어 화친(和親)하라 하니 환이가 말하기를, "내가 국은(國恩)을 입었으니 마땅히 죽을것이오. 어찌 부끄러움을 참고 역적과 교통(交通)하겠소. 비록 죽으나 이 또한 명이오." 하고 장군 유종을 보내 싸워 또 패하니 좌우가 유종에게 물러나라 하였다. 유종이 말하기를, "내가 환공의 두터운 은혜를 입었으니 마땅히 죽음으로 갚을 것이오. 내가 환공을 저버리지 않음은 곧 환공이 나라를 저버리지 않음과 같소." 하고 드디어 싸워 죽으니 적장이 군을 나와 성을 격파하고 환이를 잡아 죽였다.

[시]
적을 칠 계획으로 화친하는 것을 부끄러워하여
이기고 지는 것 모두 하늘에 달린 것이라
유종도 그에게 감동하여 죽음으로 보답하니
환후야말로 정말 자기 몸이 먼저 본보기가 되었네
적의 형세 강대해서 도저히 막을 길 없고
관군은 적고 약하니 이를 어찌 돌이키랴
유종이 적에게 죽은 것은 남의 신하된 본분
그 절개와 의리의 굳고 곧은 자 또 얼마나 있는가

환이(桓彝)는: 환이는. '환이'는 동진(東晉) 초국(譙國) 용항(龍亢) 사람. 자는 무륜(茂倫)이다.
니르혀: 일으켜.
휘하(麾下) 사롬이: 휘하사람이. '휘하'는 장군의 지휘 아래. 또는 그 지휘 아래에 딸린 군사.
과약(寡弱)ᄒ고: 과약하고. '과약'은 적고 약함.
산군 빅셩이요: 산민(山民) 백성이오. '산군' 또는 '산민'은 산에서 사는 사람.
뽓듯이: 쫓듯이.
샤직이: 사직(社稷)이. '사직'은 나라 또는 조정을 이르는 말.
강개(慷慨)ᄒ여: 강개하여. '강개'는 의롭지 못한 것을 보고 의기가 북받쳐 원통하고 슬픔.
국은(國恩)을 닙어: 국은을 입어. '국은'은 백성이 나라로부터 받는 은혜.
붓그러오믈: 부끄러움을.
교통(交通)ᄒ리오: 교통하리오. '교통'은 서로 오고 감. 또는 소식이나 정보를 주고받음.
싸화: 싸워.

안원매적(顔袁罵賊)

顔袁罵賊
顔杲卿瑯琊人蔭調遷范陽叅軍安祿山聞其名表爲營田判官假常山太守祿山反杲卿力不能拒與長史袁履謙往迎之祿山賜杲卿紫袍杲卿途中指衣謂履謙曰何爲著此履謙悟其意謀討祿山遂起兵守備未完山將史思明蔡希德引兵至城下杲卿晝夜拒戰盡矢竭城遂陷賊執杲卿履謙等送洛陽祿山數之曰我擢爾太守何負而反杲卿槙目罵曰汝本營州牧羊羯奴天子擢汝爲三道節度使恩幸無比何負於汝而反我世爲唐臣雖爲汝所奏豈從汝反邪我爲國討賊恨不斬汝何謂反也臊羯狗何不速殺祿山大怒幷履謙縛而剮之二人比死罵不絶口顔氏死者三十餘人
詩　杲卿忠義上天知金紫光華志豈移賴有履謙能悟意同心報國任身危欲討姦兇起義兵力窮城陷竟無成忠肝激烈剮猶罵靑史昭垂不朽名

<五倫忠29a> 안고경은 당나라 낭야 사룸이니 범양참군 벼슬을 ᄒᆞ엿더니 안녹산이 그 일홈을 듯고 됴뎡에 쳥ᄒᆞ여 샹산 태수ᄅᆞᆯ ᄒᆞ엿더니 녹산이 반ᄒᆞ매 고경이 능히 막디 못ᄒᆞ여 쟝ᄉ ᆞ 원니겸으로 더브러 거 <五倫忠29b> 즛 녹산을 마즈니 녹산이 블근 오ᄉᆞᆯ 주거ᄂᆞᆯ 고경이 바다 닙고 가다가 듕노에셔 오ᄉᆞᆯ ᄀᆞᄅᆞ치며 니겸ᄃᆞ려 닐러 ᄀᆞᆯ오ᄃᆡ 엇디ᄒᆞ여 이 오ᄉᆞᆯ 닙엇ᄂᆞ뇨 니겸이 아라 듯ᄂᆞ디라 드듸여 ᄒᆞᆫ가지로 꾀ᄒᆞ여 군ᄉᆞᄅᆞᆯ 니르혀 녹산을 티려 ᄒᆞᆫ대 녹산이 댱슈ᄅᆞᆯ 보내여 셩을 티거ᄂᆞᆯ 고경이 듀야로 ᄡᆞ화 냥식과 살이 진ᄒᆞ여 셩이 함몰ᄒᆞ니 젹쟝이 고경과 니겸을 잡아 녹산의게 보내니 녹산이 수죄ᄒᆞ여 ᄀᆞᆯ오ᄃᆡ 내 일즉 너ᄅᆞᆯ 쳔거ᄒᆞ여 벼슬을 ᄒᆞ엿거ᄂᆞᆯ 엇디 나ᄅᆞᆯ 반ᄒᆞᄂᆞᆫ다 고경이 눈을 부릅ᄯᅳ고 ᄭᅮ짓저 ᄀᆞᆯ <五倫忠30a> 오ᄃᆡ 네 본ᄃᆡ 영쥬에 양 먹이는 오랑캐로 텬지 너ᄅᆞᆯ 삼도 졀도ᄉᆞᄅᆞᆯ ᄒᆞ이시고 은통이 비홀 ᄃᆡ 업ᄉᆞ니 네게 무어슬 져ᄇᆞ렷관ᄃᆡ 반ᄒᆞᄂᆞᆫ다 나는 디디로 당나라 신해라 비록 네 쳔거ᄒᆞᆫ 배 되나 엇디 너ᄅᆞᆯ 조차 반ᄒᆞ리오 내 나라홀 위ᄒᆞ여 도젹을 틱매 너ᄅᆞᆯ 버히디 못ᄒᆞᆫ 줄을 ᄒᆞᆫᄒᆞ노니 엇디ᄒᆞ여 날ᄃᆞ려 반ᄒᆞᆫ다 ᄒᆞᄂᆞᆫ다 비린내 나는 개ᄀᆞᆮᄐᆞᆫ 놈아 ᄲᆞᆯ리 날을 죽이라 ᄒᆞᆫ대 녹산이 대노ᄒᆞ여 고경과 니겸을 결박ᄒᆞ여 싹가 죽이니 두 사름이 죽기에 니ᄅᆞᄃᆞ록 ᄭᅮ짓기를 그치디 아니ᄒᆞ고 안시에 절 ᄉᆞᄒᆞᆫ <五倫忠30b> 재 삼십여 인이러라

■ 안원매적(顏袁罵賊: 안고경과 원이겸이 적을 꾸짖다.)

　안고경(顏杲卿)은 당나라 낭야(琅邪) 사람이니 범양참군(范陽參軍) 벼슬을 하였다. 안녹산(安祿山)이 그 이름을 듣고 조정에 상산태수(常山太守)를 청하였다. 안녹산이 반란을 일으키자 안고경이 능히 막지 못하여 장사 원이겸(袁履謙)과 더불어 거짓으로 안녹산을 맞았다. 안녹산이 붉은 옷을 주거늘 안고경이 받아 입고 가다가 길 가운데서 옷을 가리키며 원이겸에게 일러 말하기를, "어찌하여 이 옷을 입었는지 아시오." 원이겸이 알아들었다.. 드디어 한 가지 꾀하여 군사를 일으켜 안녹산을 치려 하였다. 안녹산은 장수를 보내어 성을 치거늘 안고경이 주야로 싸워 양식과 화살이 다 떨어졌다. 성이 함몰하니 적장이 안고경과 원이겸을 잡아 안녹산에게 보내었다. 안녹산이 수죄(數罪)하며 말하기를, "내가 일찍이 너를 천거(薦擧)하여 벼슬을 주었거늘 어찌 나를 배반하는가." 안고경이 눈을 부릅뜨고 꾸짖어 말하기를, "네가 본디 영주에 양을 먹이는 오랑캐로 천자가 너를 삼도절도사(三道節度使)를 주었고 은총이 비할 데가 없었는데 네게 무엇을 저버렸기에 반란을 하느냐. 나는 대대로 당나라 신하이다. 비록 네가 천거한 바가 되었지만 어찌 너를 쫓아 반란을 일으키겠는가. 내 나라를 위하여 도적을 쳤으나 너를 베지 못한 것을 한탄하니 어찌하여 나에게 반역한다 하느냐. 비린내 나는 개 같은 놈아. 빨리 나를 죽여라." 하니 안녹산이 대로(大怒)하여 안고경과 원이겸을 결박하여 깎아 죽였다. 두 사람은 죽기까지 꾸짖기를 그치지 않고 안씨 중에 절사(節死)한 자가 삼십 여명이 되었다.

[시]
고경의 충성과 의리를 저 하늘도 알아
아무리 높은 벼슬 준다 해도 그 마음 변하랴
이겸이 능히 고경의 뜻 짐작하여

같은 마음으로 나라에 보답하다가 함께 죽으니
간사한 역적 치고자 의병을 일으켰으나
힘이 다하고 성이 함락되어 성공하지 못했네
충성된 마음 죽어가면서도 역적 꾸짖으니
청사에 빛나는 그 이름 썩지 않네

안고경(顏杲卿)은: 안고경. '안고경'은 당나라 낭아(琅邪) 임기(臨沂) 사람. 자는 흔(昕)이다. 안지추(顏之推)의 5대손이고, 안진경(顏眞卿)의 종형(從兄)이며, 안춘경(顏春卿)의 동생이다.
안녹산(安祿山)이: 안녹산이. '안녹산'은 중국 당(唐)나라 때 반란을 일으킨 무장(武將). 변경의 방비에 번장이 중용되는 시류를 타고 현종의 신임을 얻어 당의 국경방비군 전체의 3분의 1정도의 병력을 장악했다. 황태자와 양국충이 현종과의 이간을 꾀하자 양국충을 제거한다는 명목으로 반기를 들었으나 실패했다.
듕노에셔: 중로(中路)에서. '중로'는 오가는 길의 중간.
듀야로 싸화: 밤낮으로 싸워..
수죄ᄒ여 굴오디: 수죄(數罪)하며 말하기를. '수죄'는 범죄 행위를 들추어 세어 냄.
쳔거ᄒ여: 천거(薦擧)하여. '천거'는 어떤 일을 맡아 할 수 있는 사람을 그 자리에 쓰도록 소개하거나 추천함.
대노ᄒ여: 대로(大怒)하여. '대로'는 크게 화를 냄.
싹가: 깎아.
졀ᄉᄒᆞᆫ 쟤: 절사(節死)한 자가. '절사'는 절개를 지키어 죽음.

장허사수(張許死守)

張許死守
張巡鄧州人許遠新城人祿山將尹子琦寇睢陽遠告急於巡巡自寧陵引兵
入與遠晝夜苦戰一日或二十合遠謂巡曰遠請爲公守公爲遠戰子琦復徵
兵數萬城中食盡人廩米日一合六雜以茶紙樹皮議棄城東走巡遠謀曰睢
陽江淮之保障若棄去賊必乘勝長驅是無江淮且我衆饑羸走必不遠不如
堅守茶紙旣盡遂食馬馬盡羅雀掘鼠巡殺其所愛妾以饗士賊登城將士病
不能戰巡西向拜曰臣力竭矣生旣無以報死當爲厲鬼以殺賊城陷巡被執
子琦曰聞公督戰大呼輒眦裂血面嚼齒皆碎何至是巡曰吾欲氣吞逆賊顧
力屈耳子琦怒以刀抉其口巡罵曰我爲君父死爾附賊乃犬彘也賊以刃脅
降終不屈幷南霽雲雷萬春等皆被害生致遠於洛陽至偃師亦不屈死
詩 賊寇睢陽勢甚張將軍戰守保危亡城中食盡飢羸極西向陳辭出肺腸
二公忠膽自相符壯節巍巍烈丈夫欲保江淮同固守力窮城陷竟捐軀

<五倫忠32a> 쟝슌은 당나라 등쥬 사룸이오 허원은 신셩 사룸이니 안녹산의 댱슈
윤즈긔 슈양 고을 티거눌 <五倫忠32b> 이 재 원이 슈양을 딕흰디라 쟝슌의게
구원호믈 쳥호대 슌이 군소를 거느려 슈양 셩듕의 드러 허원으로 더브러 도적을
막을 시 듀야로 힘쎠 싸화 흐로 수십 합을 싸호니 셩듕의 냥식이 진호야 날마다
뿔 흔 홉과 차 짯던 됴희와 나무거플을 섯거 먹는디라 혹이 권호야 셩을 보리고
드라나라 흔대 두 사룸이 글오디 슈양은 강회에 듕흔 싸히니 슈양을 보리면 도적
이 반드시 이긔믈 인호여 기리 모라드러 올 거시니 이러면 강회룰 다 보리미오
또 우리 군시 주리고 병드니 엇디 드르리오 흐 <五倫忠33a> 고 굿이 딕희니 먹을
거시 진호매 물을 잡으며 물이 진호매 새와 쥐를 잡아 먹다가 슌이 그 스랑호는
쳡을 죽여 군소를 먹이고 튱의로써 소졸을 격동호니 흐나토 반홀 쓰지 업더라
도적이 급히 티니 댱시 다 병들어 싸호디 못호는디라 슌이 셔향 지비호야 글오디
신이 힘이 진호엿는디라 사라셔 나라홀 갑디 못호오니 죽어 맛당이 모던 귀신이
되여 도적을 죽이리이다 흐고 셩이 함몰호매 두 사룸이 잡히이니 즈긔 슌드려
글오디 드르니 공이 싸홀 제 크게 소리호면 눈ᄌ이 씌여디고 닛 <五倫忠33b> 치

피 나며 니룰 ᄀ라 다 ᄇᆞ아디더라 ᄒᆞ니 엇디 그대도록 ᄒᆞᄂᆞ뇨 슌이 굴오ᄃᆡ 내 역적을 ᄒᆞᆫ 입에 숨기고져 호더 힘이 굴ᄒᆞ엿노라 ᄒᆞᆫ대 즈긔 노ᄒᆞ여 칼로 슌의 입을 ᄶᅵ치니 슌이 ᄭᅮ지저 굴오더 나는 님군을 위ᄒᆞ여 죽거니와 너는 도적을 븟 조ᄎᆞ니 이는 개 돗과 ᄒᆞᆫ가지로다 도적이 협박ᄒᆞ여 항복 바드려 ᄒᆞ거늘 죵시 굴티 아니ᄒᆞ고 죽으니 이 ᄠᅢ 남졔운과 뇌만츈 두 사ᄅᆞᆷ이 사로잡혀 죽고 허원은 녹산의 게 잡혀 가다가 언스 ᄯᅡ희 니르러 ᄯᅩᄒᆞᆫ 굴치 아니ᄒᆞ고 죽으니라

■ 장허사수(張許死守: 장순과 허원이 죽음으로 지키다.)

장순(張巡)은 당나라 등주(鄧州) 사람이고 허원(許遠)은 신성(新城) 사람이다. 안녹산의 장수 윤자기(尹子奇)가 수양 고을을 치니 이때 허원이 수양을 지키는 지라 장순에게 구원(救援)함을 청하였다. 장순이 군사를 거느리고 수양성 안에 들어가 허원과 더불어 도적을 막을 때 주야로 힘써 싸워 하루에 수십 합을 싸웠다. 성안에 양식이 떨어져 날마다 쌀 한 홉과 차를 쌌던 종이와 나무껍질을 섞어 먹었다. 혹이 권하여 성을 버리고 달아나라 하니 두 사람이 말하기를, "수양은 강회(江淮)에 중요한 땅이니 수양을 버리면 도적이 반드시 이 기세를 몰아 들어올 것이오. 이러면 강회를 다 버리는 것이오. 또 우리 군사가 굶주리고 병이 들었으니 어찌 달아나겠소." 하고 굳이 지키니 먹을 것이 떨어짐에 말을 잡고 말이 떨어짐에 새와 쥐를 잡아먹다가 장순이 그 사랑하는 첩을 죽여 군사에게 먹이고 충으로 사졸(士卒)을 격려하니 한명도 반대하는 뜻이 없었다. 도적이 급히 치니 장사가 다 병들어 싸우지 못하자 장순이 서향재배(西向再拜)하며 말하기를, "대신이 힘이 다하였는지라 살아서 나라를 갚지 못하니 죽어 마땅히 모진 귀신이 되어 도적을 죽이겠습니다." 하고 성이 함몰되어 두 사람이 잡히니 윤자기가 장순에게 말하기를, "들으니 공이 싸울 때 크게 소리치면 눈가가 찢어지고 얼굴에 피가 나며 이를 갈면 다 부서진다 하니 어찌 그토록 하시오." 장순이 말하기를, "내가 역적을 한입에 삼키고 싶지만

힘이 굴하였소." 하니 윤자기가 노하여 칼로 장순의 입을 찢었다. 장순이 꾸짖으며 말하기를, "나는 임금을 위하여 죽지만 너는 도적에 붙어 좇으니 이는 개돼지와 한가지오." 도적이 협박하여 항복을 받으려 하니 끝까지 굴하지 않고 죽었다. 이때 남제운(南霽雲)과 뇌만춘(雷萬春) 두 사람이 사로 잡혀 죽고 허원은 안녹산에게 잡혀 가다가 언사 땅에 이르러 또한 굴하지 않고 죽었다.

[시]
적이 수양을 침입할 때 그 형세 몹시 드세니
장장군이 성을 지켜 위태롭게 보전했네
성안에 식량이 다해 군사들 굶주림이 극하니
서쪽 향해 임금께 작별하는 말 충성스러워라
두 장수의 충성된 마음 어찌 그리 같은가
그 장한 절개 씩씩하여 열렬한 장부라
강회를 보존하고자 함께 힘껏 지키다가
성이 함락되자 마침내 생을 마쳤네

장순은: 장순(張巡)은. '장순'은 당나라 등주(鄧州) 남양(南陽) 사람. 개원(開元) 말에 진사가 되었다. 진원현령(眞源縣令)으로 치적을 쌓았다. 안녹산(安祿山)이 반란을 일으키자 병사를 일으켜 옹구(雍丘)를 지켰다.
허원(許遠)은: 허원은. '허원'은 당나라 항주(杭州) 염관(鹽官) 사람. 자는 영위(令威)고, 허경종(許敬宗)의 증손이다. 장구겸경(章仇兼瓊)이 검남(劍南)에 있을 때 불러 종사(從事)가 되었다. 고요위(高要尉)로 쫓겨났다. 안녹산(安祿山)이 반란을 일으키자 현종이 불러 저양태수(睢陽太守)에 임명했다. 장순(張巡)과 함께 군대를 조직해 각지에서 반란군을 격파했다.
딕흰디라: 지키는 지라.
ᄒᆞ로: 하루.
됴희와: 종이와.
거플을: 껍질을.
강회(江淮)에 듕흔 ᄯᅡ히라: 강회에 중요한 땅이다. '강회'는 장강[長江]과 회수[淮水]

일대. 지금의 강소성[江蘇省]과 안휘성[安徽省] 일대에 해당함.
굿이: 굳이.
스졸을: 사졸(士卒)을. 군사를.
셔향지비ᄒ야 굴오디: 서향재배(西向再拜)하며 말하기를. '서향재배'는 서쪽으로 향하여 두 번 절함.
모딘: 모진.
찍여디고: 찢어지고.
븟조ᄎ니: 붙어 쫓으니.
개돗과: 개돼지와.
협박ᄒ여: 협박(脅迫)하여.
종시: 종시(終是). 끝내.
남졔운과: 남제운(南霽雲)과. '남제운'은 당나라의 장군. 위주(魏州) 출생. 안녹산의 난에 관군으로서 장순과 함께 항전했으나, 757년 휴양성(睢陽城)의 함락과 함께 피체·처형 되었다.

장흥거사(張興鋸死)

張興鋸死
張興束鹿人爲饒陽裨將祿山反攻饒陽興嬰城固守彌年不下滄趙已陷史思明引衆傳城外救俱絶城陷思明縛之馬前好謂曰將軍眞壯士能與我共富貴乎興曰興唐之忠臣固無降理今數刻之人耳願一言而死思明日云何興曰天子待祿山恩如父子羣臣莫及不知報德乃興兵指闕塗炭生人大丈夫不能剪出兇逆反爲其下哉且足下所以從賊求富貴耳譬如燕巢于幕豈能久安何如乘間取賊轉禍爲福長享富貴不亦美乎思明怒鋸解之罵不絶口以至于死

詩 彌年不下守孤城併力攻圍勢已傾自謂固無降賊理事知眞箇丈夫情被報纔餘數刻生君臣大義說分明身膏鋸上忠肝裂罵賊終然不絶聲

<五倫忠35a> 쟝흥은 당나라 속녹 사롬이니 요양 고을 비쟝이 되엿더니 안녹산이 반ᄒᆞ여 요양을 티니 흥이 셩을 구디 딕희여 오래 항복디 아니ᄒᆞ더니 녹산의 댱슈 ᄉᆞᄉᆞ명이 군ᄉᆞ를 거ᄂᆞ려 요양을 에워ᄡᅩ니 셩이 젹고 구병이 오디 아니ᄒᆞᄂᆞᆫ디라 ᄉᆞ명이 셩을 파ᄒᆞ고 흥을 사로잡아 다래여 글오디 쟝군은 <五倫忠35b> 참 쟝시라 우리와 부귀를 ᄒᆞᆫ가지로 ᄒᆞ면 엇더ᄒᆞ뇨 흥이 글오디 나는 당나라 튱신이라 항복 홀 리 업거니와 내 명이 시각에 이시니 원컨대 ᄒᆞᆫ 말만 ᄒᆞ고 죽으리라 ᄉᆞ명이 글오디 무슴 말고 흥이 글오디 텬지 놋산을 디접ᄒᆞ시매 은혜 부ᄌᆞ ᄀᆞᆮ투여 군신이 미ᄎᆞ리 업거늘 녹산이 은혜 갑흘 줄을 모로고 감히 군ᄉᆞ를 니ᄅᆞ혀 나라흘 범ᄒᆞ여 싱민을 도탄ᄒᆞ니 대댱뷔 능히 흉적을 버히디 못ᄒᆞ고 도로혀 그 신해 되랴 네 도젹을 좃ᄎᆞᆷ은 부귀를 구ᄒᆞ미어니와 비컨대 져비 쟝막에 깃드림 ᄀᆞᆮ투니 엇 <五倫忠36a> 디 오래 평안ᄒᆞ리오 네 승간ᄒᆞ여 도적을 잡으면 홰 도로혀 복이 되여 부귀를 기리 누릴거시니 ᄯᅩ흔 아름답디 아니ᄒᆞ랴 ᄉᆞ명이 대노ᄒᆞ여 흥을 톱으로 혀 죽이니 죽도록 ᄯᅮ짓기를 긋치디 아니ᄒᆞ더라

■ 장흥거사(張興鋸死: 장흥이 톱에 잘려 죽다.)

장흥(張興)은 당나라 속녹(束鹿) 사람이니 요양(饒陽) 고을 비장(裨將)

이 되었다. 안녹산이 반란을 일으켜 요양을 치니 장흥이 성을 굳이 지키며 오래 항복하지 않았다. 안녹산의 장수 사사명(史思明)이 군사를 거느리고 요양을 에워쌌는데 성이 작고 구병(救兵)이 오지 않았다. 사사명이 성을 격파하고 장흥을 사로잡아 달래며 말하기를, "장군은 참된 장사요. 우리와 부귀를 한가지로 하는 것이 어떻소." 장흥이 말하기를, "나는 당나라 충신이다. 항복할 리 없거니와 내 목숨이 이 시각(時刻)에 있으니 원컨대 한마디만 하고 죽겠다." 사사명이 말하기를, "무슨 말이오." 장흥이 말하기를, "천자가 안녹산을 대접하심이 그 은혜가 부자와 같아 군신에 미치지 못하는데 안녹산은 은혜를 갚을 줄 모르고 감히 군사를 일으켜 나라를 범하여 생민(生民)을 도탄에 빠트렸다. 대장부가 능히 흉적을 베지 못하고 돌이켜 그 신하가 되겠는가. 네가 도적을 좇아 부귀를 구함은 비유하건대 제비가 장막에 깃드는 것과 같으니 어찌 오래 평안하겠는가. 네가 잠시 틈을 타 도적을 잡으면 화가 도리어 복이 되어 부귀를 길이 누릴 것이니 또한 아름답지 않겠는가." 사사명이 대로(大怒)하여 장흥을 톱으로 켜서 죽이니 죽을 때까지 꾸짖기를 그치지 않았다.

[시]
여러 해 동안 외로운 성 지켜 항복하지 않았으나
적의 공세 점점 커지니 형세가 이미 기울어
스스로 말하되 굳이 항복할 이 없는 것
이야말로 진정한 장부의 의기 아니냐
적에게 잡힌 몸 그 목숨이 경각에 있거늘
군신간의 큰 의리를 분명히 설명해 주어
톱에 잘려 죽는 몸 그 충성 갸륵하기도 하구나
역적 꾸짖는 소리 목숨 다하도록 그치지 않네

구디: 굳이.
스스명이: 사사명(史思明)이. '사사명'은 당나라 현종(玄宗) 때의 반장(叛將). 안녹산이 반란을 일으키자, 행동을 같이해 허베이 평정에 힘써 요양을 공략했다. 안녹산이 살해되자 당나라로 귀순했으나 다시 반기를 들었다.
구병이 오디 아니ᄒᆞᆫ디라: 구병(救兵)이 오지 않는지라. '구병'은 구원병.
시ᄀᆡ에 이시니: 시각(時刻)에 달려있으니. '시각'은 짧은 시각.
ᄉᆡᆼ민을: 생민(生民)을. '생민'은 살아 있는 백성.
대댱뷔: '대댱부+ㅣ(주격조사)'> 대장부가.
비컨대: 비유하건대.
져비: 제비.
승간(乘間)ᄒᆞ여: 승간하여. '승간'은 잠시 틈을 탐.
홰: '화+ㅣ(주격조사)'> 화(禍)가.
도로혀: 돌이켜.
혀: 켜서.

수실탈홀(秀實奪笏)

秀實奪笏
段秀實汧陽人朱泚反以秀實久失兵必恨憤且素有人望遣騎召之秀實與子弟訣而往見泚曰犒賜不豐有司之過天子安得知之宜以此諭將士迎乘輿泚不悅秀實與將吏謀誅泚未發泚遣韓旻將兵迎駕實襲奉天秀實曰事急矣乃詐爲姚令言符令旻且還謂同謀曰旻還吾屬無頼矣我當直搏泚殺之不克則死使劉海賓等陰結死士爲應旻至泚大驚召李忠臣源休及秀實等議稱帝秀實勃然其奪休象笏前唾泚面大罵曰狂賊吾恨不斬汝豈從汝反邪以笏擊泚中顙流血巉面忠臣助泚泚得脫走秀實謂泚黨曰我不同汝反何不殺我衆爭殺之

詩 姚符詐作問何緣爲遏旻軍襲奉天扞衛于艱功不細芳名千載孰居先黨惡崇姦寔有徒勃然抽笏便忘驅行骸縱被人爭殺徇國忠誠竟不渝

<五倫忠37b> 단슈실은 당나라 견양 사람이니 쥬지 반ᄒᆞ매 슈실이 본러 인망이 잇고 이 ᄯᅢ 오래 병권을 일허 반ᄃᆞ시 됴뎡을 원망ᄒᆞ리라 ᄒᆞ여 군ᄉᆞᄅᆞᆯ 보내여 브르니 슈실이 집사람으로 더브러 영결ᄒᆞ고 가 쥬ᄌᆞᄅᆞᆯ 보아 의리로 기유ᄒᆞ여 텬ᄌᆞᄅᆞᆯ 마즈라 ᄒᆞᆫ대 <五倫忠38a> 쥬지 듯지 아니ᄒᆞ거ᄂᆞᆯ 슈실이 댱ᄂᆞ로 더브러 쥬ᄌᆞ 죽이기를 꾀ᄒᆞ더니 쥬지 댱슈를 보내여 군ᄉᆞᄅᆞᆯ 거ᄂᆞ려 대가를 마즈라 ᄒᆞ니 기실은 봉텬【덕종황뎨 쥬ᄌᆞ 반ᄒᆞᆯ 졔 피란ᄒᆞᆫ 디명이라】을 엄습ᄒᆞ라ᄂᆞᆫ 계괴라 슈실이 ᄀᆞ오디 일이 급ᄒᆞ도다 ᄒᆞ고 이에 거즛 요령언【쥬ᄌᆞ의 당이라】의 병부ᄅᆞᆯ ᄒᆞ여 가ᄂᆞᆫ 댱슈를 도로 블너 도라오니 쥬지 크게 놀나니 튱신 원휴와 슈실을 블너 황뎨 일ᄏᆞᆺ기를 의논ᄒᆞᆫ대 슈실이 불연이 니러나 원휴의 가진 홀을 아사 ᄌᆞ의 ᄂᆞ치 츔 밧고 크게 ᄭᅮ지저 ᄀᆞ오ᄃᆡ 미친 도적놈아 내 너를 버히지 못ᄒᆞᄂᆞᆫ 줄을 ᄒᆞᆫ <五倫忠38b> ᄒᆞ노니 엇디 너를 조차 반ᄒᆞ리오 ᄒᆞ고 홀로 ᄌᆞ를 ᄯᅡ려니 마ᄌᆞᆯ 마치매 피 흘너 ᄂᆞ치 ᄀᆞ득ᄒᆞ더라 니 튱신이 쥬ᄌᆞ를 구ᄒᆞ여 ᄃᆞ라나니 슈실이 ᄌᆞ의 당 드려 닐러 ᄀᆞ오ᄃᆡ 내 너희와 ᄀᆞᆺ치 반치 아니ᄒᆞ니 날을 죽이라 ᄒᆞᆫ대 모든 도적이 ᄃᆞ토아 죽이니라

■ 수실탈홀(秀實奪笏: 수실이 홀을 뺏다.)

단수실(段秀實)은 당나라 연양(汧陽) 사람이다. 주차(朱泚)가 반란을 일으켰는데 단수실이 본래 인망(人望)이 있고 이때 오랫동안 병권(秉權)을 잃고 반드시 조정을 원망하리라 여겨 군사를 보내어 불렀다. 단수실이 집사람과 더불어 영결(永訣)하고 가서 주차를 보고 의리로 개유(開諭)하며 천자를 맞으라 하니 주차가 듣지 않았다. 단수실이 장리와 더불어 주차를 죽이기로 꾀하였는데 주차가 장수를 보내어 군사를 거느리고 대가(大駕)를 맞으라 하니 사실은 봉천(奉天)【덕종황제(德宗皇帝)가 주차가 반란을 일으킬 때 피난한 지명이다】을 엄습(掩襲)하려는 계교(計巧)였다. 단수실이 말하기를, "일이 급하다." 하고 이에 가짜로 요령언(姚令言)【주차의 장수이다】의 병부(兵符)를 써서 가는 장수를 도로 불러와 돌아오니 주차가 크게 놀라 이충신(李忠臣)과 원휴(源休)와 단수실을 불러 황제라 일컫는 것을 의논하였다. 단수실이 불현듯 일어나 원휴가 가진 홀(笏)을 빼앗아 주차의 얼굴에 침을 뱉고 크게 꾸짖으며 말하기를, "미친 도적놈아. 내 너를 베지 못하는 것을 한탄하는데 어찌 너를 따라 반역하겠는가." 하고 홀로 주차를 때리니 말을 마치자 피가 흘러 얼굴에 가득하였다. 이충신이 주차를 구하여 달아나자 단수실이 주차의 무리에게 일러 말하기를, "내가 너희와 같이 반역하지 않으니 나를 죽이라." 하니 모든 도적이 다투어 죽였다.

[시]
요령언의 부절 왜 거짓으로 만들었는가
한민이 봉천 치지 못하게 하기 위함이니
어려운 때 천자 위한 공이 적지 않은데
꽃다운 이름 천년 동안에 누가 이보다 나으랴
악한 무리들은 역적을 편들고 나서는데

발연히 홀 빼앗아 자기 죽는 것 잊으니
자기 몸 잡히자 역적들 다투어 와서 죽여
나라 위해 죽은 풍성 이보다 나을 사람 없으리

쥬지: 주차(朱泚)가. '주차'는 당나라 유주(幽州) 창평(昌平) 사람. 처음에 유주 노룡절도사(盧龍節度使) 이회선(李懷仙)의 부장(部將)이 되었다. 덕종(德宗) 건중(建中) 3년(782) 동생 주도가 당나라에 반기를 들어 파직되고, 태위함(太尉銜)으로 장안(長安)에 거주했다. 다음 해 경원(涇原)의 군사들이 경사(京師)에서 병변을 일으키자 덕종이 봉천(奉天)으로 달아났는데, 그가 옹립을 받아 황제가 되고 나라 이름을 진(秦), 연호를 응천(應天)이라 했다.
인망(人望)이 잇고: 인망이 있고. '인망'은 세상 사람이 우러르고 따르는 덕망(德望).
병권(秉權)을: 병권을. '병권'은 권력을 잡음.
일허: 잃어.
영결(永訣)ᄒ고: 영결하고. '영결'은 죽은 사람과 산 사람이 서로 영원히 헤어짐.
기유ᄒ여: 개유(開諭)하여. '개유'는 사리를 알아듣도록 잘 타이름.
대가(大駕)를: 대가를. '대가'는 임금이 타던 수레.
기실은: 사실은.
덕종황뎨: 덕종황제(德宗皇帝). 중국 당(唐)나라의 제9대 황제(재위 779~805). 조용조제(租庸調制)를 폐지하고 양세법(兩稅法)을 시행하여 재정충실을 꾀하였으나 지방 번진들의 반란으로 그들의 자립을 인정해주고 중세적 군벌시대의 도래를 예고하였다.
엄습(掩襲)ᄒ랴는: 엄습하려는. '엄습'은 뜻하지 아니하는 사이에 습격함.
병부(兵符)ᄅᆞᆯ: 병부를. '병부'는 군대를 동원하는 표시로 쓰인 동글납작한 나무패.
니튱신: 이충신(李忠臣). 당나라 유주(幽州) 계현(薊縣) 사람. 본성은 동(董)씨고, 이름은 진(秦)이다. 어릴 때 종군(從軍)하여 남다른 재력(材力)을 보였다.
불연이: 불현 듯이.
홀(笏)을 아사: 홀을 빼앗아. '홀'은 벼슬아치가 임금을 만날 때에 손에 쥐던 물건. 조복(朝服), 제복(祭服), 공복(公服) 따위에 사용하였으며, 일품부터 사품까지는 상아홀, 오품 이하는 목홀(木笏)을 썼다.
춤: 침.
버히지: 베지.
ᄃ토아: 다투어.

연분쾌사(演芬快死)

演芬快死
石演芬本西域胡人事李懷光至都將尤親信畜爲假子懷光軍三橋將與朱泚連和演芬使客鄗成義到行在言懷光無破賊意請罷其總統成義走告懷光子璀懷光召演芬罵曰爾爲我子奈何欲破吾家今日負我宜卽死對曰天子以公爲股肱公以我爲腹心公乃負天子我何不負公且我胡人無異心惟知事一人不呼我爲賊死固吾分懷光使士臠食之皆曰烈士也可今快死以刀斷其頸德宗聞之贈兵部尙書賜其家錢三百萬斬成義於朔方
詩 將軍摠統擅兵機與賊連和國事非唯有胡人無異志冀陳行在反相違公負君王我負公惟知事上竭孤忠竟遭斷頸能全節千載爭欽烈士風

<五倫忠40a> 셕연분은 당적 셔역 사롬이니 졀도ᄉ 니회광이 ᄉ랑ᄒ여 양ᄌ룰 삼앗더니 회광이 쟝ᄎᆺ 역적 쥬ᄌ로 더브러 년화ᄒᆞ랴 ᄒᆞᆯ 시 연분이 ᄀᆞ만이 그 뜻으로ᄡᅥ 텬ᄌᄭᅴ 고ᄒᆞ니 회광이 알고 연분을 블러 ᄭᅮ지저 ᄀᆞᆯ오ᄃᆡ 네 내 아들이 되여셔 이제 나를 져ᄇᆞ랴 우리 집을 망ᄒᆞ랴 ᄒᆞᄂᆞᆫ다 분이 ᄀᆞᆯ오ᄃᆡ 텬ᄌᄂᆞᆫ 공으로ᄡᅥ 고굉을 삼고 공은 날로ᄡᅥ 심복을 삼 <五倫忠40b> 앗ᄂᆞ니 공이 ᄎᆞ마 텬ᄌ를 빈반ᄒᆞ니 내 엇디 공을 져ᄇᆞ리디 아니ᄒᆞ리오 나는 오직 ᄒᆞᆫ 님군만 아노니 나는 역적이 아니니 죽어도 ᄒᆞᆫ이 업스리로다 ᄒᆞ대 회광이 군ᄉ로 ᄒᆞ여곰 분을 ᄡᅥ저 먹으라 ᄒᆞ니 다 ᄀᆞᆯ오ᄃᆡ 녈사라 수이 죽게 ᄒᆞ쟈 ᄒᆞ고 몬져 목을 버히니 텬지 드르시고 분을 병부샹셔를 튜증ᄒᆞ고 돈 삼ᄇᆡᆨ만을 그 집의 주시다

■ 연분쾌사(演芬快死: 석연분이 쾌하게 죽다.)

석연분(石演芬)은 당나라 서역(西域) 사람이다. 절도사 이회광(李懷光)이 사랑하여 양자로 삼았는데 이회광이 장차 역적 주차와 더불어 연화(連和)하려 할 때 석연분이 가만히 그 뜻을 천자께 고하였다. 이회광이 그것을 알고 석연분을 불러 꾸짖어 말하기를, "네가 내 아들이 되어서 이제 나를 저버리고 우리 집을 망하게 하느냐." 석연분이 말하기를, "천자는

공을 고굉(股肱)으로 삼고 공은 나를 심복으로 삼았소. 공이 차마 천자를 배반하니 내 어찌 공을 저버리지 않으리오. 나는 오직 한 임금만 알고 나는 역적이 아니니 죽어도 한이 없습니다." 하였다. 이회광이 군사를 시켜 석연분을 찢어 먹으라 하니 모두 말하기를, "열사(烈士)이니 쉽게 죽게 하자." 하고 먼저 목을 베었다. 천자가 들으시고 석연분을 병부상서(兵部尙書)로 추증(追贈)하고 돈 삼백만을 그 집에 주시었다.

[시]
회광이 일을 맡아 군사를 제 맘대로 부릴 제
역적과 내통하여 나라 일 기울었으니
오직 오랑캐 사람 연분이 딴 뜻이 없어
천자께 이 사실 알리려 했으나 일을 낭패했네
그대는 임금 저버리고 나는 그대 저버렸으니
나는 오직 한 임금 섬겨 충성 다하는 것만 알아
목이 끊어져도 내 절개 다했으니
천년 가도 이 열사의 풍도 모두 흠모하네

셔역(西域): 서역. 중국의 서쪽에 있던 여러 나라를 통틀어 이르는 말.
년화ᄒ랴 훌시: 연화(連和)하려 할 때. '연화'는 연합하여 화목함.
고굉(股肱)을 삼고: 고굉으로 삼고. '고굉'은 다리와 팔같이 중요한 신하라는 뜻으로, 임금이 가장 신임하는 신하를 이르는 말.
녈시라: 열사(烈士)이니. '열사'는 나라를 위하여 절의를 굳게 지키며 충성을 다하여 싸운 사람.
몬져: 먼저.
병부샹셔룰: 병부상서(兵部尙書)를. '병부상서'는 병부(兵部)의 으뜸 벼슬.
튜증ᄒ고: 추증(追贈)하고. '추증'은 나라에 공로가 있는 벼슬아치가 죽은 뒤에 품계를 높여 주던 일.

약수효사(若水効死)

若水効死
李若水洛州人靖康三年徽宗至金營以吏部侍郎扈從金人逼帝易服若水抱持而哭詆金人爲狗金人曳出擊之敗面氣結仆地粘罕曰必使李侍郎無恙若水絶不食或勉之曰今日順從明日富貴矣若水嘆曰天無二日若水寧有二主哉僕亦慰解曰公父母春秋高若少屈冀得一歸觀若水叱曰忠臣事君有死無二吾不復顧家矣然吾親老汝歸勿遽言令兄弟徐言之可也後旬日粘罕召計事若水因歷數而罵之粘罕令擁之去若水反顧罵益甚監軍者摑破其脣噀血罵愈切至以刃裂頸斷舌而死臨死歌曰矯首問天兮天卒不言忠臣効死兮死亦何憾

詩 胡兵逼帝易黃衣吏部哀號獨抱持矯首問天天不語臨終一曲最堪悲
雙親已老勢阽危何不將身少屈爲縱使順從明日貴歲寒高節孰能移

<五倫忠42a> 니약슈는 송나라 명쥬 사롬이니 정강 【송 흠종대 년호라】 삼 년에 휘종 황뎨 금인 【오랑캐라】 의게 잡히여 가니 이때에 약쉬 니부시랑 벼솔로 황뎨룰 뫼시고 갓더니 금인이 뎨룰 핍박ᄒᆞ여 황포룰 벗기고 쳥의룰 밧 <五倫忠42b> 고아 닙히려 ᄒᆞ거늘 약쉬 뎨룰 안고 울며 금인을 개라고 ᄭᅮ지즌대 금인이 약쉬룰 ᄭᅳ어 내여 어즈러이 텨 ᄂᆞᆺ치 깨여디고 긔졀ᄒᆞ여 ᄯᅡ히 업더디니 금댱슈 졈한이 닐오디 니시랑을 죽이디 말라 ᄒᆞ니 약쉬 밥을 먹디 아니ᄒᆞ고 죽고져 ᄒᆞ대 혹이 권ᄒᆞ야 ᄀᆞᆯ오디 오늘 뎌룰 슌종ᄒᆞ면 ᄂᆡ일 부귀ᄒᆞ리라 약쉬 탄식ᄒᆞ여 ᄀᆞᆯ오디 하늘에 두 날이 업ᄂᆞ니 내 엇디 두 님군이 이시리오 ᄒᆞ니 약슈의 죵이 ᄯᅩᄒᆞᆫ 프러 닐오디 공의 부뫼 나히 늙어시니 져기 굴ᄒᆞ여 사라 도라가미 엇더ᄒᆞ뇨 약쉬 ᄭᅮ지저 ᄀᆞᆯ오 <五倫忠43a> 디 튱신이 님군을 셤기매 죽어도 두 ᄆᆞ음이 업ᄂᆞ니 내 다시 집을 도라보디 못ᄒᆞ노라 그러나 내 어버이 늙으시니 네 도라가 내 죽는 줄을 급히 솗디 말고 내 형뎨로 ᄒᆞ여곰 종용히 고ᄒᆞ게 ᄒᆞ라 후에 뎜한이 약슈룰 불러 일을 의논ᄒᆞ거늘 약쉬 인ᄒᆞ여 수죄ᄒᆞ여 ᄭᅮ지ᄌᆞ니 잡아 ᄂᆞ리워 그 입을 텨 깨치거늘 약쉬 피룰 ᄲᅮᆷ으며 더욱 ᄭᅮ지즌대 칼로ᄡᅥ 목을 ᄶᅵ고 혀룰 버혀 죽이니 약쉬 죽기룰 님ᄒᆞ여 노래ᄒᆞ여 ᄀᆞᆯ오디 마리룰 드러 하늘긔 무ᄅᆞ미여 하늘이 ᄆᆞᄎᆞᆷ내

말을 아니ᄒᆞ시ᄂᆞᆫ쏘다 튱신이 죽 <五倫忠43b> 으믈 닐위미여 죽은들 쪼ᄒᆞᆫ 무슴 죄리오 ᄒᆞ더라

■ **약수효사(若水效死: 이약수가 힘써 죽다.)**

이약수(李若水)는 송나라 명주(洺州) 사람이다. 정강(靖康)【송 흠종(欽宗) 때의 연호이다】삼년에 휘종황제(徽宗皇帝)가 금인【오랑캐이다】에게 잡혀가니 이때 이약수가 이부시랑(吏部侍郞) 벼슬로 황제를 모시고 갔다. 금인(金人)이 황제를 핍박(逼迫)하며 황포(黃袍)를 벗기고 청의(靑衣)로 바꿔 입히려 하니 이약수가 황제를 안고 울며 금인을 개라고 꾸짖었다. 금인이 이약수를 끌어내어 어지럽게 쳐서 얼굴이 깨지고 기절하여 땅에 엎드리니 금의 장수 점한이 말하기를, "이시랑을 죽이지 말라." 하였다. 이약수가 밥을 먹지 않고 죽고자 하여 혹이 권하며 말하기를, "오늘 순종(順從)하면 내일은 부귀할 것이다." 이약수가 탄식하며 말하기를, "하늘에 두 해가 없는데 내 어찌 두 임금이 있겠는가." 하니 이약수의 종이 또한 말하기를, "공의 부모가 나이가 늙었으니 굴하여 살아 돌아감이 어떠합니까." 이약수가 꾸짖으며 말하기를, "충신이 임금을 섬김에 죽어도 두 마음이 없는데 내가 다시 집을 돌아보지 못하노라 그러나 내 어버이가 늙었으니 네가 돌아가서 내가 죽는 것을 급히 사뢰지 말고 내 형제에게 종용(慫慂)히 고하게 하라." 후에 점한이 이약수를 불러 일을 의논하였다. 이약수가 수죄(數罪)하며 꾸짖으니 잡아내려 그 입을 쳐서 째자 이약수가 피를 뿜으며 더욱 꾸짖어 칼로 목을 치고 혀를 베어 죽였다. 이약수가 죽기에 임박하여 노래하며 말하기를, "머리를 들어 하늘께 물어도 하늘이 마침내 말을 안 하시고 또 모든 충신이 죽음에 이르니 죽은들 또한 무슨 죄오." 하였다.

[시]
오랑캐가 황제 핍박해서 옷을 바꾸어 입힐 제
약수는 울며불며 혼자 황제의 몸 얼싸안고
머리 들어 하늘에 물어도 아무 대답 없네
죽기 임해 부른 노래 애닮기도 하여라
양친이 이미 늙었으니 돌아가 보살피지 않을 수 없는데
잠시 몸을 굽히는 것 무엇이 해로우랴 권하지만
비록 오늘 그들을 좇아 내일에 부귀를 얻는다 해도
이 높은 절개 누가 들어 옮길 수 있으랴

흠종(欽宗): 중국 북송의 제9대 황제(재위 1125~1127). 양위(讓位) 직후 금(金)나라 군사의 공격을 받고 일단은 화의(和議)를 맺어 금나라 군사를 돌아가게 하였으나, 사태를 악화시켜 다시 금나라 군사의 내공(來攻)을 초래하였다.
휘종황데: 휘종(徽宗)이. '휘종'은 중국 북송의 제8대 황제(재위 1100~1125). 문화재를 수집·보호하고 궁정서화가를 양성하여, 문화사상 선화시대(宣和時代)라는 한 시기를 현출(現出)하였다. 금나라와 동맹하여 요나라를 협공하고 연운십육주(燕雲十六州)를 수복하려고 꾀하였으나, 오히려 금나라 군사의 진입을 초래해 국도 카이펑이 함락되고, 북송의 멸망을 가져왔다.
금(金): 퉁구스족(族) 계통의 여진족이 건립한 왕조(1115~1234).
금인(金人)의게: 금인에게. 금나라 사람.
핍박(逼迫)ᄒ여: 핍박하여. '핍박'은 바싹 죄어서 몹시 괴롭게 굶.
황포(黃袍)롤: 황포를. '황포'는 노란색 옷감으로 지은 황제의 예복.
청의롤: 청의(靑衣)를. '청의'는 푸른 빛깔의 옷. 천한 사람들이 입는 옷.
순종ᄒ면: 순종(順從)하면. '순종'은 순순히 따름.
두 날이 업ᄂ니: 두 날(日)이 없으니. '두 날'은 두 개의 해, 즉 두 임금.
부뫼: '부모+ㅣ(주격조사)'> 부모가.
나히: 나이.
숢디 말고: 사뢰지 말고.
죵용히 고ᄒ게 ᄒ라..죵용(慫慂)히 고하게 하라. '죵용'은 잘 설득하고 달래어 권함.
수죄(數罪)ᄒ여: 수죄하여. '수죄'는 범죄 행위를 들추어 세어 냄.
씀으며: 뿜으며.
하눌긔: 하늘게.
닐위미: 이룸이.
무슴: 무슨.

유합연생(劉韐捐生)

劉韐捐生
劉韐崇安人使金營金人館之僧舍其僕射韓正謂之曰國相知君今用君矣
韐曰儞生以事二姓有死不爲也正曰軍中議立異性欲以君爲正代得以家
屬行與其徒死不若北去取富貴韐仰天大呼曰有是乎歸書片紙曰金人不
以予爲有罪而以予爲可用夫貞女不事二夫忠臣不事二君況主辱臣死此
予所以必死也使親信持歸報其子子羽等卽沐浴更衣酌巵酒而縊金人歎
其忠瘞之寺西岡上遍題窓壁以職其處凡八十日乃就斂顏色如生
詩 劉公奉使沒胡塵就彼浮丘八旬顏色如生良有以須知忠義格蒼旻 捐
軀殉國是丹忱豈肯儞生事彼金賊歎忠誠埋瘞謹固知虜亦人心

<五倫忠45a> 뉴합은 숑나라 슝안 사룸이니 금나라의 스신 갓더니 금나라 졍승이 합을 머믈너 벼술ᄒᆞ이고져 ᄒᆞ거ᄂᆞᆯ 합이 굴오더 살기ᄅᆞᆯ 도모ᄒᆞ여 두 셩을 셤기믄 죽어도 못ᄒᆞ리로다 ᄒᆞ대 ᄯᅩ 여러 번 부귀로ᄡᅥ 다래거늘 합이 하늘을 우러러 크게 브르고 됴희에 글을 뻐 굴오더 녈녀는 두 지아비ᄅᆞᆯ 셤기디 아니ᄒᆞ고 튱신은 두 님군을 셤기디 아니ᄒᆞᄂᆞ니 <五倫忠45b> ᄒᆞ믈며 님군이 욕되매 신해 맛당이 죽으리라 ᄒᆞ고 쓰기ᄅᆞᆯ ᄆᆞᄎᆞ매 사룸으로 ᄒᆞ여곰 도라가 그 아ᄃᆞᆯ의게 젼ᄒᆞ라 ᄒᆞ고 즉시 목욕ᄒᆞ고 오슬 ᄀᆞ라닙고 술 부어 먹고 목미여 죽으니 금인이 그 튱셩을 탄식ᄒᆞ여 합의 머므러썬 졀 셔편 언덕에 뭇고 창과 벽의 두로 글을 뻐 그곳을 긔록ᄒᆞ엿다가 팔십 일만에 다시 내여 념습ᄒᆞ니 얼골이 사라실 젹 ᄀᆞᆺ더라

■ 유합연생(劉韐捐生: 유합이 목숨을 버리다.)

유합(劉韐)은 송나라 숭안(崇安) 사람이다. 금나라에 사신으로 갔는데 금나라 정승이 유합에게 머물며 벼슬을 주고자 하자 유합이 말하기를, "살기를 도모하여 두 임금을 섬기는 것은 죽어서도 못할 것이오." 하였다. 또 여러 번 부귀로 달래거늘 유합이 하늘을 우러러 크게 외치고 종이에 글을 쓰며 말하기를, "열녀는 두 지아비를 섬기지 않고 충신은 두 임금을 섬기지 않으니 하물며 임금을 욕되게 하였으니 신하가 마땅히 죽을 것이다." 하고 쓰기를 마침에 사람에게 돌아가 그 아들에게 전하라 시키고 즉시 목욕하고 옷을 갈아입고 술을 부어 마시고 목을 매어 죽었다. 금인이 그 충성을 탄식하며 유합이 머물렀던 절의 서편 언덕에 묻고 창과 벽에 두루두루 글을 써서 그곳에 기록하였다가 팔십일 만에 다시 꺼내어 염습(殮襲)하니 얼굴이 살아 있을 적과 같았다.

[시]
유합이 사신으로 오랑캐 땅에 갔다가
그곳에서 목숨 끊어진지 이미 팔십일이 되었으나
얼굴빛 그대로 변치 않은 것은 까닭이 있으니
그 아름다운 충성이 하늘을 감동시켰음이라
목숨 버려 순국한 것은 붉은 마음이니
어찌 살기를 도모해 금나라를 섬기랴
적들도 그 충성에 탄복하여 정성껏 묻어주니
미친 오랑캐도 사람의 마음은 가졌음이라

두 셩을: 두 성(姓)을. 두 개의 성씨. 두 임금.
두로: 두루.
념습ᄒ니: 염습(殮襲)하니. '염습'은 시신을 씻긴 뒤 수의를 갈아입히고 염포로 묶는 일.
얼골이: 얼굴이.

부찰식립(傅察植立)

傅察植立
傅察孟州人宣和七年爲結伴金國賀正使時金人已渝盟察至燕山聞斡離
不入寇或勸其母遽行察曰銜命以出聞難而止若君命何遂行遇斡離不領
兵至曰汝國失信吾興師南向海上之盟不可恃也察曰兩國講好信使往來
項背相望何謂失信太子干盟而動意何爲乎虜左右促使拜白刃如林察曰
死則死耳豈有俱人臣而輒拜者或抑捽使伏地察愈植立衣冠顚頓終不屈
斡離不怒曰爾不拜我邪麾令去察知不免謂其下曰我死必矣我父母老素
鐘念我聞之必大戚若等得脫幸記我言以告吾親知我死國少解其無窮之
悲也衆皆泣旣次燕山遂遇害
詩 傅公銜命至燕山聞敵渝盟莫肯還白刃如林終不屈輕生就死自安閑人
虜令屈拜立如山抗節孤高不可攀臨死解親無限恨兩全忠孝古來難

<五倫忠47a> 부찰은 숑나라 밍쥬 사ᄅᆞ미니 금국의 ᄉᆞ신 가더니 이때 알리불【오랑캐 일홈이라】이 이믜 군ᄉᆞ룰 ᄂᆞ릐혀 드러오ᄂᆞᆫ디라 혹이 권ᄒᆞ여 가디 말라 ᄒᆞ거ᄂᆞᆯ 찰이 ᄀᆞᆯ오ᄃᆡ 군명을 밧ᄌᆞ와 나오다가 엇디 난을 듯고 <五倫忠47b> 그치리오 ᄒᆞ고 드ᄃᆡ여 힝ᄒᆞ여 길히셔 알리불을 만나니 알리불이 부찰ᄃᆞ려 닐오ᄃᆡ 네 ᄂᆞ리히 신신ᄒᆞ매 내 군ᄉᆞ룰 ᄂᆞ릐혀 오ᄂᆞ니 젼일 밍셰ᄂᆞᆫ 가히 믿디 못ᄒᆞ리라 찰이 ᄀᆞᆯ오ᄃᆡ 냥국이 화친ᄒᆞ여 ᄉᆞ신이 낙역 왕ᄂᆡᄒᆞᄂᆞᆫ디라 네 엇디ᄒᆞ여 실신ᄒᆞᆫ다 ᄒᆞᄂᆞ뇨 네 밍셰ᄅᆞᆯ ᄇᆞ리고 동병ᄒᆞ여 오니 엇딘 쓰디뇨 좌우 오랑캐 찰ᄃᆞ려 절ᄒᆞ라 ᄒᆞ고 검극이 수풀 ᄀᆞᄐᆞ니 찰이 ᄀᆞᆯ오ᄃᆡ 죽을 디언정 엇디 네게 절ᄒᆞ리오 오랑캐 찰을 자바 누ᄅᆞ고 ᄯᅡ히 업디게 ᄒᆞ거ᄂᆞᆯ 찰이 박은ᄃᆞ시 셔셔 죵시 굴티 아닌대 <五倫忠48a> 알리불이 노ᄒᆞ여 자바내여 가라 ᄒᆞ니 찰이 죽으믈 면티 못ᄒᆞᆯ 줄을 알고 ᄯᆞ라간 사ᄅᆞᆷᄃᆞ려 닐오ᄃᆡ 내 부뫼 날을 심히 ᄉᆞ랑ᄒᆞ시니 내 죽으믈 드르시면 반ᄃᆞ시 크게 셜워ᄒᆞ실 거시니 네 도라가 내 말ᄉᆞᆷ으로 알외ᄃᆡ 나라 일에 죽으니 셜워 마ᄅᆞ쇼셔 ᄒᆞ라 ᄒᆞ니 보ᄂᆞᆫ 재 아니 울 니 업더니 ᄆᆞᄎᆞᆷ내 죽인 배 되니라

■ 부찰식립(傅察植立: 부찰이 박힌 듯 서다.)

　부찰(傅察)은 송나라 맹주(孟州) 사람이다. 금국에 사신으로 갔는데 이때 알리불【오랑캐의 이름이다】이 이미 군사를 일으켜 들어오는 지라 혹이 권하여 가지 말라 하였다. 부찰이 말하기를, "군명(君命)을 받잡고 나오다가 어찌 난을 듣고 그만두겠소." 하고 드디어 행하여 길에서 알리불을 만나니 알리불이 부찰에게 말하길, "너의 나라가 실신(失信)함에 내가 군사를 일으켜 오니 맹세는 가히 믿지 못할 것이다." 부찰이 말하기를, "양국(兩國)이 화친(和親)하여 사신이 왕래하는 지라. 네가 어찌하여 실신하다 하느냐. 네가 맹세를 저버리고 동병(動兵)하여 오니 어떤 뜻이 있느냐." 좌우 오랑캐가 부찰에게 절하라 하고 검극(劍戟)이 수풀 같았다. 부찰이 말하기를, "죽을지언정 어찌 너에게 절을 하겠느냐." 오랑캐가 부찰을 잡아 누르고 땅에 엎드리게 하거늘 부찰이 박힌 듯이 서서 끝내 굴하지 않았다. 알리불이 노하여 잡아내어 가라 하니 부찰이 죽음을 면치 못할 줄 알고 따라 간 사람에게 말하되, "내 부모가 나를 심히 사랑하시니 나의 죽음을 들으시면 반드시 크게 서러워하실 것이다. 네가 돌아가 내 말씀을 아뢰되, 나랏일에 죽으니 서러워 마소서 하라." 하니 보는 자가 울지 않는 자가 없었고 마침내 죽었다.

　　[시]
　　부찰이 임금의 명으로 연산에 이르자
　　적들이 침입해 온단 말 듣고도 돌아가려 하지 않아
　　칼날이 숲 같아도 끝내 굴하지 않으니
　　목숨을 가벼이 알고 죽음에 나가도 마음은 편안하네
　　오랑캐들이 억지로 절 시키려고 수없이 덤비건만
　　절개 지키는 그 높은 풍도 꺾을 수 없어
　　죽음 임해 부모 걱정하는 그 무한한 한은
　　충효 두 가지 모두 온전하기 예부터 어려웠네

이믜: 이미.
니릐혀: 일으켜.
군명(君命)을: 군명을. '군명'은 임금의 명령.
실신(失信)ᄒ매: 실신함에. '실신'은 신용을 잃음.
냥국이: 양국(兩國)이. 두 나라가.
화친(和親)ᄒ여: 화친하여. '화친'은 나라와 나라 사이에 다툼 없이 가까이 지냄.
왕ᄂ;ᄒᄂ는디라: 왕래(往來)하는지라. '왕래'는 서로 교제하여 사귐.
동병(動兵)ᄒ여: 동병하여. '동병'은 군사를 일으킴.
검극(劍戟)이: 검극이. '검극'은 칼과 창을 아울러 이르는 말.
종시: 종시(終是). 끝내.
셜워ᄒ실거시니: 서러워하실 것이니.

방예서금(邦乂書襟)

邦乂書襟
楊邦乂吉水茌建炎三年杜充駐劄建康金人大至充率麾下降金人濟江逼城董餇使李梲知府陳邦光皆出降金帥完顏宗弼旣入城梲邦光率官屬迎拜邦乂時爲通判獨不屈以血大書衣裾曰寧作逍氏鬼不爲他邦臣宗弼不能屈翼日遣人說邦乂許以舊官邦乂以首觸柱礎流血曰世豈有不畏死而可以動者速殺我宗弼與梲邦光宴堂上立邦乂于庭邦乂叱梲邦光曰天子以若扞城賊至不能抗更與共宴樂尙有面目見我乎有劉團練者以幅紙書死活二字示邦乂曰欲死趣書死字邦乂奮筆書死字金人相顧動色已而宗弼再引邦乂邦乂不滕憤大罵曰若女眞圖中原天寧久假汝行磔如萬段安得汙我宗弼大怒殺之
詩 金兵大至建康危杜遁降勢不支惟有楊公終不屈巍然壯節是男兒 刺血書襟意自眞寧爲逍鬼不他臣可憐一死全忠節籍籍聲傳億萬春

<五倫忠49b> 양방예는 송나라 길슈 사롬이니 건염【송 고종대 년호라】삼년에 금인이 크게 니르러 건강의 드러오니 동향스【군냥동칙 ᄒᆞᄂᆞᆫ 관원이라】니졀과 건강디부 진방광이 다 나가 <五倫忠50a> 항복ᄒᆞ니 방예 이 ᄠᅢ에 통판 벼술로 잇더니 홀로 항복디 아니ᄒᆞ고 손가락을 ᄭᅢ미러 피롤 내여 옷기싀 크게 뼈 ᄀᆞᆯ오ᄃᆡ 출하리 송나라 귀신이 될 디언뎡 다른 나라 신해 되디 아니ᄒᆞ리라 ᄒᆞ니 금 댱슈 능히 굴ᄒᆞ게 못ᄒᆞ여 이튿날 사롬으로 ᄒᆞ여곰 방예롤 다래여 ᄀᆞᆯ오ᄃᆡ 만일 항복ᄒᆞ면 젼 벼슬을 도로 ᄒᆞ리라 방예 마리로 쥬초롤 부듸이저 ᄀᆞᆯ오ᄃᆡ 엇디 죽기롤 두려워 아니ᄒᆞᄂᆞᆫᄃᆡ 가히 니로 다래리오 날을 ᄲᆞᆯ니 죽이라 ᄒᆞ대 금 댱슈 니졀과 진방광으로 더브러 당 우히 잔치ᄒᆞ고 방예는 뜰 아 <五倫忠50b> 래 셰오니 방예 방광등을 ᄭᅮ지저 ᄀᆞᆯ오ᄃᆡ 텬지 너희로 ᄒᆞ여곰 도적을 막으라 ᄒᆞ엿거늘 도로혀 도적과 ᄒᆞᆫ가지로 잔치ᄒᆞ고 즐기니 네 무슴 ᄂᆞᆺᄎᆞ로 날을 보는다 금인이 져근 죠희에 글ᄌᆞ 둘홀 뼈 뵈니 ᄒᆞ나흔 죽으리라 ᄒᆞᄂᆞᆫ ᄌᆞ오 ᄒᆞ나흔 살리라 ᄒᆞᄂᆞᆫ 지어늘 방예 부슬 드러 죽을 ᄉᆞᄌᆞ롤 쁘니 금인이 서로 도라보며 차탄ᄒᆞ더니 이튿날 ᄯᅩ 방예롤 ᄭᅳ어드리거늘 방예 크게 ᄭᅮ지저 ᄀᆞᆯ오ᄃᆡ 하늘이 쟝ᄎᆞᆺ 너롤 일만 조각에 죽이실 거시니 엇디 날을 더러일다 ᄒᆞᆫ대 금 댱슈 대노ᄒᆞ여 죽이니라

■ 방예서금(邦乂書襟: 양방예가 옷에 글을 쓰다.)

양방예(楊邦乂)는 송나라 길수(吉水) 사람이다. 건염(建炎)【송고종(宋高宗) 때의 연호이다】삼년에 금인이 크게 군사를 일으켜 건강에 들어오니 동향사(董餉使)【군량동칙하는 관원이다】이절(李梲)과 건강지부 진방광(陳邦光)이 모두 나가서 항복하였다. 양방예는 이때 통판 벼슬로 있어 홀로 항복하지 않고 손가락을 깨물어 피를 내어 옷깃에 크게 쓰며 말하기를, "차라리 송나라 귀신이 될지언정 다른 나라 신하가 되지 않겠다." 하니 금의 장수가 능히 굴하게 하지 못하였다. 이튿날 사람을 시켜 양방예를 달래며 말하기를, "만일 항복하면 전의 벼슬을 그대로 주겠다." 양방예가 머리를 주춧돌에 부딪치며 말하기를, "어찌 죽기를 두려워하지 않는데 가히 이르는 대로 하겠는가. 나를 빨리 죽이라." 하였다. 금 장수가 이절과 진방광과 더불어 당(堂) 위에서 잔치를 하고 양방예는 뜰아래에 서 있었다. 양방예가 진방광 들을 꾸짖으며 말하기를, "천자가 너희에게 도적을 막으라 하였는데 도리어 도적과 한가지로 잔치를 하고 즐기니 네가 무슨 낯으로 나를 보는가." 금인이 작은 종이에 글자 두 자를 써 보이니 하나는 죽으리라(死) 하는 자요 다른 하나는 살리라(活) 하는 자였다. 양방예가 붓을 들어 죽을 사(死) 자를 쓰니 금인이 서로 돌이보며 차단(嗟歎)하고 이튿날 또 양방예를 끌어들였다. 양방예가 크게 꾸짖으며 말하기를, "하늘이 장차 너를 일만 조각에 죽이실 것이니 어찌 나를 더럽히느냐." 하자 금 장수가 대로하여 죽였다.

[시]
금나라 군사 크게 몰려와 건강이 위태로울 제
두충은 도망가고 진방광은 항복하여 지탱할 길 없으나
오직 양공만이 있어 끝내 굴복치 않으니
그 뛰어나고 장한 절개는 과연 남아이라

피 뿌려 옷깃에 글 쓴 뜻은 이미 굳었으나
차라리 송나라 귀신이 될지언정 딴 나라 섬기지 않네
장하다 한번 죽어 충절 다하니
자랑스런 그 이름 억만년에 전해 오리

짜미러: 깨물어.
츌하리: 차라리.
언뎡: 언정.
금댱쉬: '금장수+ㅣ(주격조사)'> 금의 장수가.
쥬초롤: 주추를. '주추'는 기둥 밑에 괴는 돌 따위의 물건.
당: 당(堂). 대청.
우희: 위에.
잔치ᄒ고: 잔치를 열고.
도로혀: 도리어.
죠희에: 종이에.
차탄(嗟歎)ᄒ더니: 차탄하더니. '차탄'은 탄식하고 한탄함.
쟝ᄎᆞ: 장차.
더러일다: 더럽히느냐.

악비열배(岳飛涅背)

岳飛涅背
岳飛相州人忠孝出於天性初從駕渡河置妻養母河北陷沒飛遣人求訪凡十八往返乃獲迎母母喪旣葬廬於墓側御札數四强之而後起飛立志慷慨以必取中原滅讎爲己任臨危誓衆或至流涕聞車駕所在未嘗背之而坐自結髮從戎大小百餘戰未嘗敗北高宗賜精忠旗以嘉之秦檜之議和也兀朮遺之書以爲不殺飛和議必不就檜遂決計殺飛使万俟卨何鑄等交章論劾誣飛逗遛棄山陽不守以飛父子與張憲書證其事遂捕飛及其子雲對簿飛爲裂裳示以背涅盡忠報國四字笑曰皇天后土可表此心獄久不決檜手書小紙付獄尋報飛死時洪皓在金蠟書馳奏金人所畏服惟飛至以父呼之或呼爺爺諸酋聞其死爲酌酒相賀云
詩 奸兇誤國欲和親誓取中原有幾人擧義復讎爲己任岳王忠孝出天眞盡忠報國出丹誠涅背還應字字明愛養軍兵嚴紀律古今誰得更齊名

<五倫忠52a> 악비는 송나라 샹쥬 사롬이니 텬셩이 튱효ᄒᆞ여 오랑캐난에 고종황뎨롤 뫼시고 남경으로 피란ᄒᆞᆯ 시 안히롤 집에 두어 노모롤 봉양ᄒᆞ라 ᄒᆞ고 갓 <五倫忠52b> 더니 하븍 짜히 다 오랑캐게 함몰ᄒᆞᆫ디라 비 사롬을 보내여 노모롤 ᄎᆞᆺ줄 시 열여듧 번 왕닉ᄒᆞ니 게요 마자 옛다가 인ᄒᆞ여 모상을 만니 무덤 겻히 녀막ᄒᆞ고 잇더니 황뎨 어찰로 여러 번 부르시니 비 개연히 니러나 밍셰코 오랑캐롤 멸ᄒᆞ고 듕원을 흥복ᄒᆞ려 ᄒᆞ여 등에 진튱보국 네 글ᄌᆞ롤 삭이고 싸홈마다 이긔여 향ᄒᆞᆫ 바에 더뎍ᄒᆞ리 업ᄂᆞᆫ디라 텬지 아름다이 너기샤 긔 우희 졍튱이라 두 ᄌᆞ롤 크게 뼈 주시니 오랑캐 악비의 긔롤 보면 다 드라나더라 이 째에 승샹 진회 오랑캐와 화친ᄒᆞᆯ 의논 <五倫忠53a>을 쥬쟝ᄒᆞᆯ시 오랑캐 진회의게 ᄀᆞ만이 통ᄒᆞ여 악비롤 죽여야 화친이 되리라 ᄒᆞ대 진회 악비 죽이기롤 도모ᄒᆞ여 디간으로 ᄒᆞ여곰 샹소ᄒᆞ여 비롤 무함ᄒᆞ고 부ᄌᆞ롤 다 잡아오니 비 오슬 버서 등에 삭인 글ᄌᆞ롤 뵈며 우서 굴오디 텬디 이 ᄆᆞ음을 아ᄅᆞ시리라 ᄒᆞ니 진회 거즛 됴셔롤 믿드라 옥에 가도앗다가 죽이니 텬하 사롬이 아니 슬허ᄒᆞ리 업고 오랑캐는 서로 하례ᄒᆞ더라

■ 악비열배(岳飛涅背: 악비가 등에 글을 새기다.)

악비(岳飛)는 송나라 상주(相州) 사람이다. 천성이 충효(忠孝)하여 오랑캐의 난에 고종황제(高宗皇帝)를 모시고 남경으로 피난 갈 때 아내를 집에 두고 노모를 봉양하라 하고 갔는데 하북 땅이 다 오랑캐에게 함몰당하였다. 악비가 사람을 보내어 노모를 찾기를 열여덟 번 왕래하여 겨우 맞이하여 왔다가 모친상을 만나 무덤 곁에 여막(廬幕)을 짓고 있었다. 황제가 어찰(御札)로 여러 번 부르자 악비가 개연(慨然)하게 일어나 맹세코 오랑캐를 멸하고 중원(中原)을 흥복(興復)하게 하겠다 하여 등에 진충보국(盡忠報國) 네 글자를 새기고 싸움마다 이겨 대적(對敵)할 자가 없었다. 천자가 아름답게 여겨 깃발 위에 정충(貞忠)이라는 두 자를 크게 써주시니 오랑캐가 악비의 기를 보면 모두 달아났다. 이때 승상 진회(秦檜)가 오랑캐와 화친할 것을 의논하고 주장하니 오랑캐가 진회에게 가만히 연통하여 악비를 죽여야 화친이 되겠다 하자 진회가 악비를 죽이기를 도모하였다. 대간(臺諫)을 시켜 상소(上疏)하여 악비를 모함하고 부자를 다 잡아오니 악비가 옷을 벗어 등에 새긴 글자를 보여주고 웃으며 말하기를, "천지가 이 마음을 아실 것이다." 하니 진회가 거짓으로 조서(調書)를 만들어 옥에 가두었다가 죽이자 천하 사람이 슬퍼하지 않는 이가 없고 오랑캐는 서로 하례(賀禮)하였다.

[시]
간사한 무리가 나라 망치고 적과 화친하려 하니
중국을 도로 찾고야 말겠다는 사람 그 몇 명이던가
의리로 원수를 갚는 것이 자기 책임으로 아니
악비의 충효는 천성에서 나왔는가
충성 다해 나라에 보답하는 것 참 정성이니
등에 먹으로 새긴 네 글자마다 또렷하여
군사를 기르고 사랑하여 기율을 세웠으니
고금에 그 누가 악비와 견주랴

악비(岳飛)눈: 악비는. '악비'는 중국 남송 초기의 무장(武將)이자 학자이며 서예가. 북송이 멸망할 무렵 의용군에 참전하여 전공을 쌓았으며, 남송 때 후베이[湖北] 일대를 영유하는 대군벌(大軍閥)이 되었지만 무능한 고종과 재상 진회에 의해 살해되었다.

고종황뎨롤 뫼시고: 송고종(宋高宗)을 모시고. '송고종'은 조구(趙構). 자는 덕기(德基)고, 휘종(徽宗)의 아홉 번째 아들이다. 선화(宣和) 초에 강왕(康王)에 봉해졌다. 흠종(欽宗) 정강(靖康) 2년(1126) 금나라 군대가 휘종과 흠종을 포로로 잡아가자 남경(南京)에서 즉위했다.

피란할시: 피난(避難)할 때.

안희롤: 아내를.

하븍: 하북(河北). 중국 톈진 도심 북동쪽에 위치한 구(區)

계요: 겨우.

모상(母喪)을: 모상을. 모친상을.

녀막ᄒ고: 여막(廬幕)을 짓고. '여막'은 궤연(几筵) 옆이나 무덤 가까이에 지어 놓고 상제가 거처하는 초막.

어찰로: 어찰(御札)로. '어찰'은 임금의 편지.

개연히: 억울하고 원통하여 몹시 분하게.

듕원을: 중원(中原)을. '중원'은 중국의 황허 강 중류의 남부 지역. 흔히 한때 군웅이 할거했던 중국의 중심부나 중국 땅을 이른다.

흥복(興復)ᄒ려 ᄒ여: 부흥하려 하여

진튱보국: 진충보국(盡忠報國). 충성을 다하여서 나라의 은혜를 갚음.

더덕ᄒ리 업ᄂᆞ디라: 대적(對敵)할 이가 없는 지라.

적이나 어떤 세력, 힘 따위와 맞서 겨룸. 또는 그 상대.

졍튱이라: 정충(貞忠)이라고. '정충'은 절개가 곧고 충성스러움.

진회(秦檜): 남송 초기의 정치가. 남침을 거듭하는 금군(金軍)에 대처, 금과 중국을 남북으로 나누어 영유하기로 합의하였으며, 금나라에 대하여 신하의 예를 취하고, 세폐(歲幣)를 바쳤다. 24년간 재상직을 지낸 유능한 관리였으나 정권유지를 위해 '문자의 옥'을 일으켜 반대파를 억압해 비난받았다.

디간으로 ᄒ여곰: 대간(臺諫)을 시켜. '대간'은 대관과 간관을 아울러 이르던 말.

샹소ᄒ여: 상소(上疏)하여. '상소'는 임금에게 글을 올리던 일. 또는 그 글. 주로 간관(諫官)이나 삼관(三館)의 관원이 임금에게 정사(政事)를 간하기 위하여 올렸다.

무함ᄒ고: 모함(謀陷)하고. '모함'은 나쁜 꾀로 남을 어려운 처지에 빠지게 함.

삭인: 새긴.

됴셔롤 민ᄃᆞ라: 조서(詔書)를 만들어. '조서'는 조사한 사실을 적은 문서.

하례(賀禮)ᄒ더라: 하례하더라. '하례'는 축하하여 예를 차림.

윤곡부지(尹穀赴池)

尹穀赴池
尹穀潭州人德祐已亥差知衡州待次家具潭被元兵城將陷知事不可爲乃爲二子行冠禮人曰今何時行此迂闊事穀曰正欲令兒曹冠帶見先人於地下耳旣畢禮具衣冠望闕再拜謂其弟岳秀曰可急去不可使尹氏無後吾受國厚恩義當死岳秀曰兄旣死弟將安往願俱死城陷自火其廬擧家赴池死
詩 元兵南下肆頑兇力竭無由脫賊鋒爲子猶能行冠禮平生義氣自從容回頭北望拜君門自敍平生受恩兄弟爭相投水死一家忠義動乾坤

<五倫忠54b> 윤곡은 숑나라 담쥬 사룸이니 덕우【송 효공뎨대 년호라】이년에 형쥬원을 ᄒᆞ여 미쳐 도임 못ᄒᆞ고 집에 잇더니 원나라 군시 크게 드러와 담쥬를 에워ᄡᅡ니 곡이 셩을 보젼티 못홀 줄을 알고 그 두 아ᄃᆞᆯ의 관녜롤 ᄒᆡᆼᄒᆞ니 사름이 닐오디 이 엇더훈 ᄯᅢ완디 이런 오활훈 일을 ᄒᆡᆼᄒᆞᄂᆞᆫ다 곡이 굴오디 우리 죽게 되여시니 아ᄒᆡ들로 ᄒᆞ여곰 관디로 디하의 가 션인긔 뵈고져 ᄒᆞ노라 ᄒᆞ고 관녜를 ᄆᆞᆺᄎᆞ매 의관을 졍히 ᄒᆞ고 대궐을 향ᄒᆞ여 지비ᄒᆞ고 그 아ᄋᆞ 악슈ᄃᆞ려 닐러 굴오디 너는 급히 ᄃᆞ라나 문호롤 보젼ᄒᆞ라 <五倫忠55a> 나는 나라히 은혜롤 닙어시니 의 맛당이 죽으리라 훈대 악쉬 굴오디 형이 죽으면 내 어디로 가리오 원컨대 ᄀᆞ티 죽으리라 ᄒᆞ더니 셩이 함몰ᄒᆞ매 스ᄉᆞ로 그 집을 불지르고 일문이 다 모시 ᄲᅡ져 죽으니라

■ 윤곡부지(尹穀赴池: 윤곡이 못에 빠지다.)

윤곡(尹穀)은 송나라 담주(潭州) 사람이다. 덕우(德祐)【송효공제(孝恭帝) 때의 연호이다】이년에 형주 원을 하였는데 미처 도임(到任)하지 못하고 집에 있었다. 원나라 군사가 크게 들어와 담주를 에워싸니 윤곡이 성을 보전하지 못할 줄 알고 그 두 아들의 관례(冠禮)를 행하였다. 사람들이 말하기를, "지금 어떠한 때인데 이런 오활(迂闊)한 일을 행가는 것이오." 윤곡이 말하기를, "우리가 죽게 되었으니 아이들에게 관대(冠帶)로 지하에 가서 선인(先人)께 보이고저 하는 것이오." 하고 관례를 마치며 의관을 바르게 하고 대궐을 향해 재배(再拜)하였다. 그리고 그 아우인 악수에게 말하기를, "너는 급히 달아나 문호(門戶)를 보전해라. 나는 나라에 은혜를 입었으니 마땅히 죽을 것이다." 하니 악수가 말하기를, "형이 죽으면 내가 어디로 가겠습니까. 원컨대 같이 죽을 것입니다." 하였다. 성이 함몰되어 스스로 그 집을 불 지르고 일문(一門)이 다 못에 빠져 죽었다.

[시]
원나라 군사 남쪽으로 밀려와 형세 험악하니
힘이 다해 적의 칼날 벗어날 수 없네
자식 위해 일부러 관례 행하니
평생의 그 의기 정말 장하구나
머리 돌려 북쪽으로 임금 계신 데 절하고
자기 평생 받은 은혜 감사해 하며
형제 서로 다투며 물에 빠져 죽으니
한 집안 충의는 천지를 움직이네

윤곡(尹穀)은: 윤곡은. '윤곡'은 송(宋) 나라 사람. 몽고군이 침입하여 담성(潭城)이 포위되어 함락 지경에 이르자 처자와 작별하고 분신 자살했음.
송효공데대: 송 효공제(孝恭帝) 때의. '효공제' 혹은 '공제'는 송(宋)의 제16대 황제이며 남송(南宋) 제7대 황제(재위 1274~1276). 도종(度宗)의 둘째 아들이자 단종(端宗)의 동생으로 마지막 황제 위왕(衛王)의 형.
도임(到任) 못ᄒ고: 도임하지 못하고. '도임'은 지방의 관리가 근무지에 도착함.
관녜룰 힝ᄒ니: 관례(冠禮)를 행하니. '관례'는 예전에, 남자가 성년에 이르면 어른이 된다는 의미로 상투를 틀고 갓을 쓰게 하던 의례(儀禮). 유교에서는 원래 스무 살에 관례를 하고 그 후에 혼례를 하였으나 조혼이 성행하자 관례와 혼례를 겸하여 하였다.
오활(迂闊)ᄒ 일을: 오활한 일을. '오활'은 사리에 어둡고 세상 물정을 잘 모르다.
관디로: 관대(冠帶)로. '관대'는 '관디'의 본말로, 관과 띠.
션인긔: 선인(先人)께.

지비ᄒ고; 재배(再拜)하고. '재배'는 두 번 절함.
아ᄋ: 아우.
문호롤 보전ᄒ라: 문호(門戶)를 보전하라. '문호'는 대대로 내려오는 그 집안의 사회적 신분이나 지위.
일문(一門)이: 일문이. '일문'은 한 가문이나 문중.

천상불굴(天祥不屈)

天祥不屈
問天譴吉水人德祐初元兵三道大入詔天下勤王天祥捧詔泣爲發郡中豪
傑以烏合萬人赴義或謂曰子事行何異驅羊而搏虎天祥曰吾亦知其然也
第國家養士三百年一朝有急無一人入關者吾深恨此故不自量力而以身
殉之五坡嶺之潰天祥旣被報吞腦子不死至崖山元帥張弘範令以書招張
世傑天祥曰我不能扞父母乃敎人叛父母乎弘範曰國亡矣殺身爲忠誰復
書之天祥曰商非不亡夷齊不食周粟人臣各盡其心何論書不弘範改容送
燕不食八日不死丞相孛羅問曰汝立二王做得甚事天祥曰立君以存宗廟
存廟存一日則盡臣子一日之責人臣事君如子事父母父母有疾雖甚不可
爲豈有不下藥之理有死而已何必多言繫獄月餘元主爲召入問曰汝何願
天祥曰某受宋恩爲宰相無事二姓理願賜一死足矣至元壬午賜死臨刑殊
從容謂吏卒曰吾今日事已畢南向再拜乃就死數日其妻歐陽氏收其屍面
如生檢衣帶中有贊曰孔曰成仁孟曰取義惟其義盡所以仁至讀聖賢書所
學何事而今而後庶幾無愧
詩 國亡家破見忠臣仰藥從容欲殺身重義輕生終不屈高名千載獨離倫
繫獄艱辛至月餘一身忠節不渝初衣中有贊辭深切無愧平生所學書

<五倫忠57a> 문텬샹은 송나라 길슈 사룸이니 원나라 군시 세 길로 크게 뎌드러 오니 텬지 됴셔ᄒᆞ여 텬하에 구원병을 브른 대 텬샹이 됴셔를 바다 눈믈을 쓰리고 의병을 거두어 힝ᄒᆞᆯ 시 혹이 ᄀᆞᆯ오ᄃᆡ 이 엇디 양을 모라 범을 팀과 다ᄅᆞ리오 텬샹 이 ᄀᆞᆯ오ᄃᆡ 내 쏘ᄒᆞ 모로ᄂᆞᆫ 줄이 아니로ᄃᆡ 국가에 급ᄒᆞ미 잇거늘 ᄒᆞᆫ 사름도 을ᄒᆞ 리 업스니 내 깁히 ᄒᆞᄒᆞᄂᆞᆫ디라 이 <五倫忠57b> ᄅᆞ므로 힘을 혜아리디 아니ᄒᆞ고 죽기로 나라흘 갑흐리라 ᄒᆞ더니 텬샹이 오랑캐게 잡히여 독약을 슴키되 죽디 아니ᄒᆞᄂᆞᆫ디라 이 ᄢᅢ 쟝셰걸과 뉵슈뷔 텬ᄌᆞ를 뫼셔 비를 트고 애산 바다 가온대로 드ᄅᆞ나니 원나라 댱슈 쟝훙범이 텬샹을 핍박ᄒᆞ여 글을 민드라 쟝셰걸을 부르라 ᄒᆞ거ᄂᆞᆯ 텬샹이 ᄀᆞᆯ오ᄃᆡ 내 능히 님군을 호위티 못ᄒᆞ고 ᄎᆞ마 ᄂᆞᆷ을 권ᄒᆞ여 님군을 비반ᄒᆞ랴 ᄒᆞᆫ대 원나라 댱쉬 ᄀᆞᆯ오ᄃᆡ 네 나라히 망ᄒᆞ여시니 네 비록 몸을 죽여

튱신이 되고져 ᄒᆞ나 후셰에 뉘 알니오 텬샹이 굴 <五倫忠58a> 오디 은나라히 망ᄒᆞ여시되 빅이슉졔 쥬나라 곡식을 먹디 아니ᄒᆞ니 인신이 그 ᄆᆞ음을 극진이 홀 ᄯᆞ롬이라 엇디 후셰에 알며 모로기ᄅᆞᆯ 의논ᄒᆞ리오 ᄒᆞ고 팔일을 굴므되 죽디 아니ᄒᆞᄂᆞᆫ디라 원나라 경승 볼래 무러 ᄀᆞᆯ오디 네 나라히 망ᄒᆞ게 된 ᄣᅢ에 두 님군을 셰오니 무슴 일을 ᄒᆞ엿ᄂᆞᆫ다 텬샹이 ᄀᆞᆯ오디 님군을 셰워 ᄒᆞ리라도 종묘ᄅᆞᆯ 보젼ᄒᆞ미 신하의 칙망이라 님군 셤기미 부모 셤김 ᄀᆞᆮᄐᆞ니 부뫼 병이 이시면 비록 죽게 되여신ᄃᆞᆯ 엇디 약을 ᄡᅳ디 아니ᄒᆞ리오 ᄒᆞ고 종시 굴홀 ᄡᅳ디 업스니 옥 <五倫忠58b> 에 가도앗다가 인ᄒᆞ여 죽인 배 되니 죽기ᄅᆞᆯ 님ᄒᆞ여 남향 지ᄇᆡᄒᆞ고 죵용히 죽으니라 그 안ᄒᆡ 구양시 죽엄을 거두니 얼골이 사랏ᄂᆞᆫ ᄃᆞᆺᄒᆞ고 옷 가온대셔 글을 어드니 그 글에 ᄀᆞᆯ오디 몸을 죽여 인을 닐오믄 공ᄌᆞ의 말ᄉᆞᆷ이오 살기ᄅᆞᆯ ᄇᆞ리고 의ᄅᆞᆯ 취ᄒᆞᆷ은 ᄆᆡᆼᄌᆞ의 말ᄉᆞᆷ이라 셩현의 글을 낡으매 비혼 배 무슴 일인고 이졘 후의야 거의 붓그러오미 업도다 ᄒᆞ엿더라

■ 천상불굴(天祥不屈: 문천상이 굴하지 않다.)

문천상(文天祥)은 송나라 길수(吉水) 사람이다. 원나라 군사가 세 길로 크게 쳐서 들어오니 천자가 조서(詔書)를 써서 천하에 구원병을 불렀다. 문천상이 조서를 받아 눈물을 뿌리고 의병을 거두어 행할 때 혹이 말하기를, "이 어찌 양을 몰아서 범을 치는 것과 다르겠소." 문천상이 말하기를, "나 또한 모르는 바가 아니지만 국가가 급함에 처해 있는데 한 사람도 응하는 이 없으니 내가 깊이 한탄하는 것이다. 이러므로 힘을 헤아리지 않고 죽기로 나라를 갚을 것이다." 하였다. 문천상이 오랑캐에게 잡혀 독약을 삼켜도 죽지 않았다. 이때 장세걸(張世傑)과 육수부(陸秀夫)가 천자를 모시고 배를 타고 애산(厓山) 바다 가운데로 돌아가니 원나라 장수 장홍범(張弘範)이 문천상을 핍박하여 글을 만들어 장세걸을 부르라 하였다. 문천상이 말하기를, "내가 능히 임금을 호위하지 못하는데 차마 남에게 권하여 임금을 배반하라 하겠는가." 원나라 장수가 말하기를, "너의 나라가 망하였으니 네가 비록 몸을 죽여 충신이 되고자 하나 후세에 누가 알겠

는가." 문천상이 말하기를, "은나라가 망하였으나 백이숙제(伯夷叔齊)가 주나라 곡식을 먹지 않았으니 인신(人臣)이 그 마음을 극진이 할 따름이다. 어찌 후세가 알고 모르기를 논하겠는가." 하고 팔일을 굶었으나 죽지 않았다. 원나라 정승 발라가 물어 말하길, "너의 나라가 망하게 된 때에 두 임금을 세우니 무슨 일을 하였는가." 문천상이 말하기를, "임금을 세워 하루라도 종묘를 보전함이 신하의 책망이다. 임금을 섬김은 부모를 섬김과 같으니 부모가 병이 있으면 비록 죽게 되신들 어찌 약을 쓰지 않겠는가." 하고 끝내 굴할 뜻이 없으니 옥에 가두었다가 죽기를 임하여 남향재배하고 조용히 죽었다. 그 아내 구양씨가 주검을 거두었는데 얼굴이 살아 있는 듯 하고 옷 가운데에서 글이 있었는데 그 글에 써 있기를, '몸을 죽여 인을 이룸은 공자의 말씀이고 살기를 버리고 의를 취함은 맹자의 말씀이다. 성현의 글을 읽음에 배운 바가 무슨 일인가. 이젠 거의 부끄러움이 없다.' 하였다.

[시]
나라 망하고 집 없어졌는데 여기 충신이 있어
독약 먹고 조용히 그 몸을 죽이려 하니
의리 소중히 하고 삶을 가벼이 여겨 끝내 굴하지 않았네
그 높은 이름은 천년을 홀로 빛나니
옥에 갇혀 그 고생 한 달이 넘는데
한 몸의 충절 조금도 변치 않았네
옷 속에 써둔 글 그 사연 간절하여
평생 성현의 글 배운 것이 부끄럽지 않네

문텬샹은: 문천상(文天祥)은. '문천상'은 13세기 중국 남송의 정치가, 시인. 송나라(남송)가 원나라에 항복하자 저항하다 체포되었고 쿠빌라이칸이 그의 재능을 아껴 몽

고에 전향을 권유받았지만 거절하고 죽음을 택했다.
됴서ᄒᆞ여: 조서(詔書)를 내려. '조서'는 임금의 명령을 일반에게 알릴 목적으로 적은 문서.
쟝셰걸과: 장세걸(張世傑)과. "장세걸'은 남송 말기 탁주(涿州) 범양(范陽) 사람. 소교(小校)에서 시작해 승진하여 도통(都統)까지 올랐다. 원나라 군대가 쳐들어오자 병사를 이끌고 임안(臨安)에 들어가 지켰고, 유수용(劉帥勇) 등과 함께 초산(焦山)에서 항전했지만 패했다.
뉵슈븨: 육수부(陸秀夫)가. '육수부'는 남송 초주(楚州) 염성(鹽城) 사람. 자는 군실(君實)이다. 이종(理宗) 보우(寶祐) 4년(1256) 진사가 되었다.
쟝홍범이: 장홍범(張弘範)이. '장홍범'은 원나라의 군인으로 자는 중주(仲疇)이다. 허베이 출신으로 양양 공방전에 참여하였으며, 애산 전투에서는 총대장으로 10배 가까운 남송군과 싸워 이겼다.
븩이슉졔: 백이숙제(伯夷叔齊). '백이숙제'는 중국 주(周)나라의 전설적인 형제성인(兄弟聖人). 주나라 무왕이 은나라 주왕을 멸하자 신하가 천자를 토벌한다고 반대하며 주나라의 곡식을 먹기를 거부하고 서우양산에서 굶어 죽었다.
인신(人臣)이: 신하가.
홀리라도: 하루라도.
죵용히: 조용히.
븟그러오미: 부끄러움이.

방득불식(枋得不食)

枋得不食
謝枋得信州人北軍攻饒州拒戰于安仁敗績變姓名入唐石山轉茶坂寓逆
旅中日麻衣蹋履東向而哭人不職之以爲病狂也元軍至信州鏤榜跟捕執
妻李氏拘揚州枋得入蒼山寺處崎嶇山谷會大赦乃出時妻已斃寓建陽之
驛橋福建行省叅政魏天祐逼以北行枋得不肯以死自誓天祐與言坐而不
對或嫚言無禮天祐讓曰封疆之臣當死封疆安仁之敗何不死枋得曰程嬰
杵曰一死於前一死於後王莽簒漢十四年龔勝乃死有重於泰山輕於鴻毛
蓋棺事定叅政豈足以知此卽不食二十餘日不死至燕京問謝太后欑所及
瀛國所在再拜慟哭遷憫忠寺見壁間曹娥碑泣曰小女猶爾吾不知若哉囧
夢炎使人持藥雜米飮以進枋得怒曰吾欲死汝乃欲生耶擲之地終不食死
詩 摧鋒陷敵志無成循跡山林變姓名數月茹蔬終死節凜然千載樹風聲
元兵跌宕力難當戰敗流離寓建陽羞事二君輕一死名畱竹帛更輝光

<五倫忠60a> 샤방득은 송나라 신쥬 사룸이니 송이 망ᄒᆞᆯ 째에 원나라 군시 요쥬
ᄯᅡᄒᆞᆯ 티거ᄂᆞᆯ 방득이 막아 ᄡᅡ호 <五倫忠60b> 다가 패ᄒᆞ여 드라나 셩명을 곳치고
산듕에 드러가 뵈옷과 집신으로 날마다 동향ᄒᆞ여 통곡ᄒᆞ니 사ᄅᆞᆷ이 다 광인이라
ᄒᆞ더니 원인이 두로 빙을 부뎌 근포ᄒᆞᆯ ᄉᆡ 방득의 처 니시를 잡아 가도ᄂᆞ 방득이
창산ᄉᆞ라 ᄒᆞ는 졀에 숨엇더니 원나라 참졍 벼슬ᄒᆞ는 위텬위 방득을 잡아 핍박ᄒᆞ
여 이졔 나라호로 드러가려 ᄒᆞ거ᄂᆞᆯ 방득이 죽기로써 가디 아니ᄒᆞᆫ대 텬위 ᄀᆞ오ᄃᆡ
네 더리ᄒᆞᆯ쟉시면 엇디 볼셔 죽디 아니ᄒᆞ엿ᄂᆞᆫ다 방득이 ᄀᆞ오ᄃᆡ 죽으미 태산의셔
듕ᄒᆞᆯ 젹도 잇고 터럭의셔 가븨여 올 젹이 잇ᄂᆞ <五倫忠61a> 니 네 엇디 알리오 드듸
여 스무날을 밥을 먹디 아니ᄒᆞ되 죽디 아니ᄒᆞ더니 연경에 잡히여 가샤 태후 빈소
와 효공황뎨 잡히여 가 겨신 ᄃᆡ롤 무러 통곡 지비ᄒᆞ고 민튱ᄉᆞ란 졀에 머므더니
ᄇᆞ람벽 ᄉᆞ이에 조아비라 ᄒᆞ는 글을 보고 우러 ᄀᆞ오ᄃᆡ 조아는 어린 녀지로ᄃᆡ 오히
려 아비를 위ᄒᆞ여 죽어시니 내 엇디 뎌만 못ᄒᆞ리오 ᄒᆞ고 ᄆᆞᄎᆞᆷ내 굴머 죽으니라

■ 방득불식(枋得不食: 사방득이 먹지 않다.)

사방득(謝枋得)은 송나라 신주(信州) 사람이다. 송이 망할 때 원나라 군사가 요주 땅을 치니 사방득이 막아 싸우다가 패하여 달아나 성명을 고치고 산중에 들어가 베옷을 입고 짚신을 신고 날마다 동향을 향해 통곡하니 사람들이 모두 광인이라 하였다. 원나라 사람이 두루 방을 붙여 근포(跟捕)할 때 사방득의 아내 이씨를 잡아 가두었다. 사방득은 창산사라는 절에 숨었는데 원나라의 참정 벼슬을 하는 위천우(魏天祐)가 사방득을 잡아 핍박하여 제 나라로 들어가려 하니 사방득이 죽기로써 가지 않았다. 위천우가 말하기를, "네가 저리 할 것이면 어찌 벌써 죽지 않는가." 사방득이 말하기를, "죽음이 태산처럼 무거울 때도 있고 터럭처럼 가벼울 때도 있다. 네가 어찌 알겠는가." 드디어 스무날동안 밥을 먹지 않았지만 죽지 않았다. 연경에 잡혀가서 태후의 빈소와 효공황제가 잡혀가 계신 곳을 물어 통곡재배하였다. 민충사란 절에 머물렀는데 바람벽 사이에 조아(曹娥)의 비를 보고 울면서 말하기를, "조아는 어린 여자지만 오히려 아비를 위하여 죽었으니 내 어찌 저만 못하겠는가." 하고 마침내 굶어 죽었다.

[시]
적을 꺾으려던 처음 뜻 이루지 못하자
산 속에 숨어 이름마저 바꾸고
몇 달 동안 나물 먹고 절개 지키니
그 높은 의기 천년이라도 길이 전하리
원나라 군사 크고 커서 당해낼 수 없으니
싸움에 패해 떠돌다가 건양 땅에 머물러
두 임금 섬김을 부끄러워하고 내 한 목숨 가벼우니
그 이름 죽백에 남아 다시 빛나리

샤방득은; 사방득(謝枋得)은. '사방득'은 남송 신주(信州) 익양(弋陽) 사람. 자는 군직(君直)이고, 호는 첩산(疊山)이다. 이종(理宗) 보우(寶祐) 4년(1256) 진사가 되고, 무주사호참군(撫州司戶參軍)에 올랐다. 원나라 조정에서 여러 차례 불렀지만 나가지 않았고, 세조(世祖) 지원(至元) 23년(1286) 정문해(程文海)가 천거했지만 나가지 않았다. 복건행성참정(福建行省參政) 위천우(魏天祐)가 강제로 북상하도록 해 대도(大都)에 왔지만 끝내 굴복하지 않고 단식하다가 죽었다.

뵈옷과 집신으로; 베옷을 입고 짚신을 신고.

근포(跟捕)홀시: 근포할 때. '근포'는 죄인을 찾아 쫓아가서 잡음.

위텬위: 위천우(魏天祐)가. '위천우'는 남송 공주(邛州) 포강(蒲江) 사람. 자는 덕선(德先)이다. 위료옹(魏了翁)의 족형(族兄)이자 위천계(魏天啓)의 동생이다. 나이 마흔 살 쯤에 관직에 나갈 기회가 생겼지만 고사했다. 만년에 더욱 학문에 힘썼다.

조아(曹娥)비라 ᄒᆞᆫ 글을 보고: 조아의 비문을 보고. '조아'는 후한 회계(會稽) 상우(上虞) 사람. 조우(曹盱)의 딸로, 효녀(孝女)였다. 14살 때인 순제(順帝) 한안(漢安) 2년(143) 5월 5일에 아버지가 영신(迎神)하다가 강물에 빠져 죽고 시신(屍身)이 유실(流失)되어 버렸다. 강을 따라 통곡했는데, 밤낮으로 울음소리가 그치지 않았다. 17일 뒤 강물에 몸을 던져 죽었다.

화상손혈(和尙噀血)

和尙噀血
完顔陳和尙金宗室爲忠孝軍提控正大五年蒙古兵入大昌原平章合達問
誰可爲前鋒陳和尙出應命沐浴更衣若將就木然者擐甲上馬不反顧以四
百騎破八千衆御軍有方坐作進退皆中程式所過州縣秋毫無犯每戰則先
登陷陣疾若風雨諸軍倚以爲重三峯之敗走均州城破兵入趣避隱處殺掠
稍定乃出自言曰我金大將陳和尙也大昌原衛州倒回谷之膝皆我也我死
亂軍中人將謂我負國家今日明白死天下必有知我者時欲其降斫足脛折
之劃口吻至耳噀血而呼至死不屈蒙古將義之酹以馬湩曰好男子年四十
一詔贈南軍節度使塑像褒忠廟勒石紀其忠烈
詩 元兵闌入大昌原募應前鋒將虎賁四百能摧八千衆先登奮勇似雷奔
難將抔土障黃流斫劃要降罵不休天下果知明白死褒忠紀石表山丘

<五倫忠62b> 진화샹은 금나라 댱쉬라 몽고의 군시 크게 드러오니 화샹이 즈원ᄒᆞ
여 션봉이 되여 도적을 텨 싸홈마다 이긔더니 삼봉 ᄯᅡ히셔 패ᄒᆞ여 잠간 숨엇다가
도적이 주김과 노략질을 져기 그친 후에 나 <五倫忠63a> 와 닐러 글오ᄃᆡ 나는
금나라 대댱 진화샹이라 어즈러온 군듕의셔 죽으면 사ᄅᆞᆷ이 아디 못ᄒᆞ고 나라흘
져ᄇᆞ리다홀 거시니 오늘날 명빅히 죽어 텬하로 ᄒᆞ여곰 알게 ᄒᆞ리라 혼대 도적이
자바 항복 바드려 ᄒᆞ거ᄂᆞᆯ 화샹이 항복디 아니ᄒᆞᆫ대 발목을 버히고 입을 ᄧᅵ여 귀ᄭᆞ
디 니르니 피ᄅᆞᆯ 쑴으며 크게 ᄭᅮ지저 죵시 굴티 아니ᄒᆞ고 죽거ᄂᆞᆯ 도적이 차탄ᄒᆞ여
글오ᄃᆡ 호남즈라 ᄒᆞ더라 이 ᄯᅢ에 나히 ᄉᆞ십일 셰라 금나라히 그 튱의ᄅᆞᆯ 아ᄅᆞᆷ다이
너겨 진남군 졀도ᄉᆞ 벼슬을 튜증ᄒᆞ고 얼골을 그려 졔ᄒᆞ <五倫忠63b> 게 ᄒᆞ고 돌희
사겨 그 튱녈을 긔록ᄒᆞ니라

■ 화상손혈(和尙噀血: 진화상이 피를 뿜다.)

진화상(陳和尙)은 금나라 장수이다. 몽고의 군사가 크게 들어오니 진화상이 자원하여 선봉이 되어 도적을 쳐서 싸움마다 이겼다. 삼봉 땅에서

패하여 잠깐 숨고 도적이 살육과 노략질을 적잖이 그친 후에 나와서 말하기를, "나는 금나라 대당 진화상이다. 어지러운 군중에서 죽으면 사람이 알지 못하고 나라를 저버렸다 할 것이니 오늘날 명백히 죽어 천하에 알게 할 것이다." 하였다. 도적이 잡아 항복을 받으려 했지만 진화상이 항복하지 않자 발목을 베고 입을 귀까지 째니 피를 뿜으며 크게 꾸짖고 끝내 굴하지 않고 죽었다. 도적이 차탄하며 말하기를, "호남자(好男子)이다." 하였다. 이때 나이가 사십 일세였다. 금나라가 그 충의(忠義)를 아름답게 여겨 진남군절도사(南軍節度使) 벼슬을 추증하고 얼굴을 그려 제사를 지내게 하고 돌에 새겨 그 충열을 기록하였다.

[시]
원나라 군사 대창원으로 함부로 들어오니
군사 중에서 선봉장을 뽑아 적을 치려 했네
사백의 적은 군사로 팔천 대병 무찌를 때
앞장 서서 적을 치는 용맹 빠르기가 우레와 같아
한줌 흙으로는 황하수를 막지 못하니
발목 잘리고 입 째져도 오히려 적을 꾸짖네
천하에서 과연 명백히 죽은 것 알아
충성을 표해 비석 세워 세상에 전해 오네

어즈러온: 어지러운.
호남ᄌᆞ라 하더라: 호남자(好男子)라고 하였다. '호남자'는 호걸의 풍모나 기품이 있고 남성다우며 풍채가 좋은 사나이.
튱의롤: 충의(忠義)를. '충의'는 충성과 절의를 아울러 이르는 말.
졔ᄒᆞ게 ᄒᆞ고: 제사를 지내게 하고.

강산장군(絳山葬君)

絳山葬君
完顔絳山哀宗之奉御也蔡城破哀宗傳位承麟卽自縊于幽蘭軒點檢內族
斜烈將從死遺言絳山使焚幽蘭軒火方熾子城破大兵突入近侍左右皆走
避獨絳山留不去爲兵所執問曰汝爲誰絳山曰奉吾侯火滅寒收瘞其骨耳
兵笑曰若狂者邪汝命且不能保能瘞而君邪絳山曰人各事其君吾君有天
下十餘年功業不終身死社稷忍使暴露遺骸與士卒等邪吾果瘞吾君後雖
寸斬不恨矣兵以告其帥奔盞曰此奇男子也許之絳山乃掇其餘燼裹以橐
衾瘞于汝水之旁再拜號哭將赴汝水死軍士救之得免後不知所終
詩　國破君終衆散亡挺身胡奈獨彷徨遺骸不忍哀原野拾掇慇懃瘞汝旁
左右蒼黃共避擒獨留收骨意方深兵人固職奇男子終使安全得盡心

<五倫忠65a> 강산은 금나라 이종 째 봉어 벼슬ᄒᆞᄂᆞᆫ 사ᄅᆞᆷ이라 이종이 원 병의게 픱박ᄒᆞ여 유란헌이라 ᄒᆞᄂᆞᆫ 집에셔 목미여 죽으니 뎜검녹 벼슬혼 샤렬이 ᄯᆞ라 죽을 시 강산으로 ᄒᆞ여곰 집의 블을 노터니 원 <五倫忠65b> 나라 군시 돌입ᄒᆞ거ᄂᆞᆯ 좌위 다 ᄃᆞ라나되 강산이 홀로 머믈고 가디 아니ᄒᆞ거ᄂᆞᆯ 도적이 잡아 무러 굴오디 늠이 다 ᄃᆞ라나거ᄂᆞᆯ 네 엇디 홀로 잇ᄂᆞᆫ다 강산이 굴오디 내 님군이 여긔셔 죽으시니 내 블 ᄭᅥ디기를 기ᄃᆞ려 님군의 ᄒᆡ골을 거두어 무드려 ᄒᆞ노라 ᄒᆞᆫ대 원 병이 우서 굴오디 네 쟝ᄎᆞᆺ 죽게 되엿거든 어ᄂᆞ 결에 네 님군의 ᄒᆡ골을 무드리오 강산이 굴오디 우리 님군이 텬ᄒᆞ를 두션 디 십여년에 공업을 ᄆᆞᆺ디 못ᄒᆞ시고 몸이 샤직에 죽으시니 ᄎᆞ마 ᄒᆡ골을 ᄇᆞ려 죽은 군ᄉᆞ와 ᄀᆞ티ᄒᆞ리오 내 <五倫忠66a> 만일 님군의 ᄒᆡ골을 무든 후면 비록 촌촌이 버혀 죽어도 혼이 업ᄉᆞ리라 원 병이 긔특이 너겨 허락ᄒᆞ니 이에 불트고 남은 ᄲᅧ룰 거두어 니블에 ᄡᅡ 뭇고 두 번 절ᄒᆞ고 통곡ᄒᆞ고 믈의 ᄲᅡ디려 ᄒᆞ거ᄂᆞᆯ 군시 구ᄒᆞ여 내엿더니 후의 간 곳을 모로니라

■ 강산장군(絳山葬君: 강산이 임금의 장사를 지내다.)

강산은(絳山) 금나라 애종(哀宗) 때 봉어(奉御) 벼슬을 하던 사람이다. 애종이 원나라 병사에게 픱박을 받자 유란헌이라는 집에서 목을 매어 죽었다. 점검내족(點檢內族) 벼슬을 하는 사열(斜烈)이 따라 죽을 때 강산에게 시켜 집에 불을 지르게 하였다. 원나라 군사가 돌입하니 좌우가 다 달아났지만 강산은 홀로 머물고 가지 않았다. 도적이 잡아서 묻기를, "남들은 모두 달아나는데 너는 어찌 호로 있느냐." 강산이 말하기를, " 내 임금이 여기서 죽었으니 내가 불이 꺼지기를 기다렸다가 임금의 해골을 거두어 묻으려고 한다." 하였다. 원나라 병사가 웃으며 말하기를, "네가 장차 죽게 될 것인데 어느 겨를에 너의 임금의 해골을 묻을 것인가." 강산이 대답하길, "우리 임금이 천하를 다스린 지 십여 년에 공업(功業)을 마치지 못하시고 몸이 사직에 죽으시니 차마 해골을 버려서 죽은 군사와 같이 두겠는가. 내 만일 임금의 해골을 묻은 후면 비록 마디마디 베여 죽어도 한이 없을 것이다." 원나라 병사가 기특하게 여겨 허락하였다. 이에 불타고 남을 뼈를 거두어 이불에 싸서 묻고 두 번 절하고 통곡하고 물에 빠지려 하는 것을 군사가 구하였더니 후에 간 곳을 몰랐다.

[시]
나라 망하고 임금 죽자 모든 사람 도망가는데
강산은 홀로 어찌해서 임금 곁을 떠나지 않는가
임금의 유골을 차마 거리에 버릴 수 없어
뼈를 거리에 정중히 여수 곁에 묻었으니
좌우 사람 창황하여 모두 도망가는데
혼자 머물러 뼈 거두는 뜻은 깊기도 하구나
원나라 군사도 그가 기이한 남자인 줄 알고
그대로 용서하여 그 충성 다하게 했네

익종째: 애종(哀宗) 때. '애종'은 중국 금(金)나라 제9대 황제. 몽골·남송(南宋) 연합군의 공격을 받아 수도 카이펑[開封]을 버리고 도망가 있던 채주(蔡州)에서 자살하였다.
공업(功業)을. 공업을. '공업'은 큰 공로가 있는 사업.
촌촌이(寸寸-): 마디마디 또는 갈기갈기.
니블에 싸: 이불에 싸서.

하마자분(蝦蟆自焚)

蝦蟆自焚
郭蝦蟆會州人爲洮河元帥金亡西州無不降潰獨蝦蟆堅守孤城元兵攻之
蝦蟆度不能支集州中所有金銀銅鐵雜鑄爲礟以擊攻者殺牛馬以食戰士
又自焚廬舍積聚曰無至資兵日於血戰軍士死傷者衆乃命積薪於州廨火
旣熾率將士於火前持滿以待城破兵塡委以入鏖戰旣久士卒有弓盡矢絶
者挺身入火中
蝦蟆獨上大草積以門扉自蔽發二三百矢無不中者矢盡投弓劍于火自焚
城中無一人肯降者蝦蟆死時年四十五土人爲立祠
詩 可憐金末洮河帥獨守孤城力不支餉士仍令焚積聚終焉血戰死爲期
州廨燔薪勢已傾奮身鏖戰共輕生闔城自斃無遺子千載流傳不朽名

<五倫忠67b> 곽하마는 금나라 회쥬 사룸이니 벼슬ᄒᆞ여 됴하 원슈 되엿더니 금나라히 망ᄒᆞᆯ 쌔에 원나라 군시 크게 드러오니 셔쥐 모든 고을이 항복디 아니ᄒᆞ리 업스되 ᄒᆞ매 홀로 외로온 성을 구디 딕희엿더니 원 병이 급히 티니 하매 힘을 다ᄒᆞ여 ᄡᆞ화 냥식이 진ᄒᆞ매 물과 쇼를 다 잡아 군스를 먹이고 섭홀 집 알픠 ᄡᆞ하 블을 노코 군스를 거느리고 블 알픠셔 <五倫忠68a> 활을 드리여 도적을 기드리니 적병이 무수이 드러오는디라 즛쳐 ᄡᆞ홀 시 궁시 진ᄒᆞ는 군시 도토와 블의 드라 들고 하매 홀로 플 ᄡᆞ흔 더 올라 문짝으로 몸을 ᄀᆞ리오고 살수 삼빅을 ᄡᅩ아 도적을 무수이 죽이고 살이 진ᄒᆞ니 활과 칼을 블 가온대 더디고 드듸여 스스로 블에 드러 죽으니 셩듕이 ᄒᆞᆫ 사롬도 항복ᄒᆞᄂᆞᆫ 재 업더라 하매 죽을 쌔에 나히 ᄉᆞ십오 셰라 그 짜 사룸이 ᄉᆞ당 셰워 계ᄒᆞ니라

■ 하마자분(蝦蟆自焚: 곽하마가 분신하다.)

곽하마(郭蝦蟆)는 금나라 회주(會州) 사람이다. 벼슬을 하여 조하 원수가 되었는데 금나라가 망할 때에 원나라 군사가 크게 들어오니 서주(西州)가 모든 고을이 항복하지 없는 곳이 없는데 홀로 외로운 성을 굳이 지켰다. 원나라 병사가 급히 치니 곽하마가 힘을 다하여 싸워 양식이 다 떨어지자 말과 소를 잡아 군사를 먹였다. 섶을 집 앞에 쌓아 불을 지르고 군사를 거느리고 불 앞에 서서 활을 당겨 도적을 기다리니 적병이 무수히 들어왔다. 마구 치며 싸울 때 화살이 다 떨어진 군사가 다투어 불에 달라들었다. 곽하마는 호로 풀을 쌓은 대에 올라 문짝으로 몸을 가리고 살수(殺手) 삼백을 쏘아 도적을 무수히 죽였다. 화살이 다 떨어지자 활과 칼을 불 가운데 던지고 드디어 스스로 불에 들어가 죽으니 성 안에 한명도 항복하는 사람이 없었다. 곽하마가 죽을 때 나이가 사십 오세였다. 그 땅 사람이 사당을 세워 제사를 지냈다.

[시]
장하다 금나라 말년 요하의 장수
홀로 외로운 성 지켰으나 힘이 지탱하지 못했네
군사들 먹일 때 불을 놓아 몸을 녹이게 하고
끝까지 혈전으로 죽음을 기약했네
관청 집 뜯어 태워 형세 이미 기울었어도
몸을 날려 끝까지 싸워 목숨을 가볍이 여겨
성 안 군사 모두 자살하고 하나도 남은 이 없으니
천년 사도 그 이름 썩지 않고 전하네

곽하마(郭蝦蟆)눈: 곽하마는. '곽하마'는 금나라 회주(會州) 사람. 대대로 보갑사생수(保甲射生手)를 지냈는데, 형 곽록대(郭祿大)와 함께 선사(善射)로 응모했다. 금나라가 망하자 봉상(鳳翔)에서 포위를 돌파하여 회주에 이르러 견고하게 지키며 항복하지 않았는데, 화살이 다 떨어지자 스스로 불을 질러 자결했다.
구디 딕희엿더니: 굳이 지키더니.
섭홀: 섶을.
즛쳐: 마구 치며.
궁시(弓矢) 진(盡)ᄒᆞᄂᆞᆫ: 활과 화살이 다 떨어진.

보안전충(普顏全忠)

普顏全忠
普顏不花蒙古氏官叅知政事至正十八年詔與侍御史李國鳳輕略江南至建寧陳友諒遣鄧克明來寇國鳳遁去普顏不花曰我承制來此去將何之誓與此城同存亡耳拒戰六十四日大敗賊衆明年召還授山東宣慰使守益都大明兵壓境普顏不花捍城力戰城陷平章保保出降普顏不花還告其母曰兒不能兩全忠孝幸有二弟當終養拜母趣官舍坐堂上主將素聞其賢召之再三不往旣而面縛之普顏不花曰我元朝進士官至極品事已至此何以生爲竟不屈而死其妻阿魯眞抱其子投舍北井其女及妾孫女皆隨溺二弟之妻各抱幼子及婢妾溺舍南井死

詩 親承詔命撫南方敢愛微軀棄土疆國鳳何人潛遁去誓將城堡共存亡
忠孝誠難兩得全居官効死職當然可憐妻子皆投井節義家聲音萬古傳

<五倫忠69b> 보안불화는 원나라 사룸이니 참지졍ᄉ 벼슬ᄒ여 강남에 슌ᄒᆡᆼ홀 시 건녕 싸히 니르러는 도적 진우량의 댱슈와 ᄡᆞ화 여러 번 파ᄒᆞ고 익도 싸흘 딕희엿더니 대명 군시와 티니 불해 셩을 웅거ᄒᆞ <五倫忠70a> 여 힘뼈 ᄡᆞ호더니 셩이 함몰ᄒᆞ매 뎡승 보보ᄂᆞ 나가 항복ᄒ거ᄂᆞᆯ 불해 그 어미ᄃᆞ려 고ᄒᆞ여 ᄀᆞᆯ오ᄃᆡ 내 튱효ᄅᆞᆯ 냥젼티 못ᄒ게 되엿ᄂᆞ이다 아ᄋᆞ 둘이 이시니 맛당이 모친을 봉양ᄒᆞ리이다 ᄒᆞ고 하직ᄒᆞ고 가 관가 집의 안것더니 대명 댱슈ㅣ 불화의 어딘 일홈을 듯고 두세 번 브ᄅᆞ디 가디 아니ᄒᆞᆫ대 군ᄉᆞᄅᆞᆯ 보내여 잡아가니 불해 ᄀᆞᆯ오ᄃᆡ 나는 원나라 신하로 벼슬이 놉핫ᄂᆞᆫ디라 일이 이믜 이에 니르러시니 사라 무엇ᄒᆞ리오 ᄒᆞ고 ᄆᆞᄎᆞᆷ내 굴티 아니ᄒᆞ고 죽으니 그 안히 아로진이 쏘ᄒᆞᆫ 아들을 안 <五倫忠70b> 고 우믈에 빠질 시 ᄯᆞᆯ과 쳡과 손녀와 두 아ᄋᆞ의 안히 각각 어린 아히ᄅᆞᆯ 안고 죵들ᄭᆞ디 다 ᄯᆞ라 빠져 죽으니라

■ 보안전충(普顏全忠: 보안이 온전히 충성하다.)

보안불화(普顏不花)는 원나라 사람으로 참지정사(叅知政事) 벼슬을 하였다. 강남에 순행할 때 건영 땅에 이르러 도적 진우량(陳友諒)의 장수와 싸워 여러번 격파하고 익도 땅을 지켰다. 대명군사가 와서 치니 보안불화가 성을 웅거하여 힘써 싸웠지만 성이 함몰 당했다. 정승 보보가 나가서 항복했지만 보안불화는 그 어미에게 고하며 말하길, "내가 충효를 양전(兩全)치 못하게 되었습니다. 아우 둘이 있으니 마땅히 모친을 봉양할 것입니다." 하고 하직하고 관가의 집에 앉아있었다. 대명의 장수가 보안불화의 어진 이름을 듣고 두세 번 불렀지만 가지 않아 군사를 보내 잡아가니 보안불화가 말하길, "나는 원나라 신하로 벼슬이 높았다. 일이 이미 이렇게 이르렀으니 살아서 무엇하겠는가." 하고 마침내 굴하지 않고 죽었다. 그 아내 아로진이 또한 아들을 안고 우물에 빠지니 딸과 첩과 손녀와 두 아이의 아내 각각 어린 아이를 안고 종들까지 모두 따라 빠져 죽었다.

[시]
친히 조명 받고 남쪽으로 나갈 제
감히 이 몸 아껴 맡은 땅을 버리랴
이국봉은 어찌하여 몸을 피해 도망가는가
나는 맹세코 이 성과 생사를 같이 하리니
충효를 둘 다 온전히 하기는 어려워
벼슬에 있으니 죽는 것이 내 도리에 당연히리라
갸륵하다 처자들까지 모두 우물에 빠져죽으니
그 집의 장한 절의는 만고에 길이 전하네

진우량(陳友諒)의 댱슈와: 진우량의 장수와. '진우량'은 원(元)나라 말기의 군웅(群雄). 서수휘가 반란을 일으키자 그 휘하에 들어가 부장 예문준의 서기로 있다 예문준을 죽이고 그 병력을 모아 안후이성 남부에 기반을 굳혔다. 주원장과 빈번히 싸웠으나 포양호의 결전에서 패했다.
냥견티 못ᄒ게 되엿ᄂ는디라: 양전(兩全)치 못하게 되었는지라. '양전'은 두 가지가 다 온전함.
놉핫ᄂ는디라: 높았는지라.
ᄭ디: 까지.

제상충렬(堤上忠烈)

堤上忠烈
朴堤上新羅始祖赫居世之後任爲歃良州干先是實聖王遣奈勿王子未斯欣卜好質高句麗訥祇王立思得辯士往迎之堤上請行至句麗說王同歸王喜曰念二弟如左右臂今只得一臂奈何堤上拜辭不入家倭國給言王殺我父兄故逃來倭王信之堤上與未斯欣乘舟若遊玩者倭人不疑堤上勸未斯欣潛還未斯欣欲偕歸堤上曰俱去恐謀不成未斯欣行旣遠倭王囚堤上問曰何竊遣王子對曰臣是雞林臣欲成吾君之志耳倭王怒曰言雞林臣必具五刑命剝脚下皮刈蒹葭使趨其上問曰何國臣曰雞林臣倭王知不屈燒殺之妻率三娘上鵄述嶺望倭國哭死
詩 訥祇初立念天倫辯士旁求得此人質弟歸來全二臂新羅千載一忠臣
勸欣還國滯扶桑身被淫形最可傷哭望東溟妻又死至今忠烈史增光

<五倫忠72a> 박뎨샹은 신라 시조 혁거셰 후손이니 신라 왕의 두 아이 ᄒᆞ나흔 왜국에 볼모 잡히이고 ᄒᆞ나흔 고구려에 볼모 잡혀 갓더니 왕이 심히 보고져 ᄒᆞ여 <五倫忠72b> 변ᄉᆞ를 어더 가 마자오랴 홀 시 뎨샹이 ᄌᆞ원ᄒᆞ여 고구려에 가 그 왕을 다래여 볼모를 노케 ᄒᆞ고 ᄯᅩ 왜국에 가 왜 왕을 속이고 왕의 아ᄋᆞ를 ᄀᆞ만이 비를 타와 보낼 시 닐너 ᄀᆞᆯ오ᄃᆡ 내 함ᄭᅴ 가면 쇠 일우디 못ᄒᆞ리라 ᄒᆞ고 머믈너 잇더니 왜 왕이 알고 뎨샹을 가도고 무러 ᄀᆞᆯ오ᄃᆡ 네 엇디 왕뎨를 ᄀᆞ만이 보내엿ᄂᆞᆫ다 뎨샹이 ᄀᆞᆯ오ᄃᆡ 나ᄂᆞᆫ 신라 신해라 우리 님군이 왕뎨를 ᄉᆡᆼ각ᄒᆞ여 보고져 ᄒᆞ시매 내 님군의 뜻을 일오미로라 왜 왕이 노ᄒᆞ여 ᄀᆞᆯ오ᄃᆡ 네 감히 신라 신해로라 ᄒᆞ면 반ᄃᆞ시 죽이리라 ᄒᆞ고 <五倫忠73a> 뎨샹의 발바당 가족을 벗기고 ᄀᆞᆯ밧흘 븨여 눌나게 ᄒᆞ고 뎨샹을 그 우호로 ᄯᅳᆯ며 무러 ᄀᆞᆯ오ᄃᆡ 네 뉘 신핸다 뎨샹이 ᄀᆞᆯ오ᄃᆡ 신라 신해로라 ᄯᅩ 쇠를 블의 달화 그 우희 셰우고 무ᄅᆞᄃᆡ 네 뉘 신핸다 뎨샹이 ᄯᅩ ᄀᆞᆯ오ᄃᆡ 신라 신해로라 왜 왕이 굴티 아니ᄒᆞᆯ 줄을 알고 블에 ᄉᆞ라 죽이니 그 안히 뎨샹의 죽으믈 듯고 놉흔 녕의 올라 왜국을 ᄇᆞ라며 울고 죽으니라

■ 제상충렬(堤上忠烈: 박제상의 충렬)

박제상(朴堤上)은 신라 시조 혁거세(赫居世)의 후손이다. 신라왕의 두 아이 중 하나는 왜국에 볼모로 잡히고 하나는 고구려에 볼모로 잡혀 갔는데 왕이 심히 보고 싶어 하였다. 변사(辯士)를 구해 가서 맞아 오라 할 때 박제상이 자원하여 고구려에 가서 그 왕을 달래어 볼모를 풀어 달라 하고 또 왜국에 가 왜왕을 속이고 왕의 아우를 가만히 배를 태워 보낼 때 일러 말하기를, "제가 함께 가면 꾀를 이루지 못할 것입니다." 하고 머물러 있었다. 왜왕이 이를 알고 박제상을 가두고 묻기를, "네가 어찌 왕제(王弟)를 가만히 보내었는가." 박제상이 말하기를, "나는 신라의 신하이다. 우리 임금이 왕제를 생각하여 보고 싶어 하시니 내가 임금의 뜻을 이루어 드린 것이다." 왜왕이 노하여 말하길, "네가 감히 신라의 신하로다. 그러면 반드시 죽이겠다." 하였다. 박제상의 발바닥 가죽을 벗기고 갈대밭을 베어 나르게 하고 박제상을 그 위로 끌며 말하길, "너는 누구의 신하인가." 박제상이 말하길, "신라의 신하로다." 또 쇠를 불에 달궈 그 위에 세우고 묻기를, "너는 누구의 신하인가." 박제상이 또 말하기를 "신라의 신하로다." 왜왕이 굴하지 않는 줄을 알고 불에 태워 죽였다. 그 아내는 박제상의 죽음을 듣고 높은 령(嶺)에 올라 왜국을 바라보니 울고 죽있다.

[시]
눌지왕 처음 왕위에 올라 아우들을 생각하여
말 잘하는 사람 구하다가 제상을 얻어
인질로 가 있던 아우들 모두 돌아오게 하니
신라 천년 동안에 오직 이 한 충신이라
미사흔을 본국으로 보내고 자기 혼자 왜국에 머무를 제
몸은 갖은 형벌 다 당해 성한 곳이 없고
동쪽 바라보고 울다가 아내 또한 죽으니
지금까지 그 충렬은 역사에 더욱 빛나네

박뎨샹은: 박제상(朴堤上)은. '박제상'은 신라의 눌지왕 때의 충신. 고구려와 왜(일본)에 건너가 볼모로 잡혀 있던 왕제들을 고국으로 탈출시켰으나 왜국 군에게 잡혀 유배되었다 살해당했다.

변ᄉᆞᄅᆞᆯ 어더: 변사(辯士)를 구해서. '변사'는 말솜씨가 아주 능란한 사람.

꾀일우디 못ᄒᆞ리라: 꾀를 이루지 못할 것이다.

발바당: 발바닥.

ᄀᆞᆯ밧ᄒᆞᆯ: 갈대밭을.

달화: 달궈.

비녕돌진(丕寧突陣)

丕寧突陣
丕寧子不知鄕邑族姓新羅善德王元年百濟將軍義直率兵分攻甘勿桐岑二城王遣金庾信率兵拒之苦戰氣竭庾信顧謂丕寧子曰事急矣子能奮激出奇以勸衆心乎丕寧子拜曰當以死報出謂奴合節曰吾爲國家死之吾子擧眞年雖幼有壯志必欲俱死若父子幷命則家人疇依汝其與擧眞好收吾骨歸以慰其母心卽鞭馬橫槊突陳格殺數人而死擧眞望之欲赴合節曰大人令合節奉阿郞還家以慰夫人今子負父命棄母慈可乎執馬轡不放擧眞曰見父子死而苟存豈孝子卽以劒擊折合節臂奔入敵中戰死合節曰所天崩矣不死何爲亦交鋒而死軍士爭進斬首三千餘級王聞之涕淚禮葬厚賜詩 二城受敵勢將危倉卒將軍力莫支奮激出奇能勸衆一身忠義永無隳囑奴收骨慰家人突陳橫戈不顧身合節擧眞相繼死宜加恩禮奬忠臣

<五倫忠74b> 비녕ᄌᆞ는 신라 사ᄅᆞᆷ이니 댱슈 김유신을 조차 빅뎨와 ᄡᅡ화 군시 긔운이 진ᄒᆞ니 김유신이 비녕ᄌᆞᄃᆞ려 닐오ᄃᆡ 네 능히 긔특ᄒᆞᆫ 꾀ᄅᆞᆯ 내여 군심을 격동케 ᄒᆞ랴 비녕지 ᄀᆞᆯ오ᄃᆡ 맛당이 죽기로 갑ᄒᆞ리 <五倫忠75a> 라 ᄒᆞ고 그 죵 합절ᄃᆞ려 닐오ᄃᆡ 내 나라흘 위ᄒᆞ여 죽을 거시니 내 아들 거진이 비록 어리나 장ᄒᆞᆫ ᄠᅳ시 잇ᄂᆞᆫ디라 반ᄃᆞ시 ᄒᆞᆫ가지로 죽으려 ᄒᆞ리니 만일 부지 다 죽으면 집사ᄅᆞᆷ이 눌을 의지ᄒᆞ리오 네 거진을 ᄃᆞ리고 내 ᄲᅧᄅᆞᆯ 거두어 도라가 그 어믜 ᄆᆞ음을 위로ᄒᆞ게 ᄒᆞ라 ᄒᆞ고 즉시 창을 빗기고 물을 채쳐 적진을 츙돌ᄒᆞ여 두어 사ᄅᆞᆷ을 죽이고 인ᄒᆞ여 ᄡᅡ화 죽으니 거진이 ᄇᆞ라보고 적진의 ᄃᆞ라가 죽으려 ᄒᆞ거늘 합절이 ᄀᆞᆯ오ᄃᆡ 대인이 날로 ᄒᆞ여 곰 낭군을 보젼ᄒᆞ여 도라가 부인을 위로ᄒᆞ라 ᄒᆞ <五倫忠75b> 시니 엇디 아븨 명을 져ᄇᆞ리고 어믜 ᄌᆞ의ᄅᆞᆯ ᄭᅥᆫ츠려 ᄒᆞᄂᆞ뇨 ᄒᆞ고 물 곳비ᄅᆞᆯ 잡고 노티 아니ᄒᆞ니 거진이 ᄀᆞᆯ오ᄃᆡ ᄌᆞ식이 아비 죽으믈 보고 구챠히 살면 엇디 효지리오 ᄒᆞ고 칼로 합절의 ᄑᆞᆯ을 텨 버히고 적진으로 ᄃᆞ라가 ᄡᅡ화 죽으니 합절이 ᄀᆞᆯ오ᄃᆡ 쥬인이 죽은디라 내 엇디 살리오 ᄒᆞ고 ᄯᅩ ᄡᅡ화 죽으니 군시 다토아 나아가 크게 이긘디라 신라 왕이 듯고 눈믈을 흘리고 녜로 장ᄉᆞᄒᆞ고 그 집에 지믈을 만히 주니라

■ 비녕돌진(丕寧突陣: 비녕이 돌진하다.)

비녕자(丕寧子)는 신라 사람이다. 장수 김유신(金庾信)을 좇아 백제와 싸워 군사의 기운이 다 떨어지니 김유신이 비녕자에게 말하길, "네가 능히 기특한 꾀를 내어 군심(群心)을 격동하게 할 수 있는가." 비녕자가 말하길, "마땅히 죽기로 갚을 것입니다." 하고 그 종인 합절에게 말하길, "내 나라를 위해 죽을 것이니 내 아들 거진이 비록 어리나 장한 뜻이 있는지라. 반드시 한가지로 죽으려 하리니 만일 부자가 다 죽으면 집사람이 누구를 의지하겠는가. 네가 거진을 데리고 내 뼈를 거두어 놓아가 그 어미의 마음을 위로하여라." 하고 즉시 창을 빗겨 들고 말을 채찍질하며 적진에 충돌(衝突)하여 두어 사람을 죽이고 싸워 죽었다. 거진이 바라보고 적진에 따라가 죽으려 하니 합절이 말하길, "대인이 저에게 낭군을 보전하여 돌아가 부인을 위로하라 하였습니다. 어찌 아비의 명을 저버리고 어미의 자애를 끊으려 하십니까." 하고 말고삐를 잡고 놓지 않았다. 거진이 말하길, "자식이 아비의 죽음을 보고 구차하게 살면 어찌 효자라 하겠는가." 하고 칼로 합절의 팔을 쳐서 베고 적진으로 달려가 싸워 죽었다. 합절이 말하길, "주인이 죽었는데 내가 어찌 살 것인가." 하고 또 싸워 죽으니 군사들이 다투어 나아가 크게 이겼다. 신라왕이 듣고 눈물을 흘리고 예로 장사를 치루고 그 집에 재물을 많이 주었다.

[시]
두 성에 적이 침입하여 그 형세 장차 위태로우니
창졸간에 나선 장군의 힘으로 이를 막을 수 없어
분격하여 기이한 꾀를 내어 무리들을 격동시키니
한 몸의 그 충의 길이 떨어지지 않으리
종에게 부탁하여 유골 수습해 아내 위로하라 하고
창 비껴들고 적진에 뛰어들어 자기 몸 돌보지 않네

합절과 거진이 계속해서 적에게 죽으니
국가에서 마땅히 예를 갖추어 그 충성 표창하리

군심(群心)을: 여러 사람의 마음을.
말을 채처: 말을 채찍질하여.
긋츠려 ᄒᆞᄂᆞ뇨: 끊으려 하십니까.
물곳비롤: 말고삐를.
녜로: 예(禮)로.

정리상소(鄭李上疏)

鄭李上疏
鄭樞淸州人李存吾慶州人恭愍王方寵辛旽樞存吾上疏曰旽專國政有無
君心常騎馬出入宮門與殿下並據胡床雖崔沆林衍亦未若此王怒召樞等
面責時旽與王對床存吾目旽叱之旽惶駭不覺下床王愈怒命李春富李穡
鞠誘者樞曰見上委政非人將危社稷不得默默豈待人誘旽陰使人誘存吾
曰若引慶復興元松壽則可免存吾叱曰身爲諫官第論國賊安有爲人所指
旽必欲殺之穡謂春富曰祖宗以來未嘗殺諫臣若殺之領相之名恐由是而
不美春富白旽得減死謫外存吾以憂成疾疾革使扶起曰旽尙熾乎旽亡吾
乃亡反席未安而卒
詩 並據胡床敢抗衡專林權擅政國將傾倘非二子忠誠激冒死何人伏閤爭
王心蠱惑信姦回可鏗玄陵養禍胎怒目一言眞斧賊旽從此膽先摧

〈五倫忠77a〉 뎡츄는 고려 쳥쥬 사롬이오 니존오는 경쥬 사롬이니 고려 공민왕이 즁놈 신돈을 스랑ᄒᆞ여 졍ᄉᆞ롤 어즈러이니 뎡츄 니존오 두 사롬이 샹소ᄒᆞ여 돈의 죄샹을 니론디 왕이 대노ᄒᆞ여 두 사롬을 블러 ᄭᅮ지줄 시 이 ᄯᅢ에 돈이 왕을 디ᄒᆞ여 샹 우희 안 〈五倫忠77b〉 좃ᄂᆞᆫ디라 존외 눈을 부릅쓰고 돈을 ᄭᅮ지즈니 돈이 황망히 샹에 ᄂᆞ린디 왕이 더옥 노ᄒᆞ여 두 사롬을 잡아 져주어 무릅디 뉘라셔 너롤 ᄀᆞᄅᆞ쳐 샹소ᄒᆞ라 ᄒᆞ더뇨 디ᄒᆞ여 골오디 왕이 몹쁠 놈의게 졍ᄉᆞ롤 맛져 나라히 망ᄒᆞ게 되여시매 줌줌티 못ᄒᆞ여 ᄒᆞ미라 엇디 놈의 ᄀᆞᄅᆞ치믈 바다시리오 ᄒᆞ대 돈이 ᄀᆞ만이 사롬으로 ᄒᆞ여곰 존오롤 다래여 제게 믜온 사롬을 다히라 ᄒᆞ거놀 존외 ᄭᅮ지저 골오디 몸이 간관이 되여 나라 도적을 논힉ᄒᆞ여시니 엇디 놈을 다히리오 ᄒᆞ대 돈이 죽이고져 ᄒᆞ거놀 〈五倫忠78a〉 니식이 위ᄒᆞ여 쥬션ᄒᆞ여 귀향 보내엿더니 존외 병드러 죽을 ᄯᅢ에 붓드녀 니러 안자 골오디 신돈이 그저 사랏ᄂᆞ냐 이 놈이 죽어야 내 죽으리라 ᄒᆞ고 도로 누어 즉시 죽으니라

■ 정리상소(鄭李上疏: 정추와 이존오가 상소하다.)

정추(鄭樞)는 고려 청주 사람이고 이존오(李存吾)는 경주 사람이다. 고려 공민왕(恭愍王)이 중놈 신돈(辛旽)을 사랑하여 정사를 어지럽히니 정추와 이존오 두 사람이 상소하여 신돈의 죄상을 일렀다. 왕이 대로하여 두 사람을 불러 꾸짖었는데 이때 신돈이 왕을 대면하여 상 위에 앉아있었다. 이존오가 눈을 부릅뜨고 신돈을 꾸짖으니 신돈이 황망히 상에서 내려왔다. 왕이 더욱 노하여 두 사람을 잡아 묻기를, "누가 너에게 가르쳐 상소를 하라 하더냐." 대답하여 말하길, "왕이 몹쓸 놈에게 정사를 맡겨 나라가 망하게 되었으니 잠잠하게 있지 못하여 하였습니다. 어찌 남의 가르침을 받았겠습니까." 하니 신돈이 가만히 사람을 시켜 이존오를 달래어 자기가 미워하는 사람을 대라 하자 이존오가 꾸짖으며 말하기를, "몸이 간관이 되어 나라의 도적을 논핵(論劾)하였으니 어찌 남을 대겠는가." 신돈이 죽이고자 하니 이색(李穡)이 주선하여 귀향 보내었다. 이존오가 병이 들어 죽을 때 붙들려 일어나 앉아 말하기를, "신돈이 그저 살았느냐. 이놈이 죽어야 내가 죽을 것이다."하고 도로 누어 즉시 죽었다.

[시]
의자에 마주 앉아 감히 임금을 대하는가
권세를 잡고 정치를 마음대로 하니 장차 나라가 기울어지리라
만일 이 두 사람 충성된 마음 아니었다면
죽음을 무릅쓰고 그 누가 임금께 간하리
임금 마음 그에게 혹하여 간사한 말 믿으니
현릉의 화 만들던 일과 무엇이 다르랴
노한 눈으로 말하는 한 마디는 참으로 무거운 형벌과 같으니
역적 신돈도 이로부터 간담이 찢어졌으리라

뎡츄는: 졍츄(鄭樞)는. '졍추'는 고려 후기의 문신. 본관은 쳥주. 초명은 츄(樞). 자는 공권(公權). 호는 원재(圓齋). 뒷날 자를 이름으로 썼다. 좌사의대부(左司議大夫) 포(誧)의 아들이다. 1353(공민왕2) 문과에 급제하여 예문검열(藝文檢閱)에 등용되고 좌사의대부가 되었다. 1366년 이존오(李存吾) 등과 함께 신돈(辛旽)의 죄를 극언(極言)하다가 왕의 노여움을 사 죽을 위기에 처했으나 이색(李穡)의 도움으로 죽음을 면하고 동래현령(東萊縣令)으로 좌천되었다.

니존오ᄂᆞᆫ: 이존오(李存吾)는. '이존오'는 고려 후기의 문신. 본관은 경주, 자는 순경(順卿), 호는 석탄(石灘)·고산(孤山). 1360년(공민왕9) 문과에 급제하고 수원서기(水原書記)를 거쳐 사관에 발탁되어 정몽주(鄭夢周)·박상충(朴尙衷) 등과 벗하여 학문을 강론하였으며, 우정언이 되어서는 정추(鄭樞)와 함께 신돈(辛旽)의 횡포를 탄핵하다가 왕의 노여움을 샀으나, 이색(李穡) 등의 옹호로 극형을 면하고 장사감무(長沙監務)로 좌천되었다.

공민왕(恭愍王)이: 공민왕이. '공민왕'은 고려 제31대 왕. 재위기간은 1351~1374년. 이름은 전(顓), 초명은 기(祺), 몽골 이름은 빠이앤티무르(伯顔帖木兒), 호는 이재(怡齋)·익당(益堂), 충숙왕(忠肅王)의 둘째 아들이다.

신둔을: 신돈(辛旽)을. '신돈'은 고려 말기의 승려로서 공민왕의 신임을 받아 정치계에 들어와 관작(官爵)을 받았고, 부패한 사회 제도를 개혁하려 했던 승려 출신의 개혁 정치가이다.

좀좀티 못ᄒᆞ여: 잠잠하게 있지 못하여.

다히라 ᄒᆞ거늘: 이름을 대라 하거늘.

논힉ᄒᆞ여시니: 논핵(論劾)하였으니. '논핵'은 잘못이나 죄과를 논하여 꾸짖음.

니식이: 이색(李穡)이. '이색'은 고려 말의 문신·학자. 삼은(三隱)의 한 사람이다. 정방 폐지, 3년상을 제도화하고, 김구용·정몽주 등과 강론, 성리학 발전에 공헌했다. 우왕의 사부였다. 위화도 회군 후 창(昌)을 즉위시켜 이성계를 억제하려 했다. 조선 태조가 한산백에 책봉했으나 사양했다.

몽주운명(夢周殞命)

夢周殞命
鄭夢周迎日人爲高麗門下侍中初崔瑩勸辛禑興師攻遼我 太祖擧義回軍 復立王氏趙浚鄭道傳南誾等知天命人心所在欲推戴 太祖洪武壬申三月 太祖墮馬夢周忌浚道傳誾等同心輔翼令壹諫劾流之遣金龜聯李蟠就貶 所將殺之義安大君和興安君李濟等白 太祖曰死生有命但當順受而已和 濟退謂麾下士趙英珪曰 李氏之有功王室人皆知之今爲人所陷後世誰知 麾下士其無效力者乎英珪曰敢不從命英珪等要於路擊殺夢周 太祖大怒 因病篤至不能言 太宗卽位以專心所事不貳其擦贈諡文忠
詩 麗李衰微泰運升羣賢攀附摠飛騰從容就死烏川子啓我朝鮮節義興 忠義由來不可湮平時砥勵且無人疾風勁草尤難見須職高麗一个臣

<五倫忠79b> 뎡몽쥬는 영일 사름이니 고려 망홀 째 졍승이라 태조 대왕긔 텬명과 인심이 다 도라오니 됴쥰과 뎡도뎐과 남은 등이 태조롤 진심ᄒ여 도으니 뎡몽쥐 크게 근심ᄒ여 디간으로 ᄒ여곰 됴쥰 뎡 <五倫忠80a> 도뎐 남은 등을 논박ᄒ여 귀향 보내게 ᄒ대 의안대군 화와 홍안군 니졔 등이 됴영규ᄃ려 닐러 굴오디 니시 왕실에 큰 공이 잇거늘 이제 위티ᄒ게 되여시니 너희 등이 이 째롤 당ᄒ여 힘을 쓰디 아니ᄒ려 ᄒ느냐 영귀 드듸여 길에 즐럿다가 몽쥬롤 텨 죽이니 태죄 드르시 고 크게 노ᄒ샤 병들기에 니르러 겨시더니 그 후에 태종대왕이 즉위ᄒ샤 몽쥬의 왕시의 딘튱ᄒᆞ믈 아름다이 너기샤 시호롤 주어 문튱공이라 ᄒ시니라

■ 몽주운명(夢周殞命: 정몽주가 운명하다.)

정몽주(鄭夢周)는 영일 사람으로 고려가 망할 때 정승이었다. 태조대왕께 천명과 인심이 다 돌아서서 조준(趙浚)과 정도전(鄭道傳)과 남은(南誾) 등이 태조를 진심으로 도왔다. 정몽주는 크게 근심하여 대간(臺諫)을 시켜 조준과 정도전과 남은 등을 논박(論駁)하여 귀향을 보내게 하였다. 의안대군 화와 홍안군 이제 등이 조영규(趙英珪)에게 말하길, "이씨가 왕실에 큰 공이 있어 이제 위태하게 되었으니 너희 등이 이때를 당하여 힘을 쓰지 않겠는가." 조영규가 드디어 길에 숨었다가 정몽주를 쳐 죽이니 태조가 듣고 크게 노하여 병이 들기에 이르렀다. 그 후에 태종대왕이 즉위하시어 정몽주의 왕씨에 대한 진충함을 아름답게 여겨 시호를 주어 문충공이라 하셨다.

[시]
고려 말년 운수 쇠퇴하고 딴 기세 일어날 제
모든 사람 새 세력에 붙어 모두 우쭐하는데
정몽주 한 사람만 조용히 죽음을 당하니
우리 조선에도 절의 있는 길 열어주었네
충의란 예로부터 없어지지 않는 것이니
보통 때에 힘써 지키는 사람 없네
더구나 모진 바람 불어올 땐 보기 어려운 법이라
고려의 이 한 충신 후일에도 알아주리

뎡몽쥬는: 정몽주(鄭夢周)는. '정몽주'는 고려 말기 문신 겸 학자. 의창을 세워 빈민을 구제하고 유학을 보급하였으며, 성리학에 밝았다. 《주자가례》를 따라 개성에 5부 학당과 지방에 향교를 세워 교육진흥을 꾀했다. 시문에도 뛰어나 시조 〈단심가〉 외에 많은 한시가 전해지며 서화에도 뛰어났다.

됴쥰과: 조준(趙浚)과. '조준'은 고려 말·조선 초의 문신. 고려 말 전제개혁을 단행하여 조선 개국의 경제적인 기반을 닦고, 이성계를 추대하여 개국공신이 되었다. 제1차 왕자의 난 전 후로 이방원의 세자책봉을 주장했으며, 태종을 옹립하였다. 토지제도에 밝은 학자로 《경제육전(經濟六典)》을 편찬하였다.

뎡도뎐과: 정도전(鄭道傳)과. '정도전'은 고려 말에서 조선 초까지 문신 겸 학자. 이성계를 도와 조선을 건국하였으며 나라의 기틀을 다지는 역할을 했다. 하지만 이방원과 정치투쟁에서 살해되었다. 저서에 《삼봉집》, 《경제문감》 등이 있다.

남은(南誾): '남은'은 고려 말·조선 초의 문신. 고려 우왕 때 사복시정(司僕侍正)을 지냈다. 이성계의 위화도회군에 동조하여 후에 이성계 일파로 활약하였다. 조선 개국에 공을 세웠다 하여 개국 1등공신에 책록되었다.

딕간으로 ᄒᆞ여곰: 대간(臺諫)을 시켜. '대간'은 대관과 간관을 아울러 이르던 말.
논박(論駁)ᄒᆞ여: 논박하여. '논박'은 어떤 주장이나 의견에 대하여 그 잘못된 점을 조리 있게 공격하여 말함.
됴영규다려: 조영규(趙英珪)에게. '조영규'는 ?~1395(태조 4). 고려 말 조선 초의 무신. 1392년(공양왕 4) 이방원(李芳遠)과 모의하여 이성계의 문병을 마치고 돌아가는 정몽주를 선죽교(善竹橋)에서 격살하는 데 주동적 역할을 하였다.
딘튱ᄒᆞ믈: 진충(盡忠)함을. '진충'은 충성을 다함.

길재항절(吉再抗節)

吉再抗節
吉再海平人仕高麗洪武已巳棄官歸家至庚辰 太宗在東宮召之再至咎于
定宗授奉常博士再咎 東宮辭職 太宗敎曰子之所言實關綱常但召之者
吾而官之者 殿下也宜辭於 殿下再乃上書曰再擢第辛朝爲門下注書臣
無二主乞放歸田里終養老母以遂臣不事二姓之志明日 定宗御經筵問知
經筵事權近日吉再抗節不仕未審古人何以處之近對曰嚴光不屈光武從
之再若求去不如使之自盡其心之爲愈也乃許歸仍復其家 世宗卽位承
太宗命官其子八年丙午贈左司諫大夫
詩 崧山王氣已成灰眞主龍興泰運開尙戀舊君全一節飄然歸臥子陵壹
亭亭高節凜秋霜直欲追蹤首陽聖代褒崇彰義烈三韓億載樹綱常

<五倫忠81b> 길지는 고려 히평 사롬이니 고려말에 벼슬ᄒᆞ다가 홍무【명 태조대
년호라】 긔ᄉᆞ년에 벼슬을 ᄇᆞ리고 집의 도라 갓더니아 태종대왕이 동궁의 겨실
째에 브ᄅᆞ신대 지 오거늘 대됴에 엿ᄌᆞ와 벼슬ᄒᆞ이시니 지 밧디 아니ᄒᆞ고 글을
올려 ᄀᆞᆯ오ᄃᆡ 신하는 두 님 <五倫忠82a> 군이 업ᄂᆞ니 지ᄅᆞᆯ 노하 보내여 늙은 어미
ᄅᆞᆯ 봉양ᄒᆞ게 ᄒᆞ쇼셔 뎡종대왕이 권근ᄃᆞ려 무러 ᄀᆞᆯᄋᆞ샤ᄃᆡ 길지 졀을 직희여 벼슬
을 아니ᄒᆞ니 엇디 쳐티ᄒᆞ리오 근이 디ᄒᆞ여 ᄀᆞᆯ오ᄃᆡ 한 째 엄ᄌᆞ릉이 벼슬 아니ᄒᆞ거
늘 광무황뎨 그 뜻을 조차 노하 보내시니 이제 길지 가기ᄅᆞᆯ 구ᄒᆞ거든 제 ᄆᆞ음대
로 ᄒᆞ게 ᄒᆞ쇼셔 샹이 허락ᄒᆞ여 도라 보내시고 그 집을 복호ᄒᆞ엿더니 셰종대왕이
태종명을 밧ᄌᆞ와 길지의 아ᄃᆞᆯ을 벼슬ᄒᆞ시고 지는 좌ᄉᆞ간을 튜증ᄒᆞ시다

■ 길재항절(吉再抗節: 길재가 항절하다.)

길재(吉再)는 고려 해평 사람으로 고려 말에 벼슬을 하다가 홍무【명태
조(明太祖) 때의 연호이다】기사(己巳)년에 벼슬을 버리고 집으로 돌아
갔다. 태종대왕(太宗大王)이 동궁(東宮)에 계실 때에 부르시니 길재가 왔
다. 대조(大朝)께 여쭙고 벼슬을 주셨으나 길재가 받지 않고 글을 올려

말하기를, "신하는 두 임금이 없으니 저를 놓아 보내 주시어 늙은 어미를 봉양하게 하십시오." 정종대왕(定宗大王)이 권근(權近)에게 묻기를, "길재가 절개를 지켜 벼슬을 하지 않으니 어찌 처치하겠소." 권근이 대답하길, "한때 엄자릉이 벼슬을 하지 않자 광무황제가 그 뜻을 좇아 보내셨으니 이제 길재가 가기를 원하니 제 마음대로 하게 하십시오." 상이 허락하여 돌려보내시고 그 집을 복호(復戶)하였다. 세종대왕(世宗大王)이 태종의 명을 받들고 길재의 아들에게 벼슬을 주시고 길재는 좌사간(左司諫)으로 추증하셨다.

[시]
고려의 왕기가 이미 재가 되어버리고
새 임금 나타나 큰 운수 틔었네
그러나 옛 임금 사모하여 절개를 온전히 하고자
포연히 돌아가 자릉대에 누우니
정정한 높은 절개 서리보다 더 차가워
그대로 자취 감추고 수양산에 가 굶어 죽으려 하네
성대에 그 의열을 표창하니
억만년을 가도 이 땅의 강상 이로써 유지하리라

길지논: 길재(吉再)는. '길재'는 고려 말, 조선 초의 성리학자. 1387년 성균학정(成均學正)이 되었다가, 1388년에 순유박사(諄諭博士)를 거쳐 성균박사(成均博士)를 지냈다. 조선이 건국된 뒤 1400년(정종 2)에 이방원이 태상박사(太常博士)에 임명하였으나 두 임금을 섬기지 않겠다는 뜻을 말하며 거절하였다.
태종대왕(太宗大王)이: '태종'은 조선 제3대 왕(재위 1400~1418). 아버지 이성계 휘하에서 구세력 제거에 큰 역할을 하였으나 세자책봉에 불만을 품고 정도전 등을 살해하는 왕자의 난을 일으켰다. 즉위 후, 의정부(議政府), 삼군도총제부(三軍都摠制府)를 설치하는 등 관제개혁을 통하여 왕권을 강화하였고 최고의 법사(法司)인 의금부(義禁府)도 설치하였다.
동궁(東宮)의 겨실 재: 동궁에 계실 때. 왕세자로 계실 때.

대됴에 엿ᄌᆞ와: 대조(大朝)께 여쭙고. '대조'는 왕세자가 섭정하고 있을 때의 임금을 이르던 말.

뎡종대왕이: 정종대왕(定宗大王)이. '정종'은 조선 제2대 왕(재위 1398~1400). 제1차 왕자의 난이 수습된 뒤 왕위에 올랐으며, 재임 2년 후 보위를 이방원에게 양위하였고 상왕으로 물러났다.

권근(權近)ᄃᆞ려: 권근에게. '권근'은 고려 말·조선 초의 문신·학자로 호는 양촌이다. 친명정책을 주장하였다. 조선 개국 후, 사병 폐지를 주장하여 왕권확립에 큰 공을 세웠다. 길창부원군에 봉해졌으며, 대사성·세자좌빈객 등을 역임하였다. 문장에 뛰어났고, 경학에 밝아 사서오경의 구결을 정하였다. 저서에는 《입학도설》, 《양촌집》, 《사서오경구결》, 《동현사략》이 있다.

셰종대왕이: 세종대왕(世宗大王)이. '세종'은 조선왕조 제4대 왕(재위 1418~1450). 인재를 고르게 등용하여 이상적 유교정치를 구현하였다. 훈민정음을 창제하고 측우기 등의 과학 기구를 제작하여 백성들의 생활에 실질적으로 도움이 되는 문화 정책을 추진했다.

복호(復戶)ᄒᆞ엿더니: 복호하였더니. '복호'는 조선 시대에, 충신·효자·군인 등 특정한 대상자에게 부역이나 조세를 면제하여 주던 일.

좌ᄉᆞ간을: 좌사간(左司諫)을. '좌사간'은 고려 시대에, 중서문하성에 속한 정육품 낭사 벼슬. 예종 때 좌보궐을 고친 것으로 뒤에 좌보간, 좌헌납 따위로 여러 번 고쳤다.

원계함진(原桂陷陣)

原桂陷陣
金原桂爲泥城萬戶洪武丁丑倭賊寇宣州率兵赴援倭賊戰敗解圍去原桂乘勝逐之突入虜中遂爲賊所害諫官上言原桂素有驍勇之才提孤軍解重圍全城於幾陷追亡逐北突衝陷陳矢盡力窮竟以不振以一身之死易萬民之命其功烈烈死且不朽乞令攸司贈官且於本處立祠敍錄子孫獎慰忠魂教可
詩 倭奴窺伺肆頑兇來寇宣城疾若風鐵甲將軍心膽壯解圍摧敵樹邊功長驅遠嗣救危城臨難何曾愛此生義氣凜然忠貫日聖朝追贈重褒旌
五倫行實圖卷第二

<五倫忠83b> 김원계는 본됴 사룸이니 셔로 변장으로 잇더니 홍무 뎡튝에 왜적이 션쥬를 와 티거늘 원계 군스를 거느려 구원ᄒᆞ니 왜병이 대패ᄒᆞ여 드라나거늘 원계 이긔믈 타 적진 듕의 돌입ᄒᆞ엿다가 도적의게 죽은 배 되니 디간이 샹쇼ᄒᆞ여 글오디 원계 본디 효용ᄒᆞᆫ 지죄 잇더니 외로온 군스를 거느려 위티ᄒᆞᆫ 성을 보젼ᄒᆞ고 적진을 튱돌ᄒᆞ다가 살이 진ᄒᆞ고 힘이 궁ᄒᆞ여 ᄆᆞᄎᆞᆷ내 죽으나 ᄒᆞᆫ 몸으로써 만민의 명을 밧고니 그 공이 렬렬ᄒᆞ여 죽어도 <五倫忠84a> 쟝ᄎᆞᆺ 석디 아닐디라 쳥컨대 관쟉을 튜증ᄒᆞ고 그 곳의 ᄉᆞ당을 셰우고 ᄌᆞ손을 벼슬ᄒᆞ이여 튱혼을 위로ᄒᆞ여 디이다 ᄒᆞᆫ대 샹이 좃ᄎᆞ시니라

■ 원계함진(原桂陷陣: 김원계가 진을 함락시키다.)

김원계(金元桂)는 본조(本朝) 사람으로 이성만호(泥城萬戶)로 있었다. 홍무 정축(丁丑)년에 왜적이 선주를 치니 김원계가 군사를 거느리고 구원하였다. 왜병이 대패하여 달아나니 김원계가 승세를 몰아 전진 중에 돌입하였다가 도적에게 죽임을 당했다. 대간(臺諫)이 상소하여 말하길, "김원계가 본래 효용(驍勇)한 재주가 있더니 외로운 군사를 거느리고 위태한 성을 보전하며 적진에 충돌하다가 화살이 다 떨어지고 힘이 궁하여 마침내 죽었으나 한 몸으로 만민의 명을 받았으니 그 공이 열렬(熱烈)하여 죽어도 장차 썩지 않을 것입니다. 청컨대 관작(官爵)을 추증하고 그 곳에 사당을 세워 자손에게 벼슬을 주시어 충혼(忠魂)을 위로하여 주십시오."
상이 따랐다.

[시]
왜적이 틈을 엿보고 간사스러운 마음을 가져
군사 일으켜 선성을 침입할 제 빠르기가 바람과 같네
원계의 그 용맹 장하기도 해라
적의 포위 뚫어 물리쳐 큰 공 세우니
군사 몰아 저 외로운 성 구제할 제
어려운 때 당해서 어찌 이 목숨 아끼랴
그 의기 뚜렷하고 그 충성 해와 같아
조정에서도 벼슬 내리고 그 집 표창했네

본됴: 본조(本朝). '본조'는 현존하는 왕조.
이긔믈 타: 이김을 타서. 승세를 몰아.
디간이: 대간(臺諫)이. '대간'은 조선 시대에, 대관과 간관을 아울러 이르던 말.
효용(驍勇)훈 지죄: 효용한 재주가. '효용'은 사납고 날쌤.
살이 진(盡)ᄒ고: 화살이 다 떨어지고.
렬렬ᄒ여: 열렬(熱烈)하여. 어떤 것에 대한 애정이나 태도가 매우 맹렬하여.
관쟉을: 관작(官爵)을. '관작'은 관직(官職)과 작위(爵位)를 아울러 이르는 말.

권제삼(卷第三)

열녀(烈女)

백희체화(伯姬逮火)
여종지례(女宗知禮)
식처곡부(殖妻哭夫)
송녀불개(宋女不改)
고행할비(高行割鼻)
절녀대사(節女代死)
목강무자(穆姜撫子)
정의문사(貞義刎死)
예종매탁(禮宗罵卓)
영녀절이(令女截耳)
왕씨감연(王氏感燕)
최씨견사(崔氏見射)
숙영단발(淑英斷髮)
위씨참지(魏氏斬指)
이씨부해(李氏負骸)

조씨액여(趙氏縊輿)
서씨매사(徐氏罵死)
이씨액옥(李氏縊獄)
옹씨동사(雍氏同死)
양씨피살(梁氏被殺)
명수구관(明秀具棺)
동씨피면(童氏皮面)
주씨구욕(朱氏懼辱)
영녀정절(寗女貞節)
미처해도(彌妻偕逃)
최씨분매(崔氏奮罵)
열부입강(烈婦入江)
임씨단족(林氏斷足)
김씨박호(金氏撲虎)
김씨동폄(金氏同窆)

백희체화(伯姬逮火)

> 伯姬逮火
> 伯姬魯宣公之女嫁於宋共公公卒嘗遇夜失火左右曰夫人少避火伯姬曰
> 婦人之義保傳不俱夜不下堂待保傳來也保母至矣傳母未至也左右又曰
> 夫人少避火伯姬曰婦人之義傳母不至夜不可下堂越義而生不如守義而
> 死遂逮於火而死
> 詩 宮中失火正燖煙欲燄連天半夜時左右縱言宜少避夫人豈肯婦儀虧
> 共姬守禮任捐軀婦道堅貞執與儔聖筆特書節義聲明煥赫至今甾

<五倫烈01b> 빅희는 노션공의 똘이오 송공공의 안히라 공공이 <五倫烈02a> 죽으매 일즉 밤에 집이 블 븟트니 좌위 피호믈 권호대 빅희 글오디 부인의 도리는 보뫼 【부인 그르치고 기르는 사롭이라】 업스면 밤의 집에 느리디 아니호느니 보뫼 오기를 기드리라 이윽호여 보뫼 니르니 좌위 쏘 피호믈 권호대 빅희 글오디 부뫼 오디 아니호여시니 가히 집에 느리디 못홀디라 의를 어그릇고 사는 거슨 의를 딕희여 죽느니만 못호다 호고 드듸여 블에 밋쳐 죽으니라

■ 백희체화(伯姬逮火: 백희가 불에 타 죽다.)

백희는 노선공의 딸이고 송공공의 아내이다. 공공이 죽으매 밤에 집에 불이 붙으니 좌우로 피함을 권하니 백희가 말하기를 "보모와 부모가 없으면 밤에 집을 나가지 아니하니 보모와 부모가 오기를 기다릴 것이다." 이윽고 보모가 이르니 좌우로 또 피함을 권하대 백희가 말하기를 "부모가 오지 아니하였으니 가히 집을 나가지 못할 것이다. 의를 어기고 사는 것은 의를 지키고 죽는 것만 못하다." 하고 불에 타 죽었다.

백희: 송백희(宋佰姬). 송나라 공공(恭公)의 부인 백희(伯姬). 백희는 노나라 선공(宣公)의 딸. 유향의 『열녀전』「정순·송공백희(宋恭伯姬)」에 나온다.
좌위: 좌우(左右)로.
보뷔 : 보부가. '보부'는 '보모'와 '부모'를 일컫는 말이다.

여종지체(女宗知禮)

女宗知禮
女宗鮑蘇之妻蘇仕衛三年而娶外妻女宗養姑愈敬因往來者請問其夫賂遺外妻甚厚女宗姒謂曰可以去矣女宗曰何故姒曰夫人旣有所好子何留乎女宗曰婦人一醮不改夫死不嫁執麻枲治絲繭織絍組紃以供衣服澈沙漠酒醴羞饋食以事舅姑以專一爲貞以善從爲順豈以專夫室之愛爲善哉且婦人有七見去夫無一去義七去之道妬正爲首淫僻竊盜長舌驕侮無子惡病皆在其後吾姒不敎以居室之禮而反欲使吾爲見棄之行將安所用事姑愈謹宋公聞之表其閭號曰女宗
詩 君子當年娶外妻恩情雖隔豈含悽悚養姑不懈誠彌切千古芳名孰與齊
閨門嫉妬是常情賂遺還能出至誠稱號女宗非溢美開陳婦甚分明

<五倫烈03b> 녀종은 송나라 포소의 안히라 지아비 위나라에 가 삼년을 벼슬ᄒᆞ여 다른 쳐를 취ᄒᆞ니 녀종이 싀어미 봉양ᄒᆞ믈 더옥 공경ᄒᆞ고 그 지아비게 문안ᄒᆞᆯ 제 다른 안히의게 지믈을 후히 보내니 동셰 닐오디 지아비 이믜 다ᄅᆞ 니를 ᄉᆞ랑ᄒᆞ거놀 그디 엇디 머므러 잇ᄂᆞ뇨 녀종이 ᄀᆞᆯ오디 겨집이 ᄒᆞᆫ 번 혼인ᄒᆞ매 <五倫烈04a> 지아비 죽어도 졀을 곳치디 아니ᄒᆞ고 질삼ᄒᆞ며 음식을 ᄀᆞ초와 싀부모를 셤기ᄂᆞ니 엇디 지아비 ᄉᆞ랑이 젼일티 못ᄒᆞ므로 ᄆᆞᄋᆞᆯ 곳치리오 칠거【안히 내칠 죄 닐곱이라】지악에 새옴이 읏듬이라 날로 ᄒᆞ여곰 읏듬 죄를 범ᄒᆞ라 ᄒᆞᄂᆞᆫ다 ᄒᆞ고 싀어미 셤기기를 더옥 삼가ᄒᆞ니 송나라 님군이 듯고 그 집을 졍문ᄒᆞ고 일홈 ᄒᆞ여 ᄀᆞᆯ오디 녀종이라 ᄒᆞ니라

■ 여종지체(女宗知禮: 여종이 예절을 알다.)

여종은 송나라 포소의 아내이다. 지아비가 위나라에 가서 벼슬을 하여 다른 처를 얻어 살았는데 여종이 시어미 봉양을 더욱 공경하고 그 지아비께 문안할 때 다른 아내에게 재물을 후히 보내니 동서가 말하기를 "지아비가 이미 다른 이를 사랑하는데 (여종은) 어찌 여기에 머물러 있습니까?"

여종이 말하기를 "계집이 한 번 혼인하매 지아비가 죽어도 개가하지 않고 질삼하며 음식을 갖추어 시부모를 섬기는데 어찌 지아비 사랑이 예전만 못하다고 마음을 고치겠습니까? 칠거지악 중에서 샘이 제일 큰 죄입니다. 나로 하여금 제일 큰 죄를 범하라 하십니까?" 하고 시어미 섬기기를 더욱 정중하게 하니 송나라 임금이 듣고 그 집을 정문하고 이름하여 가로되 여종이라 하였다.

질삼ᄒ며: 길쌈하며.
ᄀ초와: 갖추어.
새옴: '샘'의 옛말이다. 현대에도 방언형으로 남아 있다.
읏듬이라 : 으뜸이라.
날로 ᄒ여곰: 나로 하여금.
삼가ᄒ니: 겸손하고 조심스러운 마음으로 정중하게 하니.
졍문하고: 정문(旌門)하고. '정문'은 '충신, 효자, 열녀 들을 표창하기 위하여 그 집 앞에 세우던 붉은 문'을 말한다.

식처곡부(殖妻哭夫)

殖妻哭夫
齊莊公襲莒杞梁殖戰而死莊公歸遇其妻使使者弔之於路杞梁妻曰今殖有罪君何辱命焉若令殖免於罪則賤妾有先人之敝廬在下妾不得與郊弔於是莊公乃弔諸其室而去杞梁之妻無子內外皆無五屬之親旣無所歸乃枕其夫之屍於城下而哭內誠動人道路過者莫不爲之揮涕十日而城爲之崩旣葬曰吾何歸矣夫婦人必有所依者父在則依父夫在則依夫子在則依子今吾上則無父中則無夫下則無子內無所依以見吾誠外無所依以見吾節吾豈能更二哉亦死而已遂赴淄水而死
詩 良人不返最堪哀郊弔焉能偶受廻城下枕屍終善哭國人揮涕豈徒哉依歸何所見吾誠更二無心愛此生遂赴淄流輕一死至今嗚咽帶愁聲

<五倫烈05b> 졔나라 장공이게 짜흘 틸 시 긔량식이 빠화 죽으니 장공이 도라오다가 길히셔 식의 쳐를 만나 스쟈로 ᄒᆞ여곰 됴상ᄒᆞ니 식의 쳬 글오ᄃᆡ 내 지아비 죄에 죽디 아니ᄒᆞ여실딘대 내 집이 이시니 엇디 들에셔 됴상을 바드리오 장공이 이에 그 집의 가 됴상ᄒᆞ고 가니라 식의 쳬 ᄌᆞ식과 친쳑이 업손디라 <五倫烈06a> 그 지아비 죽엄을 셩 아래 누이고 슬피 우니 디나는 사ᄅᆞᆷ이 다 눈믈을 쓰리고 열흘을 우니 셩이 절로 문허디더라 이미 영장ᄒᆞ매 굴오ᄃᆡ 겨집이 바드시 의지홀 곳이 잇ᄂᆞ니 내 우흐로 부뫼 업고 가온대로 지아비 업고 아래로 ᄌᆞ식이 업ᄂᆞᆫ디라 내 졍셩과 졀의ᄅᆞᆯ 뵐 ᄃᆡ 업스니 ᄯᅩᄒᆞᆫ 죽을 ᄯᆞᄅᆞᆷ이라 ᄒᆞ고 츄슈【믈 일홈이라】의 빠져 죽으니라

■ 식처곡부(殖妻哭夫: 기량식의 아내가 남편을 안고 울다.)

제나가 장공이 거 땅을 칠 때 기량식이 전쟁터에서 죽었다. 장공이 돌아오다가 길에서 기량식의 처를 만나 사자로 하여금 조문하니 식의 처가 말하기를 "내 지아비가 죄로 인해 죽지 아니하였으매 내 집이 있는데 어찌 들에서 조문을 받겠습니까?" 장공이 이에 그 집에 가 조문하고 가였다.

식의 처는 자식과 친척이 없었더라. 그 지아비의 주검을 성 아래에 눕히고 슬피 우니 지나가는 사람이 다 눈물을 흘리고 열흘을 우니 성이 저절로 무너졌다. 안장하고 말하기를 "계집이 반드시 의지할 곳이 있어야 하는데 내 위로는 부모가 없고 가운데로는 지아비가 없고 아래로는 자식이 없으니 내 정성과 절의를 세울 곳이 없으니 또한 죽을 따름이라" 하고 치수(물 이름)에 빠져 죽었다.

싸홀 틸 시: 땅을 칠 때. 전쟁에서 영토를 공격하는 것을 말한다.
긔량식: 제나라의 용맹한 장수. 전쟁터에서 전사했다.
빠화: 싸우다가.
장공: 제나라 임금이다.
길히셔: 길ㅎ+에서. 길에서.
식의 쳐룰: 기량식의 처를.
됴상ㅎ니: 조상(弔喪)하니. 조문하니.
디나는: 지나가는.
절로 문허디더라: 저절로 무너지니라.
영장ㅎ매: 영장(永葬)하매. 안장하매.

송녀불개(宋女不改)

宋女不改
蔡人妻宋人之女也旣嫁而夫有惡疾其母將改嫁之女曰夫之不幸乃妾之不幸也奈何去之適人之道一與之醮終身不改不幸遇惡疾彼無大故又不遣妾何以得去終不聽
詩 束楚綢繆夜向三星璨璨彼蒼臨良人不幸令罹疾天只如何欲奪心 翻雲覆雨是人情況乃慈親計已成一醮獨能終不改靑編萬古有高名

<五倫烈07a> 채나라 사룸의 안히는 송나라 사룸의 ᄯᆞᆯ이니 지아비 악질이 잇거눌 그 어미 기가ᄒᆞ이려 ᄒᆞ대 송녀 <五倫烈07b> 굴오디 지아비 블힝ᄒᆞᆷ믄 나의 블힝ᄒᆞ미라 겨집이 ᄒᆞᆫ 번 셔방 마ᄌᆞ매 몸이 몿도록 곳치디 아니ᄒᆞᄂᆞ니 블힝ᄒᆞ여 사오나온 병을 어더신들 뎨 큰 연괴 업고 날을 ᄇᆞ리디 아니ᄒᆞ거눌 내 엇디 ᄇᆞ리리오 ᄒᆞ고 ᄆᆞᄎᆞᆷ내 듯디 아니ᄒᆞ니라

■ 송녀불개(宋女不改: 송나라 여인이 마음을 고치지 않다.)

채나라 사람의 아내는 송나라 사람의 딸인데 지아비가 나쁜 병이 있었는데 어머니가 개가를 권하자 그녀가 말하기를 "지아비의 불행함은 나의 불행함입니다. 계집이 한 번 서방을 맞으며 몸이 맞도록 고치지 아니하나니 불행하여 나쁜 병을 얻었다고 한들 큰 연괴 없고 (지아비가) 나를 버리지 아니하였거늘 내가 어찌 (지아비를) 버리겠습니까?" 하고 끝내 어머니의 말을 듣지 아니하였다.

채나라 : 채(蔡). 중국 주나라 때에, 무왕의 아우 숙도(叔度)를 봉하여 준 나라. 수도는 지금의 허난 성(河南省) 상차이 현(上蔡縣)의 남쪽 지방이며, 기원전 445년에 초나라에 망하였다.
악질(惡疾): 고치기 힘든 병.

고행할비(高行割鼻)

高行割鼻
高行梁之賢婦早寡不嫁梁貴人爭欲娶之不能得梁王聞之使相聘焉高行曰妾聞婦人之義一往而不改以全貞信之節忘死而驅生是不信也慕貴而忘賤是不貞也棄義而從利無以爲人乃援鏡持刀以割其鼻曰妾已刑矣所以不死者不忍幼弱之重孤也王之求妾者以其色也今刑餘之人殆可釋矣於是相以報王大其義高其行乃復其身尊其號曰高行
詩　貴人求娶謾紛爭千乘侯王聘未行自道婦人貞信耳豈忘死却趨生　持刀割鼻作刑餘幼穉重孤可忍諸相以報來終自釋梁王錫號亦猗歟

<五倫烈09a> 고힝은 냥나라 어딘 부인이니 일즉 홀로 되여 슈졀ᄒ고 잇더니 냥나라 귀인들이 ᄃ토와 취코져 ᄒ되 엇디 못ᄒ더니 님군이 그 고으믈 듯고 졍승으로 ᄒ여곰 빙폐ᄒ대 고힝이 ᄀᆯ오되 겨집의 도리는 ᄒᆞᆫ 번 셔방 마즈매 곳치미 업ᄂ니 의를 ᄇᆞ리고 부귀를 ᄯᆞᆯ오믄 더욱 사ᄅᆞᆷ의 홀 배 아니라 ᄒ고 칼로 그 코를 버혀 ᄀᆞᆯ오되 님군이 날을 구ᄒᆞ믄 그 식을 취ᄒ미라 이제 형벌 ᄒᆞᆫ 사ᄅᆞᆷ이 되여시니 므어시 <五倫烈09b> ᄡᆞ리오 내 죽디 아니ᄒᆞ믄 어린 ᄌᆞ식을 위ᄒ미라 ᄒ니 냥왕이 듯고 그 의를 크게 넉이며 그 힝실을 놉히 너겨 복호ᄒ고 일홈ᄒ여 ᄀᆞᆯ오되 고힝이라 ᄒ다=

■ 고행할비(高行割鼻: 고행이 코를 베다.)

고행은 양나라의 어진 부인인데 일찍 혼자 되어 수절하고 있었더니 양나라 귀인이 다투어 청혼하고자 하였는데 얻지 못하였더니 임금이 그 고움을 듣고 정승으로 하여금 빙폐하였다. 고행이 말하기를 "계집의 도리는 한 번 서방을 맞이하면 개가함이 없으니 의를 버리고 부귀를 따름은 더욱 사람의 도리가 아닙니다." 하고 칼로 그 코를 베어 말하기를 "임금이 나를 요구하는 것은 그 미색을 취하는 것이므로 이미 그 형벌을 받은 사람이 되었으므로 무엇에 쓰겠습니까? 내가 죽지 아니하는 것은 어린 자식을 위하는 것입니다." 하니 양왕이 듣고 그 의를 크게 여기어 그 행실을 높이 여겨 복호하고 이름하여 가로되 고행이라 하였다.

고힝: 고행(高行). 높은 행실.
귀인(貴人): 사회적 지위가 높고 귀한 사람.
ᄃ토와: 다투어. 'ᄃ토다'는 '다투다'의 옛말이다.
엇디: 얻지.
빙폐ᄒ대: 빙폐(聘幣) 하였는데. '빙폐'는 '공경하는 뜻으로 보내는 예물'을 뜻한다.
싁: 미색.
형벌 훈 사룸: 형벌을 받아 불구자가 되었다는 뜻이다.
복호(復戶)ᄒ고: 복호하고. '복호'는 '조선 시대에, 충신·효자·군인 등 특정한 대상자에게 부역이나 조세를 면제하여 주는 일'을 말한다.

절녀대사(節女代死)

節女代死
京師節女長安人其夫有仇人欲報其夫而無道聞其妻之仁孝又義乃劫其妻之父不孝聽則殺夫不義不孝不義雖生不可以行於世欲以身當之乃且許諾曰朝日在樓上新沐東首臥則是矣妾請開戶待之還家乃告其夫使臥他所自沐居樓上東首開戶而臥夜半仇家果至斷頭持去明而視之乃其妻之頭也仇人痛之以爲有義遂釋不殺其夫
詩 吾聞節女代夫牀能使仇家不敢傷計較兩端輕與重平生孝義一身當中宵新沐獨含情白刃加身庶民自明縱釋良人置生地留芳靑史樹風聲

<五倫烈11a> 졀녀는 한나라 댱안 사룸이니 그 지아비 원슈읫 사룸이 이셔 지아비룰 죽이고져 ᄒᆞ디 길히 업서ᄒᆞ더니 졀녀의 효성 이시믈 듯고 졀녀의 아비룰 협박ᄒᆞ야 그 ᄯᆞᆯ드려 닐러 그 지아비룰 죽이게 ᄒᆞ라 ᄒᆞᆫ대 그 아비 ᄯᆞᆯ드려 니르니 졀녜 아니 듯고져 ᄒᆞ즉 도적이 아비룰 죽일 거시오 드른 즉 지아비룰 죽일디라 이에 몸으로ᄡᅥ 당ᄒᆞ려 ᄒᆞ야 거즛 허락ᄒᆞ여 ᄀᆞᆯ오ᄃᆡ 너일 아츰의 다락 우희 새로 마리
<五倫烈11b> 감고 동으로 누엇는 사룸이 내 지아비니 와셔 죽이라 내 문을 열고 기드리리라 ᄒᆞ고 도라와 지아비룰 권ᄒᆞ야 다른 ᄃᆡ 누이고 스스로 지아비 누엇던 ᄃᆡ 누어시니 밤이 깁흐매 원슈 사룸이 와 마리룰 버혀 갓다가 보니 졀녀의 마리라 원슈 사룸이 감동ᄒᆞ여 그 지아비룰 죽이디 아니ᄒᆞ니라

■ 절녀대사(節女代死: 절녀가 대신 죽다.)

절녀는 한나라 장안 사람인데 그 지아비에게는 원수가 있었다. (원수가) 지아비를 죽이고자 하는데 죽일 방법이 없어 절녀의 효성 있음을 듣고 절녀의 아버지를 협박하여 그 딸에게 일러 그 지아비를 죽이게 하라 하였다. 그 아버지가 딸에게 이르니 절녀가 아니 듣고자 한즉 도적이 아비를 죽일 것이오 들은즉 지아비를 죽일지라. 이에 몸으로 당하려 하여 거짓으로 허락하여 말하기를 "내일 아침에 다락 위에 머리를 감고 동으로 누워

있는 사람이 내 지아비니 와서 죽이라. 내가 문을 열고 기다리리라." 하고 돌아와 지아비에게 권하여 다른 데 눕게 하고 스스로 지아비가 누웠던 데 누웠으니 밤이 깊으매 원수가 와서 머리를 베어 가 보니 절녀의 머리였다. 원수가 감동하여 그 지아비를 죽이지 아니하였다.

길히 업서ᄒ더니: (원수를 갚을)방법이 없어 하더니.
협박ᄒ야: 협박하여.
거츳: 거짓.
우희: 위에.
마리: 머리.

목강무자(穆姜撫子)

穆姜撫子
陳文矩妻字穆姜有二男而前妻四子文矩爲安衆令喪於官四子以母非所生憎毀日積而穆姜撫字益隆衣食資供皆兼倍所生前妻子興遇疾困篤母親調藥膳恩情篤密興疾瘳呼三弟謂曰繼母慈仁吾兄弟不職恩養雖母道益隆我曹過惡深矣遂將三弟詣南鄭獄陳母德壯已過乞就刑辟縣言之於郡表異其母蠲除家徭遣散四子許以脩革自後訓導愈明亞爲良士

詩 移天已喪在惸惸撫育諸孤倍所生訓導愈明隆母道終敎誨悟有賢明義子頑愚視若讎那知慈母似雎鳩終然悔過爭歸獄始信人心本不渝

<五倫烈13a> 한적 진문구의 후처의 ᄌᆞ는 목강이니 아들 둘흘 나코 전처의게 아들 네히 잇더니 문귀 안듕 ᄯᅡ 원이 되엿다가 임소에서 죽으니 전처의 네 아들이 목강을 제 어미 아니라 ᄒᆞ야 훼방ᄒᆞ며 미워ᄒᆞ기 날로 심호되 목강이 ᄉᆞ랑ᄒᆞ기ᄅᆞᆯ 더옥 극진이 ᄒᆞ여 나흔 ᄌᆞ식에서 더ᄒᆞ더라 전처의 맛아ᄃᆞᆯ 흥이 병 드럿거늘 목강이 친히 약과 음식을 보ᄉᆞᆯ펴 은졍이 더옥 깁흐니 흥이 병이 나아 세 아ᄋᆞ ᄃᆞ려 닐러 <五倫烈13b> 굴오듸 계뫼 우리ᄅᆞᆯ 깁히 ᄉᆞ랑ᄒᆞ시거늘 우리 은혜ᄅᆞᆯ 모로고 셤기믈 무상이 ᄒᆞ여시니 죄악이 만토다 ᄒᆞ고 세 아ᄋᆞᄅᆞᆯ ᄃᆞ리고 고을 옥으로 나아가 계모의 어딘 덕을 고ᄒᆞ고 스스로 형벌 닙기ᄅᆞᆯ 쳥ᄒᆞ니 원이 긔특이 너겨 그 어미ᄅᆞᆯ 표쟝ᄒᆞ고 그 집을 복호ᄒᆞ엿더니 그 후에 목강이 여러 아ᄃᆞᆯ을 ᄀᆞᄅᆞ쳐 다 어딘 션비 되니라

■ 목강무자(穆姜撫子: 목강이 아들들을 사랑하다.)

진나라 정문구 후처의 자는 목강이니 아들 둘을 낳고 전처에게 아들 넷이 있었다. 문구가 안중 땅 원이 되었다가 임소에서 죽으니 전처의 네 아들이 목강을 제 어미가 아니라고 하여 훼방하며 미워하기가 날로 심하였으나 목강이 사랑하기를 더욱 극진히 하여 낳은 자식보다 더하였다. 전처의 맏아들 흥이 병 들었는데 목강이 친히 약과 음식을 보살펴 은정이 더욱 깊으니 홍이 병이 나아 세 아우에게 일러 말하기를 "계모가 우리를 깊이 사랑하시거늘 우리가 은혜를 모르고 함부로 하였으니 죄악이 많구나." 하고 세 아우를 데리고 고을 옥으로 가서 계모의 어진 덕을 고하고 스스로 형벌 입기를 청하니 원이 기특하게 여겨 그 어미를 표창하고 그 집을 복호하였더니 그 후에 목강이 여러 아들을 가르쳐 다 어진 선비가 되었다.

진문구: 진나라 정문구.
나코: 낳고.
네히: 넷이. 네 명이.
임쇼(任所)에서: '임소'는 '지방 관원이 근무하는 곳'을 말한다.
믜워ᄒ기: 미워하기가.
나흔 ᄌ식에셔: 낳은 자식보다.
못아둘: 맏아들.
은졍: 은정(恩情). 은혜로 사랑하는 마음.
무상이 ᄒ여시니: 무상(亡狀)히 하였으니. 아무렇게나 함부로 버릇없이 하였으니.
표쟝ᄒ고: 표장(表章)하고. 표창하고.

정의문사(貞義刎死)

貞義刎死
樂羊子妻不知何氏女羊子嘗行路得遺金一餅還以與妻妻曰妾聞志士不飮盜泉之水廉者不受嗟來之食況拾遺求利以汙其行乎羊子大慙乃捐金於野而遠尋師學七年不返妻常躬勤養姑又遠饋羊子嘗有他舍雞謬入園中姑盜殺而食之妻對雞不餐而泣姑怪問其故妻曰自傷居貧使食有他肉姑竟棄之後盜有欲犯妻者乃先劫其姑妻聞操刀而出盜曰釋汝刀從我可全不從我則殺汝姑妻仰天而歎擧刀刎頸而死盜亦不殺其姑太守聞之捕殺其姑太守聞之捕殺盜而賜妻縑帛以禮葬之號曰貞節
詩 路拾黃金恥顧人竊烹隣畜泣家貧姑能遷善郎勤學幾諫從容婦德新
有盜來侵首劫姑謂言從已可全軀擧刀刎頸摧肝膽義烈貞姿照畫圖

<五倫烈15a> 한적 악양지 길희셔 드른 금 ᄒᆞᆫ 덩이ᄅᆞᆯ 어더 도라와 그 쳐ᄅᆞᆯ 준대 쳬 ᄀᆞᆯ오ᄃᆡ 쳡은 드르니 ᄯᅳᆺ 잇ᄂᆞᆫ 션븨ᄂᆞᆫ 도쳔 【도적 도ᄌᆞ로 일홈 지은 믈이라】 윗믈을 먹디 아니ᄒᆞ고 쳥념ᄒᆞᆫ 사ᄅᆞᆷ은 차리 【혀 ᄎᆞ며 오라ᄒᆞᄂᆞᆫ 말이라】 ᄒᆞᄂᆞᆫ 음식을 먹디 아니ᄒᆞᆫ다 ᄒᆞ니 엇디 길희 드른 거슬 주어 그 힝실을 더러이리오 ᄒᆞ니 양지 크게 붓그려 금을 내여 ᄇᆞ리고 <五倫烈15b> 스승을 조차 글 비화 칠년을 도라오디 아니ᄒᆞ니 쳬 싀어미ᄅᆞᆯ 지셩으로 봉양ᄒᆞ며 ᄯᅩ 머리 지아비ᄅᆞᆯ 공궤ᄒᆞ더니 싀어미 니웃 집 닭을 자바 쟝ᄎᆞᆺ 먹으려 ᄒᆞᆯ ᄉᆡ 양ᄌᆞ의 쳬 닭을 보고 우러 ᄀᆞᆯ오ᄃᆡ 집이 가난ᄒᆞ여 밥상에 ᄂᆞᆷ의 집 고기 이시니 이ᄂᆞᆫ 나의 불효ᄒᆞ미로다 ᄒᆞᆫ대 싀어미 붓그려 그 고기ᄅᆞᆯ ᄇᆞ리니라 후의 도적이 그 쳐ᄅᆞᆯ 범ᄒᆞ고져 ᄒᆞ여 몬져 그 싀어미ᄅᆞᆯ 겁박ᄒᆞ니 쳬 칼을 들고 나오거ᄂᆞᆯ 도적이 ᄀᆞᆯ오ᄃᆡ 네 날을 좃디 아니면 네 싀어미ᄅᆞᆯ 죽이리라 쳬 하ᄂᆞᆯ을 우러러 기리 탄식ᄒᆞ고 칼을 <五倫烈16a> 드러 멱 딜러 죽으니 도적이 ᄯᅩᄒᆞᆫ 싀어미ᄅᆞᆯ 노코 갓더니 고을 원이 도적을 자바 죽이고 녜로ᄡᅥ 영장ᄒᆞ고 일홈ᄒᆞ여 ᄀᆞᆯ오ᄃᆡ 뎡의라 ᄒᆞ니라

■ 정의문사(貞義刎死: 정의가 목을 찔러 죽다.)

한나라 악양자는 길에서 흘린 금 한 덩이를 주워 돌아와 그 아내에게 주니 처가 말하기를 "제가 들으니 뜻 있는 선비는 도천 물을 마시지 아니하고 청렴한 사람은 무례하게 가져다주는 음식을 먹지 아니한다고 하는데 어찌 길에서 흘린 것을 주워 그 행실을 더럽히겠습니까?" 하니 양자가 부끄러워 금을 내 버렸다. 그리고 스승을 찾아 글을 배워 칠년을 돌아오지 아니하니 아내가 시어머니를 지성으로 봉양하며 멀리 있는 남편이게 옷과 음식을 보내 주었다. 시어머니가 이웃 집 닭을 잡아 먹으려고 할 때 양자의 아내가 닭을 보고 울어 말하기를 "집이 가난하여 밥상에 남의 집 고기가 있으니 이것은 나의 불효함이로구나." 하니 시어머니가 부끄러워 그 고기를 버렸다. 후에 도적이 그 아내를 범하려 하여 먼저 그 시어머니를 겁박하니 아내가 칼을 들고 나오거늘 도적이 말하기를 "네가 나를 따르지 아니하면 네 시어미를 죽이리라." 처가 하늘을 우러러 깊이 탄식하고 칼을 들어 목을 찔러 죽으니 도적이 그 시어머니를 놓고 갔다. 고을 원이 도적을 잡아 죽이고 예를 갖추어 영결하고 이름하여 정의라 하였다.

붓그려: 부끄러워. 부끄럽다〈붓그럽다〈내훈(1475)
먼리: 멀리.
공궤(供饋)ᄒ더니: 공궤하더니. 음식을 주더니.
몬져: 먼저.
멱: 목의 앞쪽.
딜러: 찔러.

예종매탁(禮宗罵卓)

禮宗罵卓
禮宗皇甫規妻不知何氏女規卒妻年猶盛而容色美董卓爲相國承其名聘
以軿輜百乘馬二十匹奴婢錢帛充路妻乃輕服詣卓門跪自陳請辭甚酸愴
卓使侍者拔刀圍之而謂曰孤之威敎欲令四海風靡何有不行於一婦人乎
妻知不免乃立罵卓曰君羌胡之種毒害天下猶未足耶妾之先人淸德奕世
皇甫氏交武上才爲漢忠臣君親非其趣使走吏乎敢欲行非禮於爾君夫人
耶卓乃引車庭中以其頭懸軛鞭撲交下妻謂持杖者曰何不重乎速盡爲惠
遂死車下後人圖畫號曰禮宗

<五倫烈17b> 녜종은 한적 황보규의 쳬니 귀 죽으매 녜종이 오히려 졈고 얼골이 아롬다오니 반적 동탁이 그 고으믈 듯고 슐위 빅승과 몰 이십필과 노비와 지믈을 주고 다리거늘 녜종이 탁의 집의 가 슬피 비니 탁이 모든 군ᄉ로 ᄒ여곰 에워ᄡᅡ 고 칼로 저혀 골오ᄃᆡ 내 위엄이 텬하에 힝ᄒᆞᄂᆞ니 엇디 ᄒᆞᆫ 겨집을 <五倫烈18a> 이긔디 못ᄒᆞ리오 녜종이 욕을 면티 못홀 줄 알고 셔셔 탁을 ᄭᅮ지저 골오ᄃᆡ 너는 오랑캐 ᄢᅵ라 텬하ᄅᆞᆯ 독해ᄒᆞ고 오히려 족디 못ᄒᆞ여 날을 핍박ᄒᆞ고 져ᄒᆞᄂᆞ냐 탁이 재노ᄒᆞ여 녜종의 마리ᄅᆞᆯ 슐위채에 달고 매로 어즈러이 티니 종이 골오ᄃᆡ 미이 텨 수이 죽게ᄒᆞ라 ᄒᆞ고 슐위 아래셔 죽으니 후사롬이 그 얼골을 그리고 일홈ᄒᆞ여 골오ᄃᆡ 녜종이라 ᄒᆞ니라

■ 예종매탁(禮宗罵卓: 예종이 동탁을 꾸짖다.)

예종은 황보규의 처인데 보규가 죽으매 예종이 젊고 얼굴이 아름다우니 반적 동탁이 그 고움을 듣고 수레 100승과 말 20필과 노비와 재물을 주고 달래거늘 예종이 탁의 집에 가 애통하게 비니 탁이 모든 군사로 하여금 에워싸고 칼로 위협하여 말하기를 "내 위엄이 천하에 행하는데 어찌 한 계집을 이기지 못하겠느냐." 예종이 욕을 면치 못할 줄 알고 서서 탁을 꾸짖어 말하기를 "너는 오랑캐의 종자이다. 천하를 해독하고 오히려 부족하여 나를 핍박하고 위협하느냐." 탁이 재노하여 예종의 머리를 수레채에 달고 매로 어지럽게 치니 종이 말하기를 "매에 쳐 쉽게 죽게 하라." 하고 수레 아래에서 죽으니 후대인이 그 얼굴을 그리고 이름하여 예종이라 하니라.

귀: 황보규가.
졈고: 젊고.
얼골이: 얼굴이.
반젹(叛賊): 나라를 배반한 역적.
동탁: 132~192. 자(字)는 중영(仲穎)이며 농서군(隴西郡) 임조현(臨洮縣, 지금의 甘肅省 岷縣) 출신이다. 소제(少帝)를 강제로 폐위시키고 헌제(獻帝)를 옹립한 뒤에 공포정치를 행해 후한(後漢)의 멸망을 가속화하였다.
술위 빅승: 수레 100승.
슬피 비니: 슬피 비니. 애통하게 비니.
저혀: 위협하여. '저히다'는 '두렵게 하다. 위협하다'의 옛말이다.
쑤지저: 꾸짖어. 꾸지람하여.
오랑캐 삐라: 오랑캐 종자라.
독해ᄒ고: 해독을 끼치고.
죡디 못ᄒ여: 부족하여.
술위채: 수레채. '끌채(수레의 양쪽에 대는 긴 채)'의 방언.
수이: 쉽게.
후사롬: 훗사람. 후대 사람.

영녀절이(令女截耳)

令女截耳
曹爽從弟文叔妻夏侯文寧之女名令女交文叔蚤死服闋自以年少無子恐家必嫁已乃斷髮爲信後家果欲嫁之令女復以刀截兩耳居止常依爽及爽被誅曹氏盡死文寧憐其少執義又曹氏無遺類冀其意阻止乃微使人風之令女泣曰吾亦惟之許之是也家以爲信防之少懈令女竊入寢室以刀斷鼻蒙被而臥母呼不應發被視之血流滿床席擧家驚惶往視之莫不酸鼻或謂曰人生世間如輕塵棲弱草耳何辛苦乃爾且夫家夷滅已盡欲誰爲哉令女曰聞仁者不以盛衰改節義者不以存亡易心曹氏盛時尙欲保終況今衰亡何忍棄之禽獸之行吾何爲乎
詩 斷髮無他露至誠爺孃何欲奪其情伺間劓刵仍蒙被血滿床頭孰不驚夫家夷滅復依誰此是常情所忽時令女不將衰與盛始終如一行無虧

<五倫21a> 위나라 조상의 스촌 아ᄋᆞ 문슉의 쳐는 하후문녕의 ᄯᆞᆯ이니 일홈은 녕녜라 문슉이 일즉 죽으니 녕녜 스스로 싱각ᄒᆞ되 나히 졈고 ᄌᆞ식이 업스니 본 집에셔 기가ᄒᆞᆯ가 두려ᄒᆞ야 마리털을 버혀 ᄠᅳᆺ을 표ᄒᆞ엿더니 후에 어버이 과연 다시 셔방 맛치고져 <五倫烈21b> ᄒᆞ거ᄂᆞᆯ 녕녜 두 귀ᄅᆞᆯ 버히고 조상의게 의지ᄒᆞ엿더니 상의 집이 멸ᄒᆞ매 어버이 녕녀ᄅᆞᆯ 블샹이 너겨 싀집이 망ᄒᆞ여시니 그 ᄠᅳᆺ이 혹 다ᄅᆞᆯ가 ᄒᆞ여 넌즈시 사ᄅᆞᆷ으로 ᄒᆞ여곰 녕녀ᄅᆞᆯ 다래니 녕녜 거즛 허락ᄒᆞ고 ᄀᆞ만이 자는 방에 드러가 칼로 코ᄅᆞᆯ 버히고 니블을 무릅ᄡᅳ고 누어셔 어미 브ᄅᆞ되 디답디 아니ᄒᆞ거ᄂᆞᆯ 블을 들고 보니 피 흘러 자리에 ᄀᆞ득ᄒᆞ엿ᄂᆞᆫ디라 온 집이 경황ᄒᆞ여 가보고 코히 싀여 아니리 업스니 혹이 닐오되 사ᄅᆞᆷ이 셰샹에 이시매 가빈야온 틧글이 약ᄒᆞᆫ 플에 부치임 <五倫烈22a> ᄀᆞᆺ거ᄂᆞᆯ 엇디 괴로오믈 더러틋시 ᄒᆞᄂᆞ뇨 ᄯᅩ 싀집이 다 망ᄒᆞ여시니 눌을 위ᄒᆞ려 ᄒᆞᄂᆞᆫ다 녕녜 닐오되 어딘 쟈는 셩쇠로 졀을 곳치디 아니코 의ᄒᆞᆫ 쟈는 존망으로 ᄆᆞᄋᆞᆷ을 밧고디 아니ᄒᆞᄂᆞ니 싀집이 젼셩ᄒᆞᆯ 째에도 오히려 보젼ᄒᆞ여 죵신코져 ᄒᆞ거든 ᄒᆞ믈며 망ᄒᆞ여시니 엇디 ᄎᆞ마 ᄇᆞ리리오 금슈의 ᄒᆡᆼ실을 나는 아니ᄒᆞ리라 ᄒᆞ더라

■ 영녀절이(令女截耳: 영녀가 귀를 베다.)

위나라 조상의 사촌동생 문숙의 처는 하후문녕의 딸이니 이름은 영녀이다. 문숙이 일찍 죽으니 영녀가 스스로 생각하되 나이가 젊고 자식이 없으니 본 집에서 개가시킬까 두려워하여 머리카락을 베어 뜻을 표하였더니 후에 부모가 과연 다시 서방을 맞고자 하거늘 영녀가 두 귀를 베어 조상에게 의지하였더니 조상의 집이 망하매 부모가 영녀를 불쌍히 여겨 시집이 망하였으니 그 뜻이 혹시 다를까 하여 넌지시 사람으로 하여금 영녀를 달래니 영녀가 거짓으로 허락하고 가만히 자는 방에 들어가 칼로 코를 베고 이불을 뒤집어 쓰고 누워서 어미가 불러도 대답하지 아니하거늘 이불을 들고 보니 피를 흘려 자리에 피가 가득하였다. 온 집이 경황하여 가 보고 코가 시큰거리지 아니하는 자가 없으니 혹이 가로되 사람이 세상에 있으매 가벼운 티끌이 약한 풀에 살아가는 것과 같거늘 어찌 괴로움을 저렇듯이 하느뇨. 또 시집이 다 망하였으니 누구를 위하여 하는가? 영녀가 말하기를 "어진 자는 성쇠로 정절을 고치지 아니하고 의로운 자는 존망으로 마음을 바꾸지 아니하나니 시집이 전성할 때도 오히려 보전하여 종신코자 하거든 하물며 망하였으니 어찌 차마 버리리오. 금수의 행실을 나는 아니하리라."하였더라.

하후문녕: 양나라 정승.
맛치고져 ᄒ거놀: (서방을) 맞고자 하거늘.
상의 집이 멸ᄒ매: 조상의 집이 망하였으매.
무롭쁘고: 뒤집어 쓰고.
브ᄅ뎌: 불러도.
ᄀ독ᄒ엿ᄂ디라: 가득하였는지라.
경황(驚惶)ᄒ여: 경황하여. 놀라고 두려워 허둥지둥하여.
코히 싀여 아니리 업스니: 코가 시큰거리지 않는 자가 없으니.
가비야온 틧글이: 가벼운 티끌이.

뎌러투시: 저렇듯이.
눌을: 누구를.
셩쇠로: 성함과 쇠함으로.
존망으로: 존재와 망함으로.
밧고디: 바꾸지.
브리리오: 버리리오.
금슈의 힝실을: 짐승의 행동을.

왕씨감연(王氏感燕)

王氏感燕
王氏霸城王整之姊嫁爲衛敬瑜妻年十六而敬瑜亡父母姑舅咸欲嫁之乃截耳置盤中爲誓言乃止遂手爲亡婿種樹數百株墓前柏樹忽成連理一年許還復分散女乃爲詩曰墓前一株柏根連復亞枝妾心能感木頹城何足奇所住戶有燕巢常雙飛來去後忽孤飛女感其偏棲乃以縷繫脚爲誌後歲比燕果復更來猶帶前縷女復爲詩曰昔年無耦去今春猶獨歸故人恩旣重不忍復雙飛雍州刺史西昌侯藻嘉其美節乃起樓於門題曰貞義衛婦之閭又表於壹
詩 年少夫亡最可憐爺孃欲嫁節彌堅跣行剪髮終無改凜冽高風罕比肩雌燕依棲節婦堂孤飛往復數年强主人已逝竟誰托不食哀鳴死冢傍

<五倫烈23b> 왕시는 송나라 위경유의 쳬니 나히 십육셰에 경위 죽으니 부뫼와 싀부뫼 기가ᄒᆞ이려 ᄒᆞ대 왕시 스스로 귀ᄅᆞᆯ 버히고 밍셰ᄒᆞ여 기가ᄒᆞ디 아니ᄒᆞ고 지아비 무덤 알픠 손으로 나모 수ᄇᆡᆨ 쥬ᄅᆞᆯ 심것더니 그 등 잣남기 홀연히 년리 【두 나모결이 ᄒᆞ디 년ᄒᆞ거시라】 되엿다가 ᄒᆞ 희만에 도로 눈호이니 왕시 글을 지어 ᄀᆞᆯ오디 <五倫烈24a> 묘전에 ᄒᆞᆫ 쥬 남기 불희 년ᄒᆞ고 가지 아올랏도다 첩의 ᄆᆞ옴이 능히 남글 감동ᄒᆞ게 ᄒᆞ니 긔 량쳐의 셩을 문희치미 엇디 죡히 긔특ᄒᆞ리오 ᄒᆞ엿더라 잇는 곳 창 우희 져비 깃드려 미양 ᄡᅡᆼᄡᅡᆼ이 왕ᄂᆡᄒᆞ다가 홀연이 암져비 외로이 ᄂᆞ라 ᄃᆞᆫ니 왕시 감챵ᄒᆞ여 실로 져비 발에 ᄆᆡ여 보람ᄒᆞ엿더니 닉년에 다시 와 오히려 실을 ᄯᅴ엿거늘 왕시 다시 글을 지어 ᄀᆞᆯ오디 녯 희에 ᄧᅡᆨ이 업시 가더니 올 봄에 오히려 홀로 도라오도다 고인이 은졍이 듕ᄒᆞ니 ᄎᆞ마 다시 ᄡᅡᆼ으로 ᄂᆞ디 아니ᄒᆞᄂᆞᆫ도다 ᄒᆞ니 그 ᄢᅢ <五倫烈24b> 사ᄅᆞᆷ이 왕시의 졀을 아ᄅᆞᆷ다이 너겨 그 집 문에 누ᄅᆞᆯ 짓고 뻐 ᄀᆞᆯ오디 뎡의위부지문이라 ᄒᆞ다

■ 왕씨감연(王氏感燕: 왕씨에게 제비가 감동하다.)

왕씨는 송나라 위경유의 아내니 나이 십육세에 경유가 죽으니 부모와 시부모가 개가시키려 하였는데 왕씨 스스로 귀를 베여 맹세하여 개가하지 아니하고 지아비 무덤 앞에 손으로 나무 수백 주를 심었다. 그 중 잣나무가 홀연히 연리 되었다가 한 해만에 도로 나누어지니 왕씨가 글을 지어 말하기를 "무덤 앞에 한 그루의 나무 뿌리가 이어지고 가지가 어우러졌도다. 첩의 마음이 능히 나무를 감동하게 하니 기 양처의 성을 문희침이 어찌 족히 기특하리오." 하였더라. 왕씨가 있는 곳 창 위에 제비가 깃들어 때마다 쌍쌍이 왕래하다가 홀연히 암제비가 외로이 날아 다니니 왕씨가 감창하여 실로 제비 발에 매어 표시하였더니 다음 해에 다시 와 실을 떼었거늘 왕씨가 다시 글을 지어 말하기를 "작년에 짝이 없이 가더니 올 봄에 오히려 홀로 돌아왔구나. 고인이 은정이 중하니 차마 다시 쌍으로 나지 아니하는구나." 하니 그 때 사람이 왕씨의 정절을 아름답게 여겨 그 집 문에 누를 짓고 써 가로되 정의위부지문이라 하였다.

알픠: 앞에.
나모: 나무.
쥬: 주(株). 나무를 세는 단위. '그루'와 같다.
잣남기: 잣나무가. ㄱ 종성체언이 나타난다.
눈호이니: 나누이니. 나누어지니. '눈호다'는 '나누다'의 옛말이다.
묘젼에: 묘전(墓前)에. 무덤 앞에.
불희: 뿌리가.
년ᄒ고 : 이어져 있고.
아올랏도다: 아우러젓도다. 합처졌도다.
남글: 나무를.
져비: 제비가.
미양: 매 때마다.
쌍쌍이: 쌍쌍이.
감창ᄒ여: 감창하여. 가슴에 사무쳐 슬퍼.
보람ᄒ엿더니: 다른 물건과 구별하거나 잊지 않기 위하여 표를 해 두었더니.

최씨견사(崔氏見射)

崔氏見射
趙元楷妻崔氏甚有禮度宇文化及之反元楷隨至河北將歸長安至滏口偶
盜僅以身免崔爲賊所拘請以爲妻崔曰我士大夫女爲僕射子妻今日破亡
自可卽死終不爲賊婦羣賊毀裂其衣縛於山牀簀之上將陵之崔懼爲所辱
詐之曰今力已屈當受處分賊遂釋之妻因取賊刀倚樹而立曰欲殺我任加
刀鋸若覓死可來相逼賊大怒亂射殺之
詩 流難避賊勢蒼皇滏口途中遇犬羊陵辱百端終不屈凜然高節逼秋霜
灌辭只爲力難支視死如歸不可追惟有當時一株樹年年蕭瑟使人悲

<五倫烈26a> 슈나라 됴원해의 쳐 최시 일즉 녜법이 잇더니 우문화급의 난리에 부쳬 피란ᄒᆞ야 댱안으로 오다가 길히셔 도적을 만나 지아비ᄂᆞᆫ 계요 면ᄒᆞ여 드라나고 최시 잡히인 배 된디라 도적이 쳥ᄒᆞ여 안해 삼고져 ᄒᆞ거ᄂᆞᆯ 최시 ᄭᅮ오ᄃᆡ 나ᄂᆞᆫ ᄉᆞ태우의 ᄯᅩᆯ이오 지샹의 며ᄂᆞ리라 죽을 디언졍 엇디 도적의 겨집이 되리오 모든 도적이 최시ᄅᆞᆯ 상 우희 결박ᄒᆞ고 핍박ᄒᆞ고져 ᄒᆞ거ᄂᆞᆯ 최시 욕을 볼가 두려 거즛 ᄭᅮ오ᄃᆡ 이제ᄂᆞᆫ 힘이 굴ᄒᆞ여시니 너ᄅᆞᆯ 조ᄎᆞ리라 <五倫烈26b> ᄒᆞ니 도적이 프러 노커ᄂᆞᆯ 최시 도적의 칼을 아사 쥐고 남글 의지ᄒᆞ여 셔셔 ᄭᅮ오ᄃᆡ 날을 죽이면 내 예셔 죽으려니와 날을 겁박ᄒᆞ면 이 칼로 디를 거시니 죽으려 ᄒᆞ거든 갓가이 오라 ᄒᆞ니 도적이 대노ᄒᆞ여 어즈러이 ᄡᅩ아 죽이니라

■ 최씨견사(崔氏見射: 최씨가 살에 맞다.)

수나라 도원해의 처 최씨는 일찍 예법이 있더니 우문화급의 난리에 부부가 피란하여 장안으로 오다가 길에서 도적을 만나 지아비는 겨우 면하여 달아나고 최씨는 잡힌 바가 되었다. 도적이 청하여 아내 삼고자 하거늘 최씨가 말하기를 "나는 사태우의 딸이오 대상의 며느리라 죽을지언정 어찌 도적의 계집이 될 것인가?" 모든 도적이 최씨를 상 위에 결박하고 핍박하고자 하거늘 최씨가 욕을 볼까 두려워 거짓으로 말하기를 "이제는 힘이

굴하였으니 너를 따르겠다." 하니 도적이 줄을 풀어 놓으니 최씨가 도적의 칼을 빼앗아 쥐고 나무를 의지하여 서서 말하기를 "나를 죽이면 나는 여기서 죽으려니와 나를 겁박하면 이 칼로 찌를 것이니 죽으려 하거든 가까이 오라." 하니 도적이 대노하여 어지럽게 (활을) 쏘아 죽였다.

녜법: 예법(禮法). 예절.
우문화급(宇文化及): 중국 수나라의 무신(?~619). 양제(煬帝)와 그의 아들 호(浩)를 죽이고 제위에 올라 국호를 허(許)라고 칭하였으나 두건덕(竇建德)의 침공으로 패하여 죽었다.
부체: 부처(夫妻)+ㅣ. 부부가.
계요: 겨우. 겨우/겨유/겨요〈계유/계요〈계우〈번역노걸대(1517)〉/계오〈번소〉
잡히인 배: 잡힌 바가.
조추리라: 따르리라.
아사: 앗아. 빼앗아.
예셔: 여기서.
디를: 찌를.

숙영단발(淑英斷髮)

淑英斷髮
李德武妻裵氏字淑英安邑公矩之女以孝聞鄕黨德武在隋坐事徙嶺南時嫁方踰歲矩表離婚德武謂裵曰我方貶無還理君必儷他族于此長訣矣答曰夫天也可背乎願死無他欲割耳誓保姆不許夫姻婭歲時壓裵致禮惟謹居不御薰澤讀列女傳見述不更嫁者謂人曰不踐二庭婦人之常何異而載之書後十年德武未還矩決嫁之斷髮不食矩知不能奪聽之德武更爾朱氏遇赦還中道聞其完節乃遣後妻爲夫婦如初
詩 嫁方踰歲樂初酬坐事移天配嶺南長訣一言眞激切不歸他族死猶甘剪髮焦心守一閨胡爲德武納他妻赦還中道聞完節相好如初復與齊

<五倫烈28a> 당나라 니덕무의 처 비시의 ᄌᆞᄂᆞ 숙영이니 안읍공 비구의 ᄯᆞᆯ이라 효힝으로 향당에 유명ᄒᆞ더니 덕뮈 죄에 걸려 녕남의 귀향갈 시 이 ᄯᅢ에 숙영의 셔방 마즌디 계요 ᄒᆞ힉라 아비 샹소ᄒᆞ여 니이ᄒᆞ니 덕뮈 숙영드려 닐러 ᄀᆞᆯ오디 내 이제 귀향 가매 도라올 리 업스니 그디 반드시 다른 사ᄅᆞᆷ을 조츨 거시니 오늘 영결ᄒᆞ노라 숙영이 ᄀᆞᆯ오디 지아비ᄂᆞᆫ <五倫烈28b> 하늘이라 엇디 비반ᄒᆞ리오 죽어도 다른 ᄯᅳᆺ이 업ᄉᆞ리라 ᄒᆞ고 귀ᄅᆞᆯ 버혀 밍셰ᄒᆞ고져 ᄒᆞ거늘 좌위 붓드러 말리다 미양 셰시면 싀겨릭게 무안ᄒᆞ고 단장을 폐ᄒᆞ고 녈녀뎐을 읽다가 기가 아니ᄒᆞᆫ 사ᄅᆞᆷ 긔록ᄒᆞᆫ 일을 보고 ᄀᆞᆯ오디 두 사ᄅᆞᆷ의 ᄯᅳᆯ을 넓디 아니ᄒᆞ기는 부인의 응당ᄒᆞᆫ 일이니 무어시 이샹ᄒᆞᆫ 일이라 ᄒᆞ고 칙에 올렷ᄂᆞᆫ고 ᄒᆞ더라 십년이 디나디 지아비 도라오디 못ᄒᆞ니 아비 결단ᄒᆞ여 기가ᄒᆞ이려 ᄒᆞ거늘 숙영이 마리털을 버히고 밥을 먹디 아니ᄒᆞ니 아비 그 ᄯᅳᆺ을 ᄆᆞ춤내 앗디 못ᄒᆞ엿더니 <五倫烈29a> 덕뮈 덕소에셔 다른 쳐ᄅᆞᆯ 취ᄒᆞ엿다가 후에 샤ᄅᆞᆯ 만나 노히여 도라의 듕노에서 숙영의 슈절호믈 알고 후쳐ᄅᆞᆯ 내여 보내고 숙영과 다시 부뷔되여 녜와 ᄀᆞᆺ티 사니라

■ 숙영단발(淑英斷髮: 숙영이 머리카락을 자르다.)

당나라 이덕무의 처 배씨의 자는 숙영이니 안읍공 배구의 딸이다. 효행으로 향당에 유명하더니 덕무가 죄에 걸려 영남에 귀향갈 때 숙영의 서방

맞은 지 겨우 일 년이었다. 아비가 상소하여 이혼시키려 하니 덕무가 숙영에게 일러 말하기를 "내가 이제 귀양 가매 돌아올 리 없으니 그대는 반드시 다른 사람을 따를 것이니 오늘 영원히 헤어지노라." 숙영이 말하기를 "지아비는 하늘인데 어찌 배반하겠습니까? 죽어도 다른 뜻이 없습니다." 하고 귀를 베어 맹세하고자 하거늘 좌우에서 붙들어 말렸다. 매양 세 시면 시어른께 문안하고 단장을 폐하고 열녀전을 읽다가 개가를 아니한 사람이 기록한 일을 보고 말하기를 "두 사람의 뜰을 밟지 아니하는 것은 부인의 마땅한 일이니 무엇이 이상해서 책에 올렸는가?" 하더라. 십 년이 지났는데 지아비가 돌아오지 못하니 아비가 결단하여 개가시키려 하거늘 숙영이 머리털을 베고 밥을 먹지 아니하니 아비가 그 뜻을 마침내 빼앗지 못하였다. 덕무가 귀양지에서 다른 처를 얻었다가 후에 숙영의 수절함을 알고 후처를 내보내고 다시 부부되어 예전과 같이 살았다.

향당(鄕黨): 자기가 태어났거나 사는 시골 마을.
귀향갈 시: 귀향갈 때.
셔방 마즌디: 서방을 맞은 지.
영결(永訣)ㅎ노라: 영결하노라. 영원히 헤어지노라.
덕소에서: 적소(謫所)에서. 귀양지에서.
녜와: 예전과.

위씨참지(魏氏斬指)

魏氏斬指
樊彦琛妻魏氏楊州人彦琛病魏曰公病且篤不忍公獨死彦琛卒值徐敬業
難陷兵中聞其知音令鼓箏魏曰夫亡不死而逼我管絃禍由我發引刀斬其
指軍伍欲疆妻之固拒不從乃刃擬頸曰從我者不死魏厲聲曰狗盜乃欲辱
人速死吾志也遂見害
詩 合巹曾成偕老期良人乘化盍相隨佩銘幸養諸孤語弔影當時獨自悲
遭時不幸陷兵中逼使彈箏欲玷躬斬指抗辭終遇害菑名千古播貞風
詩 君子當年娶外妻恩情雖隔豈含悽悽養姑不懈誠彌切千古芳名孰與齊
閨門嫉妬是常情賂遣還能出至誠稱號女宗非溢美開陳婦甚分明

<五倫烈30b> 당나라 번연침의 쳐 위시는 양쥬 사름이니 언침이 병들매 위시 굴오
디 공의 병이 듕ᄒᆞ니 내 ᄎᆞ마 홀로 사라 공의 죽는 양을 엇디 보리오 언침이
ᄀᆞᆯ오디 ᄉᆡᆼ이 덧덧한 일이니 그디는 어린 ᄌᆞ식들을 길러 셩닙ᄒᆞ미 올흔디라
ᄶᅩ와 죽으믄 나의 ᄇᆞ라는 배 아니라 언침이 죽은 후에 위시 난리를 만나 도적의
게 잡히이니 도적이 그 음뉼 알믈 듯고 징을 ᄐᆞ라 하니 위시 ᄀᆞᆯ오디 지아비를
ᄶᅩ와 죽디 아녓다가 날을 풍뉴로 핍박ᄒᆞ니 이는 나의 타시라 <五倫烈31a> ᄒᆞ고
그 손가락을 버히니 도적이 인ᄒᆞ여 안ᄒᆡ 삼고져 ᄒᆞ여 칼을 목에 견우고 저혀
ᄀᆞᆯ오디 날을 조츠면 죽이디 아니ᄒᆞ리라 위시 크게 ᄭᅮ지저 ᄀᆞᆯ오디 개ᄀᆞᄐᆞᆫ 도적놈
아 사름을 겁욕ᄒᆞ니 샐리 죽이미 나의 ᄯᅳ시라 ᄒᆞᆫ대 도적이 인ᄒᆞ여 죽이니라

■ 위씨참지(魏氏斬指: 위씨가 손가락을 자르다.)

당나라 번언침의 처 위씨는 양주 사람이니 언침이 병들매 위씨가 말하기를 "공의 병이 위중하니 내가 차마 홀로 살아 공이 죽는 것을 어찌 보겠습니까?" 언침이 말하기를 "죽고 사는 것은 덧없는 일이니 그대는 어린 자식들을 길러 세우는 것이 옳다. 따라 죽는 것은 내가 바라는 바가 아니다." 하였다. 언침이 죽은 후에 위씨가 난리를 만나 도적에게 잡히니 도적

이 위씨의 음율을 듣고 쟁을 타라 하니 위씨가 말하기를 "지아비를 따라 죽지 아니하였다가 나를 풍류로 핍박하니 이는 나의 탓이구나." 하고 그 손가락을 베니 도적이 위씨를 아내 삼고자 하여 칼을 목에 겨누고 위협하여 말하기를 "나를 따르면 죽이지 아니하리라." 위씨가 크게 꾸짖어 말하기를 "개같은 도적놈아, 사람을 겁욕하느니 빨리 죽이는 것이 나의 뜻이다." 하니 도적이 이로 인해 위씨를 죽였다.

듕ᄒᆞ니: 중하니. 위중하니.
공의: 공이. 언침이.
ᄉᆞᄉᆡᆼ: 사생(死生). 죽고 사는 것은.
음뉼알믈: 음율을.
ᄌᆡᆼ을 ᄐᆞ라: 쟁(箏)을 타라. '쟁'은 국악 현악기의 하나이다.
풍뉴로: 풍류로.
견우고: 겨누고.

이씨부해(李氏負骸)

李氏負骸
李氏王凝妻凝家靑齊之間爲虢州司戶參軍以疾卒于官家素貧一子尙幼李携其子負其遺骸以歸東過開封止旅舍主人見其婦人不能守節而此手爲人執邪不可以一手幷汚吾身卽引斧自斷其臂路人見者嬛聚而嗟之或爲之彈指或爲之泣下開封尹聞之白其事于朝官爲賜藥封瘡厚恤李氏而笞其主人
詩 參軍一日卒於官攜幼持骸道路難旅舍日曛遭辱斥奮然長慟涕沇瀾執節無如斷臂難行人嬛視指爭彈當時賴有開封奏恩命翻爲聳聽觀

<五倫烈32b> 니시는 오디젹 왕응의 쳬니 응이 괵쥬亽호 벼슬 ᄒᆞ엿다가 임소에셔 죽으니 집이 가난ᄒᆞ고 어린 아들 ᄒᆞ나히 잇는디라 니시 아들을 잇글고 지아븨 히골을 지고 도라올 시 기봉부 따히 니ᄅᆞ러 날이 져므러 숫막에 들려 ᄒᆞ니 쥬인이 그 ᄒᆡᆼ식을 고이히 너겨 손목을 잇그러 내티니 니시 하늘을 우러러 탄식ᄒᆞ여 ᄀᆞᆯ오디 내 겨집이 되여 ᄂᆞᆷ의게 손을 <五倫烈33a> 잡히니 엇디 ᄒᆞᆫ 손으로 뼈 온 몸을 더러이리오 ᄒᆞ고 돗그로 그 풀을 찍어브리니 보는 사름이 눈믈 아니 흘리리 업더라 기봉부윤이 듯고 그 일을 됴뎡의 술와 약을 주어 풀에 브르고 그 쥬인을 죄 주니라

■ 이씨부해(李氏負骸: 이씨가 시체를 지다.)

이씨는 오대 때 왕응의 아내이니 왕응이 괵주 사령부 벼슬을 하였다가 임소에서 죽으니 집이 가난하고 어린 아들 하나 있었다. 이씨가 아들을 이끌고 지아비 유해를 지고 돌아올 때 개봉부 땅에 이르러 날이 저물어 주막에 들어가려 하니 주인이 그 행색을 이상하게 여겨 손목을 이끌어 내치자 이씨가 하늘을 우러러 탄식하여 말하기를 "내가 계집이 되어 남에게 손을 잡히니 어찌 한 손으로써 몸을 더럽힐까?" 하고 도끼로 그 팔을 찍어 버리니 보는 사람이 눈물을 아니 흘린 이가 없었다. 개봉부윤이 그 일을 듣고 조졍에 아뢰어 약을 주어 팔에 바르게 하고 그 죄인을 죄 주었다.

니시: 오대(五代) 때 괵주(虢州)에서 사호(司戶)를 지낸 왕응(王凝)의 처 이(李)씨를 말한다. 이씨는 남편 왕응과의 사이에 어린 아들 하나를 두었는데 중국의 청주와 제주 사이에 살고 있었다. 그의 고사는 『고금열녀전』 권2, 『규범』 권3, 『고금여범』 권2에 실려 있다.
괵쥬ᄉ호: 괵주 사령부.
기봉부 ᄯᅡ히: 개봉 땅에.
슛막에: 주막에.
고이히: 괴이히. 이상하게.
돗긔로: 도끼로. 도끼〈 독긔〈 돗긔〈 돗귀〈 월석 〉/도최〈 능엄경언해(1461) 〉
술와: 아뢰어.

조씨액여(趙氏縊輿)

趙氏縊輿
趙氏貝州人王則反聞趙有殊色使人劫致之欲納爲妻趙日號哭慢罵求死賊愛其色不殺多使人守之趙知不脫乃紿曰必欲妻我宜擇日以禮聘賊從之歸其家家人懼其自殞得禍于賊盍使人守視賊具聘幣盛輿從來迎趙與家人訣曰吾不復歸此矣問其故答曰豈有爲賊汚辱至此而尙有生理乎家人曰汝忍不爲家族計趙曰第無患遂涕泣登輿而去至州廡擧簾視之已自縊輿中死矣尙書屯田員外郞張寅有趙女詩
詩 美色從來禍所嬰賊修婚禮强來迎登輿泣與家人訣汚辱如斯不苟生就死從容世所難屹然高義重於山莫言殊色爲身祟莤得香名汗竹間

<五倫烈34b> 됴시는 송나라 패쥬 사룸이니 반적 왕측이 그 얼골 고으믈 듯고 겁박 하여 안히 삼고져 하니 됴시 날마다 울고 꾸짖어 죽기를 구하되 도적이 그 식을 앗겨 죽이디 아니하고 사룸으로 딕희니 됴시 죽을 틈이 업서 소겨 굴오더 날을 안히 삼고져 하거든 퇵일하여 녜로 마즈라 한대 도적이 고디 드러 집으로 도라보내고 납칙하고 츄죵을 <五倫烈35a> 셩히 하야 됴시를 드려올 시 됴시 집사룸과 영결하여 굴오더 내 다시 도라오디 못하리라 집사룸이 그 연고를 무르니 굴오더 엇디 도적의게 이러툿시 욕을 보고 살리 이시리오 한대 집사룸이 굴오더 네 추마 집의 화를 싱각디 아니하는다 됴시 굴오더 근심말라 하고 눈물을 쓰리고 술위에 올라가더니 집의 다다라 발을 것고 보니 볼셔 술위 속에 목미여 죽엇는디라 그 때 사룸이 됴녀시란 글을 지으니라

■ 조씨액여(趙氏縊輿: 조씨가 가마에 목을 매다.)

조씨는 송나라 패주 사람이니 역적 왕측이 그 얼굴 고움을 듣고 겁박하여 아내 삼고자 하니 조씨가 날마다 울고 꾸짖어 죽기를 구하되 도적이 그 색을 아껴 죽이지 아니하고 사람으로 지키게 하니 조씨가 죽을 틈이 없어 역적을 속여 말하기를 "나를 아내 삼고자 하거든 택일하여 아내로 맞아라." 하니 도적이 곧이 들어 집으로 돌려보내고 납채하고 수레와 종을 성히 하여 조씨를 데려올 때 조씨가 집안 사람과 영결하여 말하기를 "내가 다시 돌아오지 못할 것입니다." 집안 사람이 그 이유를 물으니 조씨가 말하기를 "어찌 도적에게 이렇듯이 욕을 보고 살겠습니까?" 하니 집안 사람이 말하기를 "네가 차마 집의 화를 생각하지 아니하느냐?" 조씨가 "근심하지 마십시오." 하고 눈물을 뿌리고 수레에 올라가더니 집에 다다라 발을 걷고 보니 수레 속에 목매어 죽었다. 그때 사람이 조녀시란 글을 지었다.

반적(叛賊): 나라를 배반한 역적.
앗겨: 아껴서.
소겨: 속여.
녜로: 아내로.
고디: 곧이 곧대로.
납치ᄒ고: 납채(納采)하고. '납채'는 '신랑이 신부 집에 혼인을 구하는 것'을 말한다.
술위와 추종을: 수레와 종을.
집사람: 집안 사람.

서씨매사(徐氏罵死)

徐氏罵死
徐氏和州人閔中女適同郡張弼建炎三年金人犯維揚官軍望風奔潰多肆
虜掠執徐欲汙之徐瞋目大罵曰朝廷蓄汝輩以備緩急今敵犯行在旣不能
赴難又乘詩爲盜我恨一女子不能引劍斷汝頭以快衆憤靑爲汝辱以苟活
耶第速殺我賊慚恚以刃刺殺之投江中而去
詩 官軍奔潰自相屠徐氏蒼皇被執拘不獨當時全淑行美名今日上心圖
大罵言辭出至忱官軍將卒獨何心至今江水嗚嗚咽多少行人痛憤深

<五倫烈36b> 셔시는 송나라 화쥬 사룸이니 댱필의 체 되엿더니 이 째에 금인이 텨드러오니 관군이 패ᄒᆞ야 ᄃᆞ라날 시 두로 노략ᄒᆞ여 셔시룰 잡아 핍박ᄒᆞ고져 ᄒᆞ거눌 셔시 눈을 부룹ᄯᅳ고 ᄭᅮ지저 굴오디 나라히 너희룰 길러 급ᄒᆞᆫ 째에 쓰려 ᄒᆞ시거눌 이제 도적이 나라흘 범호디 능히 구티 못ᄒᆞ고 도로혀 어즈러오믈 인ᄒᆞ여 도적이 되니 내 ᄒᆞᆫ 녀지라 너희 마리룰 버히디 못ᄒᆞᆷ을 ᄒᆞᆫᄒᆞᄂᆞ니 엇디 네게 욕을 보고 구챠히 살리오 섈리 날을 죽이라 ᄒᆞ대 도적이 붓그리고 노ᄒᆞ여 죽여 강믈에 더디고 가니라

■ 서씨매사(徐氏罵死: 서씨가 꾸짖다가 죽다.)

서씨는 송나라 화주 사람인데 장필의 아내가 되었다. 이 때에 금나라 사람이 쳐들어오니 관군이 패하여 달아날 때 도로 노략하여 서씨를 잡아 핍박하고자 하거늘 서씨가 눈을 부릅뜨고 꾸짖어 말하기를 "나라가 너희를 기른 것은 급한 때에 쓰려 한 것인데 이제 도적이 나라를 범하되 능히 구하지 못하고 도로 어지러움을 인하여 도적이 되니 내 한 여자라서 너희 머리를 베지 못함을 한스럽게 생각하니 어찌 네게 욕을 보고 구차하게 살겠느냐? 빨리 나를 죽여라." 하니 도적이 부끄러웠으나 분하여 죽여 강 물에 던지고 가 버렸다.

금인: 금나라 사람.
뎌드러오니: 쳐들어오니.
두로: 도로.
나라히: 나라가.
더디고: 던지고.

이씨액옥(李氏縊獄)

李氏縊獄
謝枋得之妻李氏安仁人色美而慧通女訓諸書嫁枋得事舅姑奉祭侍賓皆
有禮枋得起兵守安仁兵敗逃入閩中武萬戶以枋得豪傑恐其扇變購捕之
跟及其家人李携二子匿貴溪山荊中採草木而食至元十四年冬元兵蹤跡
至山中令曰苟不獲李屠而李聞之曰豈可以我故累人吾出事塞矣遂就俘
明年徙囚建康或指李言曰明當沒矣李聞之撫二子而泣左右曰雖沒入
將不失爲官人妻何泣也李曰吾豈可嫁二夫耶顧謂二子曰若幸生還善事
吾姑吾不得終養矣是夕解裙帶子經獄中死
詩 良人兵敗走閩中匿跡山林固守窮聞說里閈將累及翻然就獲自當躬
拘囚二載欲捐軀泣訣諸兒善事姑志節凜然堪勵俗也宜褒獎繪新圖

<五倫烈38a> 송나라 샤방득의 쳐 니시는 안인 사룸이니 얼골이 아룸답고 셩품이 총혜ᄒᆞ여 녯 글을 아ᄂᆞᆫ디라 구고ᄅᆞᆯ 셤기고 졔스ᄅᆞᆯ 밧드러 다 녜 도에 합ᄒᆞ더니 방득이 도적과 싸호다가 패ᄒᆞ여 드라나니 도적이 간 디롤 츠자 집의 니르니 니시 두 아ᄃᆞᆯ을 잇글고 산듕에 드러가 가싀덤블 속에 숨어셔 풀을 <五倫烈38b> 키여 먹고 잇더니 도적이 ᄯᅩ라 산듕에 니르러 녕ᄒᆞ여 굴오ᄃᆡ 니시ᄅᆞᆯ 잡디 못ᄒᆞ면 온 ᄆᆞ올을 다 뭇디르리라 니시 듯고 굴오ᄃᆡ 엇디 내 흔 몸으로 여러 사룸을 죽게 ᄒᆞ리오 ᄒᆞ고 나와 사ᄅᆞ 잡히니 도적이 옥에 가도앗더니 사룸이 니시ᄅᆞᆯ ᄀᆞᄅᆞ치며 닐오ᄃᆡ 니일은 맛당이 몰입ᄒᆞ리라 ᄒᆞᄃᆡ 니시 이 말을 듯고 두 아ᄃᆞᆯ을 어ᄅᆞ만지며 울거늘 좌위 굴오ᄃᆡ 비록 몰입ᄒᆞ나 벼술ᄒᆞᄂᆞᆫ 사룸의 안히 될 거시니 엇디 우ᄂᆞ뇨 니시 굴오ᄃᆡ 내 엇디 두 지아비ᄅᆞᆯ 셤기리오 ᄒᆞ고 두 아ᄃᆞᆯᄃᆞ려 닐오ᄃᆡ 너히 ᄒᆡᆼ혀 <五倫烈39a> 사라 도라가거든 싀어미ᄅᆞᆯ 잘 셤기라 ᄒᆞ고 이날 져녁에 치마ᄭᅵᆫ으로 목을 믜여 옥듕에셔 죽으니라

■ 이씨액옥(李氏縊獄: 이씨가 옥에서 목을 매다.)

송나라 사방득의 아내 이씨는 안인 사람이니 얼굴이 아름답고 성품이 총명하여 옛 글을 모두 알았다. 시부를 섬기고 제사를 받들어 다 예의에 합하더니 방득이 도적과 싸우다가 패하여 달아났다. 도적이 (방득이) 간 데를 찾아 집에 이르니 이씨가 두 아들을 이끌고 산중에 들어가 가시덤불 속에 숨어서 풀을 캐어 먹고 있더니 도적이 따라와 산중에 이르러 명하여 말하기를 "이씨를 잡지 못하면 온 마을을 다 무찌르겠다." 이씨가 이를 듣고 말하기를 "어찌 내 한 몸 때문에 여러 사람을 죽게 하겠느냐?" 하고 나와서 잡히니 도적이 옥에 가두었다. 사람이 이씨를 가르치며 말하기를 "내일은 마땅히 (당신 재산과 살림을) 몰수할 것이다." 하니 이씨가 이 말을 듣고 두 아들을 어루만지며 울거늘 좌우 사람이 말하기를 "비록 몰수하고 데려간다 해도 벼슬하는 사람의 아내가 될 것인데 어찌 운단 말입니까?" 하니 이씨가 말하기를 "내 어찌 두 지아비를 섬기겠습니까?" 하고 두 아들에게 말하기를 "너희는 행여 살아 돌아가거든 할머니를 잘 섬기거라." 하고 이날 저녁에 치마끈으로 목을 매어 옥중에서 죽었다.

샤방득: 사방득(謝枋得). 1226 ~ 1289. 남송 신주(信州) 익양(弋陽) 사람. 자는 군직(君直)이고, 호는 첩산(疊山)이다. 이종(理宗) 보우(寶祐) 4년(1256) 진사가 되고, 무주사호참군(撫州司戶參軍)에 올랐다. 다음 해 건강고관(建康考官)이 되어 출제한 문제에 가사도(賈似道)의 간악한 정치를 비난하는 암시가 있어 흥국군(興國軍)으로 유배를 갔다. 공제(恭帝) 덕우(德祐) 초에 강동제형(江東提刑), 강서초유사(江西招諭使)에 기용되었고, 신주지주(信州知州)를 지냈다. 원나라 군대가 신주를 함락하자 이름을 바꾸고 건녕(建寧) 당석산(唐石山)으로 들어갔다. 송나라가 망하자 의병을 일으켜 회복을 도모했지만 실패하여 민(閩) 지방에 은거했다.
구고(舅姑)를: 시부모를.
몰입(沒入)하리라: 몰입하리라. '몰입'은 역사적으로 죄인의 재산을 몰수하고 그 가족을 관아의 종으로 잡아들이는 것을 말한다.
치마씬으로: 치마끈으로.

옹씨동사(雍氏同死)

雍氏同死
雍氏池州通判趙卯發妻元兵徇池州卯發知事不濟謂雍氏曰城將破吾守臣不當去汝先出走雍曰君爲命官我爲命婦君爲忠臣我獨不能爲忠臣之婦乎寧相從於地下卯發笑曰此豈婦人女子所能也雍曰吾請先君死卯發笑止之明日乃散其家貲與弟姪僕婢悉遣之及師薄城卯發晨起書几上曰君不忍叛城不敢降夫婦同死節義成雙遂與雍氏盛服同縊從容堂卯發始爲此堂名以從容及兵劇指所題扁曰吾必死是明日伯顏領兵入城深歎息之命具棺衾合葬祭其墓而去
詩 元兵南下陷州城去住分明繫死生命婦命官同日縊相從地下室眞情池州倅趙與妻雍節義成雙罕躪蹤大宋人爲大宋鬼從容堂上自從容

<五倫烈40b> 옹시는 지쥬통판 됴묘발의 체니 원나라 군시 지쥬롤 틸 시 묘발이 옹시드려 닐러 굴오디 셩이 파ᄒᆞ게 되여시니 나는 ᄶᅡ 딕흰 신해라 가히 브리고 가디 못ᄒᆞ려니와 그더는 몬져 ᄃᆞ라나라 ᄒᆞ대 옹시 굴오디 그더 튱신이 될딘대 내 엇디 튱신의 안히 되디 못ᄒᆞ리오 ᄒᆞᆫ가지로 죽어 디하의 가 조ᄎᆞ리라 <五倫烈41a> 묘발이 우어 굴오디 이 엇디 녀ᄌᆡ 능히 홀 배리오 옹시 굴오디 쳥컨대 몬져 죽으리라 묘발이 웃고 말녓더니 이튼날 가산을 흐터 겨리와 죵들을 ᄂᆞ화 주어 보내고 도적이 셩 밧긔 급히 니르거늘 묘발이 새볘 니러나셔 안 우희 글을 ᄡᅥ 굴오디 님군을 ᄎᆞ마 빈반티 못홀 거시오 셩을 가히 항복디 못디라 부뷔 ᄒᆞᆫ가지로 죽어 졀의를 ᄡᅡᆼ으로 닐우노라 ᄒᆞ고 드듸여 옹시로 더브러 죵용당이라 ᄒᆞ는 집의셔 ᄒᆞᆷᄭᅴ 목미여 죽으니 이 당은 묘발이 비로소 짓고 일홈을 죵용이라 ᄒᆞ엿더니 일이 <五倫烈41b> 급ᄒᆞ매 당 우희 현판을 ᄀᆞᄅᆞ쳐 굴오디 내 반ᄃᆞ시 여긔셔 죽으리라 ᄒᆞ고 과연 죵용히 죽어 당 일홈을 맛치니라 원 댱슈 빅안이 셩에 드러와 보고 탄식ᄒᆞ기를 마디 아니ᄒᆞ고 관곽을 ᄀᆞ초와 부쳐를 합장ᄒᆞ고 무덤에 제ᄒᆞ니라

■ 옹씨동사(雍氏同死: 옹씨가 함께 죽다.)

옹씨는 지주통판 조묘발의 아내였다. 원나라 군사가 지주를 칠 때 묘발이 오씨에게 일러 말하기를 "성이 무너지게 되었으니 나는 땅을 지키는 신하라 결코 성을 버리고 가지 못하니 그대는 먼저 달아나라." 하니 옹씨가 말하기를 "그대가 충신이 될진대 내 어찌 충신의 아내가 되지 못하겠습니까? 함께 죽어 저승에 가 따르겠습니다." 묘발이 웃으며 말하기를 "이 어찌 여자가 능히 할 바겠소." 옹씨가 말하기를 "청컨대 먼저 (낭군님보다) 먼저 죽게 해 주십시오." 묘발이 웃고 말렸다. 이튿날 (묘발은) 가산을 흩어 피붙이와 종들에게 나누어 주어 보내고 도적이 성 밖에 이르거늘 묘발이 새벽에 일어나서 책상 위에 앉아 글을 써서 말하기를 "임금을 차마 배반하지 못할 것이오. 성을 결코 항복시킬 수 없을 것이다. 우리 부부는 함께 죽어 절의를 쌍으로 나타낼 것이다." 하고 드디어 옹씨와 함께 종용당이라고 하는 집에서 함께 목매어 죽으니 이 당은 묘발이 처음 짓고 이름을 종용당이라 하였다. 난리가 나서 당 위의 현판을 가리켜 말하기를 "나는 반드시 여기서 죽을 것이라." 하고 과연 종용히 죽어 당 이름을 마쳤다. 원 장수 백안이 성에 들어와 보고 탄식하기를 마지 아니하고 관곽을 갖추어 부처를 합장하고 무덤에 제사를 지내고 갔다.

지쥬통판: 지주통판(池州通判). '통판'은 ' 중국에서, 조정의 신하 가운데 군(郡)에 나아가 정치를 감독하던 벼슬아치'이다. 송나라 때 비롯하였으며 명나라와 청나라 때에도 있었다.
됴묘발: 조묘발. 몽고 팔린무 사람. 원나라 초년에 송나라를 쳐서 공로가 있어 나중에 희남왕에 봉했다.
파(破)ᄒ게: (적을) 쳐부수어 이기게.
딕횐: 지키는.
신해랴: 신하라.
가히: (부정어와 함께 쓰여) 결코.

디하의: 지하에. 저승에.
조추리라: 따르리라.
우어: 웃어.
말넛더니: 말렸더니. 만류하였더니.
겨리와: 겨레와. '겨레'는 혈연 관계가 있는 사람을 일컫는다.
논화: 나누어.
새볘: 새벽에.
빵으로: 쌍으로.
관곽(棺槨)을: '관곽'은 '시체를 넣는 속 널과 겉 널'을 말한다.

양씨피살(梁氏被殺)

梁氏被殺
梁氏臨川人歸王氏纔數月會元兵至與夫約曰吾遇兵必死義不受汙辱頃之夫婦被掠有軍千戶强使從已婦紿曰夫在伉儷之情有所不忍乞歸之而後可千戶以所得金帛與其夫而歸之幷與一矢以却後兵約行十餘里千戶卽之婦拒且罵曰斫頭奴吾與夫誓天地鬼神寔臨之此身寧死不可得也因奮搏之乃被殺
詩 梁氏于歸數月餘元兵孔熾若乘虛自知未遂偕生計誓死蒼天實鑒予家室俱爲所擒緩辭元是活夫心忘生抗節誰能犯磊落貞姿想至今

<五倫烈45b> 냥시는 송적 왕가의 체니 님쳔 사롬이라 싀집 간디 두어 돌의 난을 만나 지아비와 언약ᄒ여 ᄀᆞᆯ오디 내 죽을디언뎡 도적의게 욕을 밧디 아니리라 ᄒ더니 부뷔 다 도적의게 잡히여 적댱이 냥시를 박ᄒ려 ᄒ니 냥시 소겨 ᄀᆞᆯ오디 지아비 이시니 도라보낸 후에 너룰 조ᄎ리라 적댱이 고디 듯고 그 지아비를 금과 비단을 주고 ᄯᅩ 살 ᄒᆞ나흘 주어 보람 삼아 길에 다른 도적이 해티 못ᄒ게 ᄒ여 보내니 냥시 그 지아비 먼리 갈만ᄒ여 적댱을 ᄭᅮ지저 <五倫烈46a> ᄀᆞᆯ오디 죽일 놈아 내 지아비와 밍셰ᄒ여시니 텬디 귀신이 실노 아르신다라 죽을 디언뎡 엇디 너룰 조ᄎ리오 ᄒ고 인ᄒ여 냅더티다가 ᄆᆞᄎᆞᆷ내 도적의게 죽으니라

■ 양씨피살(梁氏被殺: 양씨가 죽임을 당하다.)

양씨는 송나라 왕가의 아내이니 임천 사람이었다. 시집을 간 지 두어 달만에 난을 만나 지아비와 언약하여 말하기를 "내가 죽을지언정 도적에게 욕을 당하지 아니하겠습니다." 하더니 부부가 다 도적에게 잡혀서 적장이 양씨를 겁박하려 하니 양씨가 속여서 말하기를 "지금은 지아비가 있으니 (지아비를) 돌려보낸 후에 당신을 따르겠습니다." 적장이 그 말을 곧이 듣고 그 지아비에게 금과 비단을 주고 또 화살 하나를 주어 길에 다른 도적이 해치 못하게 하여 보내니 양씨는 그 지아비가 멀리 갔을 때쯤 적장을 꾸짖어 말하기를 "죽일 놈아, 내 지아비와 맹세하였으니 천지 귀신이 실로 알고 있다. 내가 죽을지언정 어찌 너를 따르겠느냐." 하고 적장을 때리다가 결국 도적에게 죽임을 당했다.

적댱이: 적당(賊黨)이. 도둑의 무리가.
박ᄒ려: 겁박하려.
소겨: 속여.
살: 화살.
ᄒ나흘: 하나를.

명수구관(明秀具棺)

明秀具棺
蒲察氏字明秀完顔長樂之妻也哀宗遷歸德以長樂爲總領將兵扈從長樂
一子在幼出妻柴氏所生也明秀撫育如已出崔立之變驅從官妻子人自閔
之蒲察聞之以幼子付婢僕且與之金幣親具衣棺祭物與家人訣曰崔立不
道强人妻女兵在城下吾何所逃惟一死不負吾夫耳汝等惟善養幼子遂自
縊而死欣然若不以死爲難者二十七
詩 良久人扈從返舞期義子零丁幼且癡撫育眞能如已出生平母道儘無虧
逃難全身計已窮幼兒金幣付家僮自治喪具從容死千載爭欽烈婦風

<五倫烈47b> 포찰시의 ᄌᆞ는 명슈ㅣ니 금나라 완안쟝낙의 안히라 쟝낙이 님군을 조
차 나가고 집의 어린 아들이 이시니 젼의 내친 쳐 시시의 소싱이라 명슉 ᄉᆞ랑ᄒᆞ
기를 긔출ᄀᆞ티 ᄒᆞ더니 이 ᄯᅢ 최립이라 ᄒᆞ는 도적이 니러나 모든 관원의 안희를
모라다가 얼골 고으니를 ᄀᆞᆯ희는디라 포찰시 이 말을 듯고 어린 아들을 종의게
맛디고 지믈을 만히 주고 친히 관곽과 졔믈을 ᄀᆞ초아 두고 집사ᄅᆞᆷ으로 더브러
영결ᄒᆞ여 ᄀᆞᆯ오ᄃᆡ 최립이 무도ᄒᆞ여 사ᄅᆞᆷ의 쳐쳡을 <五倫烈48a> 겁박ᄒᆞ고 이제 군
ᄉᆞ를 거ᄂᆞ려 셩 밧긔 다ᄃᆞ라시니 내 어디로 도망ᄒᆞ리오 오직 ᄒᆞᆫ 번 죽어 내 지아
비를 져ᄇᆞ리디 아니리니 너희들은 어린 ᄌᆞ식을 잘 기ᄅᆞ라 ᄒᆞ고 드듸여 목미여
죽으니 나히 이십칠셰라 죽을 ᄯᅢ 흔연ᄒᆞ여 죠곰도 어려온 빗치 업더라

■ 명수구관(明秀具棺: 명수가 관을 갖추다.)

포찰씨의 자는 명수이니 금나라 완안장락의 아내이다. 장락이 임금을 따라 나가고 집의 어린 아들이 있으니 전처 시씨의 소생이었다. 명수가 사랑하기를 자기 자식같이 하더니 이 때 최립이라고 하는 도적이 일어나 모든 관원의 아내를 몰아다가 얼굴 고운 이를 가려냈다. 포찰씨가 이 말을 듣고 어린 아들을 종에게 맡기고 재물을 많이 주고 친히 관곽과 재물을 갖추어 두고 집안 사람과 함께 영결하여 말하기를 "최립이 무도하여 사람

의 처첩을 겁박하고 이제 군사를 거느려 성 밖에 도착했으니 내가 어디로 도망가겠느냐? 오직 한 번 죽어 내가 지아비를 져버리지 아니하리니 너희들은 어린 자식을 잘 길러라." 하고 마침내 목매어 죽으니 나이가 이십칠 세였다. 죽을 때 흔연하여 조금도 어려운 빛이 없었다.

긔츌ᄀ티: 기출(己出)같이. 자기가 낳은 자식같이.
고으니롤: 고운 이를.
만히: 많이.
무도(無道)ᄒ여: 무도하여. '무도하다'는 '말이나 행동이 인간으로서 지켜야 할 도리에 어긋나서 막되다.'는 뜻이다.
다ᄃ라시니: 다다랐으니. 도착했으니.
흔연(欣然)ᄒ여: 흔연하여. '흔연하다'는 '기쁘거나 반가워 기분이 좋다.'는 뜻이다.

동씨피면(童氏皮面)

童氏皮面
俞士淵妻童氏嚴州人姑性嚴待之寡恩童柔順以事之無少拂其意者至正十三年賊陷威平官軍復之已乃縱兵剽掠至士淵家童以身蔽姑衆欲汙之童大罵不屈一卒以力擊其左臂愈不屈又一卒斷其右臂罵猶不絶乃皮其面而去明日乃死
詩 天性堅貞婦道成事姑承順發深情官軍剽掠無人遏能捍艱危不愛生衆兵交刃入門罵賊危言出肺肝斷臂猶能終不屈每令聞者髮衝冠

<五倫烈51b> 원나라 유수연의 쳐 동시는 엄쥬 사름이라 싀어미 <五倫烈52a> 성정이 엄ᄒᆞ여 동시를 박디ᄒᆞ더 더욱 공슌ᄒᆞ여 그 뜻을 거스리디 아니ᄒᆞ더니 원 말에 도적이 드러오매 관군이 회복ᄒᆞ고 인ᄒᆞ야 노략ᄒᆞ여 ᄉᆞ연의 집에 니르니 동시 몸으로 싀어미를 ᄀᆞ리온대 여러 군시 동시를 핍박ᄒᆞ려 ᄒᆞ거늘 동시 크게 ᄭᅮ짓고 굴티 아니ᄒᆞ니 ᄒᆞᆫ 군시 칼을 드러 좌편 풀을 버히되 더욱 굴티 아니ᄒᆞ고 ᄯᅩ ᄒᆞᆫ 군시 우편 풀을 버히되 ᄭᅮ짓기를 마디 아니ᄒᆞᆫ대 모든 군시 그 ᄂᆞᆺ가족을 벗기고 가니 이튿날 죽으니라

■ 동씨피면(童氏皮面: 동씨가 얼굴 가죽을 벗기다.)

원나라 유사연의 아내 동씨는 엄주 사람이다. 시어머니는 성정이 엄하여 동씨를 박대하였는데 동씨는 더욱 공손하고 온순하여 그 뜻을 거스르지 아니하더니 원 말에 도적이 들어오매 관군이 회복하였으나 도적이 노략하여 사연의 집에 이르니 동씨가 몸으로 시어머니를 가렸다. 여러 군사가 동씨를 핍박하여 하거늘 동씨가 크게 꾸짖고 굴하지 아니하니 한 군사가 칼을 들어 좌편 팔을 베었는데 더욱 굴하지 아니하고 또 한 군사가 우편 팔을 베었는데 꾸짖기를 마치지 아니하였다. 모든 군사가 그 낯가죽을 벗기고 가니 이튿날 죽었다.

공슌ᄒ여: 공순(恭順)하여. 공손하고 온순하여.
굴티: 굴하지.
폴을: 팔을.

주씨구욕(朱氏懼辱)

朱氏懼辱
黃仲起妻朱氏杭州人至正十六年張士誠寇杭州其女臨安奴倉皇言曰賊至矣我別母求一死也俄而賊驅諸婦至其家且指朱氏母子曰爲我看守日暮我當至也朱聞之懼受辱遂與女俱縊死妾馮氏見其母子已死嘆曰我生何爲徒受辱耳亦自縊死繼而仲起弟妻蔡氏抱幼子玄童與乳母湯氏皆自縊及暮賊至見諸屍滿室遂盡掠其家財而去
詩 兇徒暴橫寇杭州日暮倉皇抱百憂守義輕生求一死淸標凜烈照前秋臨危孰不欲安全母子俱亡最可憐俄頃數人相繼死一家高義耀靑篇

<五倫烈56a> 원나라 황듕긔의 쳐 쥬시는 항쥬 사롬이니 지졍【원 슌뎨 대 년호라】십뉵년에 도젹 댱스셩이 항쥬를 티니 그 뚤이 어미두려 닐오디 도젹이 쟝춧 니를디라 내 어미를 니별ᄒᆞ고 ᄒᆞᆫ 번 죽으려 ᄒᆞᄂᆞ이다 ᄒᆞ더니 이윽ᄒᆞ여 도젹이 모든 겨집을 모라와 쥬시 모녀를 맛져 굴오디 날을 위ᄒᆞ여 딕희여시라 내 져녁에 도라오리라 ᄒᆞ니 쥬시 욕볼가 두려 쫄로 더브러 홈끠 목미여 죽으니 쳡풍시 쥬시 모녜 다 죽으믈 보고 탄식ᄒᆞ여 굴오디 내 산들 무엇ᄒᆞ리오 ᄒᆞᆫ갓 <五倫烈56b> 욕을 볼 ᄯᆞ롬이라 ᄒᆞ고 ᄯᅩ훈 목미여 죽고 듕긔의 뎨수 채시 어린 아돌을 안고 유모 탕시로 더브러 다 목미여 죽으니 져녁에 도젹이 도라와 죽엄이 집에 ᄀᆞ득ᄒᆞ믈 보고 그 집 지믈을 노략ᄒᆞ여 가니라

■ 주씨구욕(朱氏懼辱: 주씨가 욕볼 것을 두려워하다.)

원나라 황중기의 아내 주씨는 항주 사람이니 지정 16년에 도적 장사성이 항주를 치니 그 딸이 어미에게 말하기를 "도적이 앞으로 이를 것이다. 내가 어머니와 이별하고 한 번 죽으려 합니다." 하더니 이윽고 도적이 모든 계집을 몰아와서 주씨 모녀를 맡기면서 말하기를 "나를 위하여 모녀를 지켜라. 내가 저녁에 돌아오리라" 하니 주씨가 욕볼까 두려워 딸과 함께 목매어 죽으니 첩 풍씨가 주씨 모녀가 다 죽음을 보고 탄식하여 말하기를

"내가 살아 있은들 무엇하리오 한낱 욕을 볼 따름이라." 하고 또한 목매어 죽고 즁기의 졔수 채씨의 어린 아들을 안고 유모 탕씨와 함께 다 목매어 죽으니 져녁에 도적이 돌아와 주검이 집에 가득함을 보고 그 집 재물을 노략하여 갔다.

쟝춧: 쟝차. 앞으로. 니
산들: 살아 있은들. 무엇흐리오
훈갓: 한낱.
뎨수: 계수(季嫂). 제수.
죽엄이: 주검이. 시체가.

영녀정절(甯女貞節)

甯女貞節
甯氏女許嫁劉眞兒未嫁而眞兒死甯氏年十六聞訃哭甚哀旣而謂父母曰
古云烈女不更二夫吾雖未與之醮然媒妁聘幣父母之命皆已定矣今不幸
而死其父母老無所依吾豈忍唄之操他人家箕箒耶遂請往夫家侍養舅姑
父母初未之許甯請益堅卒許之甯至其家哭臨葬祭無違禮執婦道甚恭織
紝以供甘旨如是者凡五十二年事聞詔旌表其門曰貞節
詩 已成媒聘有歸期不幸夫亡未醮時何忍背之辭甚切始終喪祭禮無虧
五十餘年奉舅姑平生志節竟無渝盛朝旌表褒嘉至千載貞名孰與俱

<五倫烈60a> 녕시는 황명 사룸이니 뉴진ᄋ와 혼인을 뎡ᄒ엿더니 진이 죽으니 이 ᄢ에 녕시 나히 십뉵셰라 부음을 듯고 슬피 우다가 부모의게 고ᄒ여 ᄀᆯ오ᄃᆡ 녯말에 닐오ᄃᆡ 녈녀는 두 지아비ᄅᆞᆯ 셤기디 아닛ᄂᆞᆫ다 ᄒᆞ니 내 비록 뉴가로 더브러 쵸례는 아니ᄒᆞ여시나 듕ᄆᆡᄅᆞᆯ 힝ᄒᆞ고 폐빅을 바다시니 부모의 명이 이믜 뎡ᄒᆞ엿ᄂᆞᆫ디라 이제 블ᄒᆡᆼᄒᆞ여 죽고 그 늙은 부뫼 의탁홀 ᄃᆡ 업스니 내 엇디 ᄎᆞ마 ᄇᆞ리고 <五倫烈60b> 다ᄅᆞᆫ 사ᄅᆞᆷ의게 가리오 쳥컨대 뉴가에 가 싀부모ᄅᆞᆯ 봉양ᄒᆞ여디이다 ᄒᆞᆫ대 부뫼 처음은 듯디 아니터니 녕시 더옥 곤쳥ᄒᆞ거늘 ᄆᆞᄎᆞᆷ내 허락ᄒᆞ니 녕시 뉴가에 가셔 지아븨 빈소에 울고 장ᄉᆞ와 졔ᄅᆞᆯ 녜로 ᄒᆞ고 며느리 도리ᄅᆞᆯ 극진히 ᄒᆞ여 질삼ᄒᆞ여 감지 【부모긔 드리는 음식이라】 ᄅᆞᆯ 밧드러 이러툿 하기 오십이 년이라 그 문에 졍표ᄒᆞ야 ᄀᆞᆯ오ᄃᆡ 뎡졀이라 ᄒᆞ다

■ 영녀정절(甯女貞節: 영씨 딸의 곧은 절개)

영씨는 황명 사람인데 유진아와 혼인을 정했으니 (혼인하기 전에) 진이 죽으니 이때에 영씨 나이가 16세였다. 부음을 듣고 슬피 울다가 부모에게 고하여 말하기를 "옛말에 열녀는 두 지아비를 섬기기 아니한다 하니 내가 비록 유씨와 함께 초례는 아니하였으니 중매를 행하고 폐백을 받았으니 부모의 명이 이미 정한 것입니다. 불행하여 죽고 그 늙은 부모가 의탁할 데가 없으니 내가 어찌 차마 부모를 버리고 다른 사람에게 가겠습니까? 청컨대 유가에 가서 시부모를 봉양하겠습니다." 하니 부모가 처음에는 듣지 아니하더니 영씨가 더욱 간청하거늘 마침내 허락하였다. 영씨는 유가에 가서 지아비 빈소에서 울고 장례와 제사를 예로 하고 며느리 도리를 극진히 하여 길쌈하여 감지를 받들어 드리기를 52년 동안 하였다. 그리하여 그 문에 정표하여 이르기를 정절이라 하였다.

부음(訃音)을: '부음'은 '사람이 죽었다는 것을 알리는 말이나 글'이다.
듯고: 듣고.
뉴가로: 유가와. 유씨와.
듕미롤: 중매를.
부뫼: 부모가.
장亽와: 장례와.
질삼ᄒ여: 길쌈하여.

미쳐해도(彌妻偕逃)

彌妻偕逃
都彌妻美麗亦有節行蓋妻王聞之語都彌曰婦人歲貞在幽昏無人之處誘
以巧言則不動心者鮮矣都彌曰若臣妻雖死無貳王欲試之茵都彌以事使
一近臣假王衣服馬從夜抵其家謂其婦曰我聞爾好與都彌博得之來日入
爾爲宮入遂將亂之婦曰王無妄語吾敢不順請打王先入室吾更衣乃進退
而飾一婢薦之王後知見欺怒甚誣之彌以罪矐其兩眸子置小船泛之河上
遂引其婦強欲淫之婦曰今良人已失獨身不能自持況爲王御豈敢相違今
有所避請俟他日王信而許之婦便逃至江口不能渡呼天慟哭忽見孤舟隨
波而至乘到泉城島遇其夫未死掘啖草根遂與同至高勾麗終於羈旅
詩 敢矐雙眸放大河國君威柄奈如何我儀我特眞天合縱備宮人矢靡他
詭言逃走出重闉泣涕漣洏傍水濱天地神明皆佑助泉城島上見良人

<五倫烈62a> 도미는 빅뎨 나라 사람이니 안히 얼골이 아름답고 졀힝이 잇더니 빅뎨왕이 듯고 도미드려 닐러 굴오디 부인이 비록 명졀이 이시나 그윽ᄒ고 사람 업ᄂᆞᆫ 곳에서 됴ᄒᆞᆫ 말로 다래면 ᄆᆞᄋᆞᆷ을 동티 아니ᄒᆞ리 <五倫烈62b> 업ᄂᆞ니라 도미 굴오디 신의 쳐 거ᄐᆞ니는 비록 죽어도 변티 아니ᄒᆞ리이다 왕이 시험ᄒᆞ고져 ᄒᆞ여 도미를 머므러 두고 ᄒᆞᆫ 신하로 ᄒᆞ여곰 왕의 오슬 닙히고 왕의 ᄆᆞᆯ을 ᄐᆞ고 밤에 그 집의 가 도미의 쳐드려 닐오디 내 네 고으믈 듯고 도미로 더브러 댱긔 두어 나긔ᄒᆞ여 너를 어더시니 너일 너를 드려 궁인을 삼으리라 ᄒ고 드듸여 겁박ᄒ려 ᄒ니 쳬 굴오디 왕은 망녕된 말ᄉᆞᆷ이 업ᄂᆞ니 내 엇디 슌죵ᄒ디 아니리오 쳥컨대 왕은 몬져 방에 드르쇼셔 내 오ᄉᆞᆯ ᄀᆞ라닙고 오리이다 ᄒ고 밧그로 <五倫烈63a> 나가 죵 ᄒᆞ나흘 ᄭᅮ며 드려보내니 왕이 후에 속은 줄 알고 노ᄒ여 도미의 죄를 얽어 두 눈을 ᄲᅡ히고 비에 시러 믈의 ᄯᅴ이고 그 쳐를 잡아다가 겁박ᄒ려 ᄒ니 쳬 굴오디 이제는 지아비를 일허시니 능히 홀로 잇디 못홀디라 ᄒᆞ믈며 왕을 뫼시믈 엇디 거스리리오 오ᄂᆞᆯ은 연괴 이시니 다른 날을 기드리쇼셔 왕이 밋고 허락ᄒ거늘 ᄀᆞ만이 도망ᄒ여 믈ᄀᆞ에 가 능히 건너디 못ᄒ니 하ᄂᆞᆯ을 브르며 통곡ᄒ더니 홀연이 외로온 ᄇᆡ 믈결을 ᄶᅩᆯ와 니ᄅᆞ거늘 그 ᄇᆡ를 ᄐᆞ고 쳔셩도라 ᄒᆞᄂᆞᆫ 셤에 다ᄃᆞ

라 지아비를 <五倫烈63b> 만나니 죽디 아니ᄒᆞᆫ디라 풀불희를 키여 먹다가 ᄒᆞᆫ가지로 고구려 나라히 드러가 종신ᄒᆞ니라

■ 미쳐해도(彌妻偕逃: 도미의 처가 함께 도망가다.)

　도미는 백제 나라 사람인데 아내 얼굴이 아름답고 절행이 있어서 백제 왕이 이를 듣고 도미에게 일러 가로되 부인이 비록 정절이 있으나 그윽하고 사람이 없는 곳에서 좋은 말로 달래면 마음을 동하지 아니하리라 하니 도미가 아뢰되 신의 처는 비록 죽어도 변하지 아니하오리다 왕이 시험하고자 하여 도미를 가두어 두고 한 신하로 하여금 왕의 옷을 입히고 왕의 말을 타고 밤에 그 집에 가 도미의 아내에게 이르되 내 네 고움을 듣고 도미로 더불어 장기를 두어 내기하여 너를 얻었으니 내일 너를 들여 궁인을 삼으리라 하고 드디어 겁박하려 하니 처가 아뢰되 왕은 망령된 말씀이 없으니 내 어찌 순종하지 아니하리오 청컨대 왕은 먼저 방에 드소서 내 옷을 갈아입고 오리이다 하고 밖으로 나가 종 하나를 꾸며 들여보내니 왕이 후에 속은 줄 알고 노하여 도미의 죄를 얽어 두 눈을 빼고 배에 실어 물에 띄우고 그 처를 잡아다가 겁박하려 하니 처가 아뢰되 이제는 지아비를 잃었으니 능히 홀로 있지 못하리라 하물며 왕을 뫼심을 어찌 거스르리오 오늘은 월경이니 다른 날을 기다리소서 왕이 믿고 허락하거늘 가만히 도망하여 물가에 가 능히 건너지 못하니 하늘을 바라며 통곡하더니 홀연히 외로운 배가 물결을 따라와 다다르거늘 그 배를 타고 천성도라 하는 섬에 다다라 지아비를 만나니 죽지 아니한지라 풀뿌리를 캐여 먹다가 함께 고구려로 나란히 드러가 종신하니라

빅뎨: 백제.
절힝: 절행(절행). 절개를 지키는 행실.

명절: 정절(貞節). 여자의 곧은 절개.
다래면: 달래면. '달래다'는 ' 좋고 옳은 말로 잘 이끌어 꾀다.'는 뜻이다.
오슬: 옷을.
댱긔: '장기'의 옛말이다.
나기ᄒᆞ여: 내기하여.
쳬: 쳐+ㅣ(주격 조사). 처가. 도미의 아내가.
얽어: 관련이 되게 하여.
니ᄅᆞ거늘: 이르러거늘.
플불희롤: 풀뿌리를.
ᄒᆞᆫ가지로: 함께.

최씨분매(崔氏奮罵)

崔氏奮罵
崔氏靈巖士人仁祐女也適晉州戶長鄭滿主子女四人其季在襁褓洪武已
未倭賊寇晉闔境奔竄時滿因事入京賊擱入里閭崔年方三十餘且有姿色
抱携諸子走避山中賊四出驅掠遇崔露刃以脅崔抱樹而拒奮罵曰死等爾
與其汚賊而生寧死義罵不絶口賊遂害之斃於樹下賊擄二子以去第三兒
習甫六歲啼號屍側縋褓兒猶匍匐就乳血淋漓入口尋亦斃焉後十年已巳
都觀察使張夏以聞乃命旌門蠲習吏役
詩　良人上計赴王京倭寇搶攘陷邑城汚賊幸生寧死義中心取舍已分明
賊勢縱橫閭郡驚携兒被擄若爲情可憐抱樹捐生處風響依稀罵賊聲

<五倫烈65a> 최시는 고려적 녕암션비 인우의 쏠이니 딘쥬호 댱뎡만의 체 되여 네 ᄌᆞ녀를 나코 사더니 왜적이 딘쥬를 티니 고을 사름이 다 ᄃᆞ라나는디라 뎡만은 셔울 가고 도적이 녀염에 드러오니 최시 나히 졈고 ᄌᆞ식이 잇더니 여러 ᄌᆞ식을 ᄃᆞ리고 산듕에 피란ᄒᆞ엿다가 도적을 만나 칼로 저히고 겁박ᄒᆞ려 ᄒᆞ니 최시 나모를 안고 ᄭᅮ지저 골오디 도적의게 <五倫烈65b> 더러이고 사ᄂᆞ니 ᄎᆞᆯ하리 죽으리라 ᄒᆞ고 ᄭᅮ짓기를 그치디 아니ᄒᆞᆫ대 도적이 드듸여 나모 아래셔 죽이고 두 ᄌᆞ식을 잡아가니 셋재 아돌 습은 나히 계요 뉵셰라 죽엄 겻희셔 울고 강보에 아히는 오히려 긔여가 졋을 ᄲᆞ라 먹으니 피 흘러 입으로 드ᄂᆞᆫ디라 그 아히 즉시 죽으니라 그 후 십년만에 감ᄉᆞ 댱하 나라히 장계ᄒᆞ여 졍문ᄒᆞ고 습의 구실을 더러주니라

■ 최씨분매(崔氏奮罵: 최씨가 성내어 꾸짖다.)

최씨는 고려 영암에 사는 선비 인우의 딸이니 진주호장 정만의 처가 되어 네 자녀를 낳고 살았다. 어느 날 왜적이 진주를 치니 고을 사람이 다 달아났다. 정만은 서울에 가고 도적에 마을에 들어오니 최씨가 나이가 젊고 자식이 있어 여러 자식을 데리고 산중에 피란하였다가 도적을 만나 도적이 칼로 위협하고 겁박하려 하니 최씨가 나무를 안고 꾸짖어 말하기를 "도적에게 더럽히고 사느니 차라리 죽겠다." 하고 꾸짖기를 그치지 아니하였다. 도적이 마침내 나무 아래에서 죽이고 두 자식을 잡아가니 셋째 아들 습은 나이가 겨우 6세였다. 주검 곁에서 울고 강보에 있는 아이는 오히려 기어가서 젖을 빨아 먹으니 피가 흘러 입으로 들어가 그 아이는 죽게 되었다. 그 후 십 년만에 감사를 당해 나라에서 장계하여 정문하고 습의 세금을 덜어 주었다.

딘쥬호댱: 진주호장(晉州戶長). '진주' 지방의 호장. '호장'은 '고을 구실아치의 우두머리'를 말한다. 성종 2년(983)에 당대 등을 고친 것이다.
나코: 낳고.
사더니: 살더니.
녀염에: 여염(閭閻)에. '여염'은 '백성의 살림집이 많이 모여 있는 곳'을 말한다.
출하리: 차라리.
계요: 겨우.
겻히셔: 곁에서.
긔여가: 기어가.
졋을: (어미의) 젖을.
장계(狀啓)ᄒᆞ여: 장계하여. '장계'는 '왕명을 받고 지방에 나가 있는 신하가 자기 관하(管下)의 중요한 일을 왕에게 보고하는 것'을 뜻한다.
구실: 세납을 통틀어 이르던 말.

열부입강(烈婦入江)

烈婦入江
裵氏京山人進士中善女也旣笄適郞將李東郊善治內事洪武庚申倭賊逼京山閭境擾攘無敢禦者東郊時間赴合浦帥幕未還賊騎突入裵所居里裵抱乳子走賊追之及江江水方漲度不能脫置乳子岸曰何不速殺我我豈汚賊者邪賊射之中肩再發再中遂沒於江中體覆使趙浚上其事旌表里門
詩　島夷來逼孰能當閭境蒼皇走且僵忍見乳兒呱岸上自知難脫赴滄浪倭寇由來性不仁那知烈婦行眞純灘聲千載猶悲咽到此無人不愴神

<五倫烈67a> 비시는 고려적 경산 사룸이니 진사 듕션의 쭐이라 낭댱 벼슬ᄒᆞ는 니동교의 쳬 되여 니명을 잘 다스리더니 왜란을 만나 지아비 싸홈에 가고 혼자 이실 째에 도적이 집의 드러오거늘 비시 어린 주식을 안고 ᄃᆞ라나 강ᄀᆞ에 다ᄃᆞᄅᆞ니 도적이 쏠와오거늘 비시 면티 못홀 줄 알고 주식을 언덕에 노코 강에 ᄃᆞ라들려 ᄒᆞ니 도적이 활에 살을 먹여 쏘려 ᄒᆞ며 닐오디 네 오면 살리라 비시 도라보며 크게 꾸지저 ᄀᆞᆯ오디 날을 샬리 죽이라 내 엇디 도적의게 <五倫烈67b> 더러이리오 ᄒᆞ대 도적이 엇게를 쏘아 두 번 마쳐 믈속의셔 죽으니 톄복ᄉ 됴쥰이 나라히 알외여 졍문ᄒᆞ니라

■ 열부입강(烈婦入江: 열부가 강물에 빠지다.)

배씨는 고려 때 경산 사람인데 진사 중선의 딸이다. 낭장 벼슬하는 이동교의 아내가 되어 집안을 잘 다스렸는데 왜란을 만나 지아비는 전쟁터에 나가고 혼자 있을 때에 도적에 집에 들어왔다. 배씨가 어린 자식을 안고 달아나 강가에 다다르니 도적이 따라오거늘 배씨가 (죽음을) 면하지 못할 줄을 알고 자식을 언덕에 놓고 강에 뛰어드니 도적이 활을 당겨 쏘려 하며 말하기를 "네가 오면 살 것이라." 배씨가 돌아보며 크게 꾸짖어 말하기를 "나를 빨리 죽여라. 내 어찌 도적에게 더럽히겠느냐?" 하니 도적이 어깨를 쏘아 두 번 맞혀 물속에서 죽으니 체복사 조준이 나라에 아뢰어 정문하였다.

낭댱: 낭장(郎將). 고려 시대에, 정육품 무관의 벼슬.
더러이리오: 더럽히리오.
엇게롤: 어깨를. 어깨〈 억게〈 엇게〈 석보상절(1447)〉
마쳐: 맞혀.
톄복스: 체복사(體覆使). 고려시대 지방에 보내던 임시 사행.

임씨단족(林氏斷足)

林氏斷足
林氏完山府儒士柜子女也適知樂安郡事崔克孚倭寇本府林被執賊欲汙
之林固拒賊斷一臂又斷一足猶不屈被害
詩 林氏完山禮義家倭奴突入肆兵戈兇渠白刃焉能汚之死心堅矢靡他
貞烈高風擧世驚臨危捨不偸生一身取舍分明甚義重方知死亦輕

<五倫烈68b> 님시는 본됴 젼쥬 션비 거의 쌀이니 낙안원 최극부의 쳬 되엿더니 왜적이 잡아 핍박ᄒᆞ고져 ᄒᆞ니 님시 좃디 아니ᄒᆞᆫ대 도적이 ᄒᆞᆫ 풀과 ᄒᆞᆫ 다리를 <五倫烈69a> 버히되 오히려 굴티 아니ᄒᆞ고 죽으니라

■ 임씨단족(林氏斷足: 임씨가 발을 잘리다.)

임씨는 본디 전주 선비 임거의 딸인데 낙안원 최극부의 아내가 되었다. 왜적이 들어와 임씨를 잡아 핍박하고자 하니 임씨가 이를 따르지 아니하였다. 그러자 도적이 한 팔과 한 다리를 베었는데 오히려 굴하지 아니하고 죽었다.

좃디: 따르지.
굴티: 굴하지. 아니ᄒᆞ고 죽으니라

김씨박호(金氏撲虎)

金氏撲虎
金氏安東人適散員兪天桂洪武辛巳天桂當行戍謂其妻曰今日吉吾將出宿於外其妻曰吾亦出宿矣遂入室裝糧夜半忽有人驚呼聲婢僕皆縮頸金挺身而虎已攫夫去金把木弓叫呼而前左手執夫右手撲虎幾至六十步許虎委之而止金曰爾旣攫我夫欲幷取我邪虎乃去夫氣絶金負而歸家黎明夫甦其夜虎又至唐突大吼金又開門荷杖語虎曰爾亦含靈之物何若是之甚乎虎嚙舍傍梨樹而去樹乃枯

詩 慇懃入室爲裝糧出戍良人宿舍傍夜半忽爲虓虎攫追奔手撲俾無傷大吼重來最可驚開門荷張語丁寧縱然嚙樹終無害始信毛蟲亦性靈

<五倫烈70b> 김시는 본됴 안동 사룸이라 유텬계의 체 되엿더니 텬계 슈자리 살라 갈 시 쳐드려 닐러 골오디 오늘이 됴혼 날이니 나셔 자고 가려ᄒᆞ노라 쳬 골오디 나도 ᄯᅩ흔 나가 자리라 ᄒᆞ고 집에 드러와 힝장을 출히더니 밤듕에 홀연 사룸이 급히 웨는 소리 잇거늘 김시 놀나 내드라 보니 범이 볼셔 그 지아비를 무러 가는 디라 김시 활을 가지고 소리ᄒᆞ고 <五倫烈71a> 드라드러 ᄒᆞᆫ 손으로 지아비를 잡고 ᄒᆞᆫ 손으로 범을 티며 거의 뉵십보를 니르니 범이 지아비를 노코 믈러 안거놀 김시 골오디 네 날을 마자 믈고져 ᄒᆞᆫ다 ᄒᆞ니 범이 드라나고 지아비는 긔졀ᄒᆞ엿거늘 김시 업어다가 구원ᄒᆞ여 ᄭᅢ여낫더니 그날 밤에 범이 ᄯᅩ 와셔 소리ᄒᆞ거늘 김시 문을 열고 막대를 들고 범드려 닐오디 네 ᄯᅩ흔 녕믈이라 엇디 이러투시 심ᄒᆞ뇨 ᄒᆞ대 범이 집 알픠 비 남글 므러 너흘고 가니 그 남기 인ᄒᆞ여 ᄆᆞᄅᆞ더라

■ 김씨박호(金氏撲虎: 김씨가 범을 때려잡다.)

김씨는 본디 안동 사람이었다. 유천계의 아내가 되었는데 천계가 국방을 지키러 나갈 때 아내에게 말하기를 "오늘이 길진이니 나가서 자고 가려고 하노라." 하니 아내가 말하기를 "나도 또한 나가 자겠습니다." 하고 집에 들어와 행장을 차리는데 밤중에 홀연히 사람이 급히 외치는 소리가 있거늘 김씨가 놀라 나가 보니 호랑이가 어느새 지아비를 물어 가 버렸다. 김씨가 활을 가지고 소리치고 달려들어 한 손으로 지아비를 잡고 한 손으로 범을 치며 거의 육십 보를 이르니 호랑이가 지아비를 놓고 물러 앉거늘 김씨가 말하기를 "네가 나마저 물고자 하느냐?" 하니 호랑이가 달아나고 지아비는 기절하였다. 김씨가 업어다가 구원하여 깨어났더니 그날 밤에 호랑이가 또 와서 소리내거늘 김씨가 문을 열고 막대를 들고 호랑이에게 말하기를 "네 또한 영물인데 어찌 이렇듯이 심하느냐?" 하니 호랑이가 집 앞에 배 나무를 물어 놓고 가니 그 나무가 그로 인하여 말라 버렸다.

슈자리: 수(戍)자리. 국방을 지키는 일.
됴흔 날이니: 길진(吉辰, 2443년)이니.
웨는: 외치는.
너흘고: '물다'의 옛말이다.

김씨동폄(金氏同窆)

金氏同窆
金氏豐山人其夫李橿隆馬死號咷擗踊抱屍經三日夜及殯益自哀慟踰月不食惟啜水而已父母喩之曰食而哭於義何害金曰非哀而不食自不思食耳應是疾也至五十三日而死年二十父母憐之同穴而瘞
詩 夫因馬蹶忽舁屍擗踊號咷日抱持不食數旬惟啜水竟捐軀命事堪悲性善由來見四端人能踐履最爲難豐山一女知偕死同穴千秋得所安

<五倫烈72a> 김시는 본됴 풍산 사름이니 그 지아비 니강이 <五倫烈72b> 물게 써러져 죽으니 김시 죽엄을 안고 쒸놀며 울고 둘이 넘드록 밥을 먹디 아니ᄒ거늘 부뫼 기유ᄒ여 ᄀᆯ오ᄃᆡ 먹고 울미 무어시 의예 해로오리오 ᄒᆞ대 김시 ᄀᆞᆯ오ᄃᆡ 셜워 먹디 아니미 아니라 스스로 밥 싱각이 업스니 응당 병인가 ᄒᆞᄂᆞ이다 ᄒᆞ더니 오십 삼일만에 죽으니 나히 이십이라 부뫼 블샹이 너겨 부쳐롤 합장ᄒᆞ니라

■ 김씨동폄(金氏同窆: 김씨가 함께 묻히다.)

김씨는 본디 풍산 사람인데 김씨의 남편 이강이 (말에서) 떨어져 죽으니 김씨가 그 주검을 안고 뛰며 울고 한 달이 넘도록 밥을 먹지 아니하거늘 부모가 개유하여 말하기를 "먹고 우는 것이 무엇이 의에 해롭겠느냐?" 하니 김씨가 말하기를 "서러워서 먹지 아니하는 것이 아니라 스스로 밥 생각이 없으니 마땅히 병인 듯 싶습니다." 하고 오십 삼 일만에 죽으니 그 나이가 이십이었다. 부모가 불쌍하게 여겨 부처를 합장하였다.

본됴: 본디.
죽엄을: 주검을.
부뫼: 부모+ㅣ. 부모가.
기유ᄒ여: 개유(開諭)하여. 알아듣도록 잘 타일러.
응당: 마땅히.
나히: 나이.
블샹이 너겨: 불쌍하게 여겨.

권제사(卷第四)

형제(兄弟)

급수동사(伋壽同死)
복식분축(卜式分畜)
왕림구제(王琳救弟)
허무자예(許武自穢)
정균간형(鄭均諫兄)
조효취팽(趙孝就烹)
무융자과(繆肜自撾)
이충축부(李充逐婦)
강굉동피(姜肱同被)
왕람쟁짐(王覽爭酖)
유곤수병(庾袞守病)
왕밀역제(王密易弟)
채곽자사(蔡廓咨事)
극살쟁사(棘薩爭死)
양씨의양(楊氏義讓)

달지속제(達之贖弟)
광진반적(光進反籍)
덕규사옥(德珪死獄)
두연대형(杜衍待兄)
장존포금(張存布錦)
언소석적(彦霄析籍)
도경인경(道卿引頸)
곽전분재(郭全分財)
사달의감(思達義感)
군량척처(君良斥妻)
공예서인(公藝書忍)
진씨군식(陳氏羣食)
중엄의장(仲淹義莊)
육씨의거(陸氏義居)
문사사세(文嗣士世)
장윤동찬(張閏同爨)

급수동사(伋壽同死)

伋壽同死
衛公子壽者宣公之子太子伋之異母弟公子朔之同母兄也其母與朔謀欲
殺伋公饞於公公令伋之齊使賊先待於隘而殺之壽知之以告伋使去之伋
不可曰棄父之命惡用子矣有無父之國則可也及行壽飮以酒載其旌而先
往賊殺之伋至曰君命殺我壽有何罪賊又殺之國人傷之作二子乘舟之詩
詩 泛泛河舟同濟日迢迢齊路竊旌時自逢嚚傲鴒原急一去那堪見諒屍
人倫遭變力難禁爭死悲懷兩不任爲寫新編垂萬代凜然天下弟兄心

<五倫兄02a> 위나라 공ᄌᆞ 슈는 션공의 아ᄃᆞᆯ이오 태ᄌᆞ 급의 다른 어미게 나흔 아이오 공ᄌᆞ 삭의 ᄒᆞᆫ 어미의게 나흔 형이라 슈의 어미 삭으로 더브러 꾀ᄒᆞ여 급을 죽이려 ᄒᆞ여 ᄒᆞᆫ가지로 션공의게 참소ᄒᆞ니 공이 급으로 ᄒᆞ여곰 졔나라ᄒᆡ 스신가라 ᄒᆞ고 도적을 즈레 보내여 죽이라 ᄒᆞ니 슈 알고 급의게 고ᄒᆞ여 ᄃᆞ라나라 ᄒᆞ대 급이 듯디 아니ᄒᆞ여 ᄀᆞᆯ오ᄃᆡ 아븨 명을 ᄇᆞ리면 엇디 ᄌᆞ식이라 ᄒᆞ리오 ᄒᆞ고 쟝ᄎᆞᆺ ᄒᆡᆼᄒᆞᆯ 시 슈 술로 급을 먹여 ᄎᆔ케 ᄒᆞ고 급의 긔ᄅᆞᆯ ᄀᆞ만이 아사 몬져 가니 도적이 긔ᄅᆞᆯ 보고 급인가 ᄒᆞ여 <五倫兄02b> 죽이거ᄂᆞᆯ 급이 니ᄅᆞ러 ᄀᆞᆯ오ᄃᆡ 님군이 날을 죽이라 ᄒᆞ시니 슈ㅣ 무슴 죄 이시리오 ᄒᆞᆫ대 도적이 ᄯᅩ 죽이니 나라사ᄅᆞᆷ이 슬허ᄒᆞ여 이ᄌᆞ승쥬 (두 사ᄅᆞᆷ이 ᄇᆡ ᄐᆞ고 가단 말이라)라 ᄒᆞ는 글을 지으니라

■ 급수동사(伋壽同死: 급과 수가 함께 죽다.)

위나라 공자 수는 선공의 아들이다. 태자 급의 다른 어머니에게서 낳은 동생이고, 공자 삭의 한 어머니에게서 나온 형이다. 수의 어미가 삭과 더불어 계책을 꾸며 급을 죽이려 하고 선공에게 거짓으로 참소하였다. 이에 선공이 급으로 하여금 제나라에 사신으로 가라하고, 미리 도적을 보내어 급을 죽이라 하였다. 수가 이를 알고 급에게 이 사실을 알려 달아나라 하지만 급이 듣지 아니하여 말하기를 "아버지의 명을 어기면 어찌 자식이라 하리오."하고 아버지의 명령을 행하려 할 때 수가 급에게 술을 먹여 취하게 하고 급의 기를 가만히 빼앗아 수레에 꽂아 먼저 가니 도적이 그를 보고 급인가 하여 죽였다. 급이 이를 보고 말하기를 "임금이 나를 죽이라 하셨는데 수가 무슨 죄가 있으리오."하니 도적이 급 또한 죽였다. 이에 나라 사람들이 슬퍼하여 '이자승주시(二子乘舟詩)라는 글을 지었다.

선공(宣公): 춘추 때 위나라 임금. 환공(桓公)의 아우이다. 이름은 진(晋)으로 서모 이강(夷姜)과 관계해서 급(伋)을 낳았다. 뒤에 급의 아내를 제(齊)나라에서 데려왔는데 얼굴이 고와 이를 아내로 삼아 수(壽)와 삭(朔)을 낳았다.
나혼: 낳은. 연철표기.
의게: -에게.
더브러: 더불어.
참소(讒訴): 남을 헐뜯어서 죄가 있는 것처럼 꾸며 윗사람에게 고하여 바치다.
즈레: 미리.
드라나라: 달아나라.
듯디: 듣지.
엇디: 어찌.
취케: 취하게.
ᄀ만이: 가만히.
아사: 앗아, 빼앗아.
몬져: 먼저.
ᄀᆞᆯ오디: 말하기를.
님군: 임금.
쉬: 수가.
무슴: 무슨.
슬허ᄒᆞ여: 슬퍼하여.

복식분축(卜式分畜)

卜式分畜
卜式河南人以天畜爲事有少弟弟壯式脫身出獨取畜羊百餘口田宅財物
盡與弟式入山牧十餘季致千餘頭買田宅而弟盡破其産式輒復分與之
詩 世業遺財付友于脫身甘伴牧豬奴買宅何心吾獨富千頭分向弟家輸
錐刀爭利世紛紛誰念天親一體分他日佐時輪粟盡此心孝悌便移動君

<五倫兄03b> 복식은 한나라 하남 사름이니 밧 갈고 즘싱치기로 일 삼더니 져근 아이 이셔 이믜 댱셩ᄒᆞ니 식이 젼퇵과 직믈을 다 아ᄋᆞ롤 주고 다만 기르던 양 빅여 <五倫兄04a> 구롤 가지고 홀로 산듕에 드러가 십여년을 양을 쳐 양이 셩ᄒᆞ여 쳔여 두에 니ᄅᆞ니 젼퇵을 사 두엇더니 그 아이 가산을 다 패ᄒᆞ거늘 식이 믄득 다시 ᄂᆞ화주니라

■ 복식분축(卜式分畜: 복식이 재산을 나누다.)

복식은 한나라 하남(河南) 사람이니 밭 갈고 짐승 기르기로 생업을 삼아 살았다. 식에게는 어린 아우가 있는데 이미 자라서 어른이 되니 식이 전택과 재물을 모두 아우에게 주고 다만 기르던 양 백 여 마리를 가지고 홀로 산중에 들어가 십 여 년을 양을 쳐 양이 천여 마리에 이르러 논밭과 집을 사두었다. 그 동생이 가산을 모두 탕진하자 식이 또 다시 동생에게 나누어주었다.

즘싱: 짐승.
댱셩ᄒᆞ니: 장성하니. 자라서 어른이 되니.
젼퇵: 전택. 논밭과 집을 아울러 이르는 말.
ᄂᆞ화주니라: 나누워주다.

왕림구제(王琳救弟)

王琳救弟
王琳汝難人年十餘歲喪父母因遭大亂百姓奔逃惟琳兄弟獨守塚廬號泣
不絶弟季出遇赤眉爲賊所捕琳自縛詣賊請先季死賊矜而放遣之
詩 四方多難劇紛如兄弟攀號獨守廬爲季投身先乞死豺狼安得不矜且
弟兄相愛卽天彝急難誰知有此兒要識世人無不感請看兇醜遣歸時

<五倫兄05a> 왕님은 한나라 여남 사룸이니 나히 십여셰에 부모를 여희고 난리를 만나 빅셩이 다 드라나되 오직 님의 형뎨는 부모 분묘를 직희여 울기를 긋치디 <五倫兄05b> 아니ᄒᆞ더니 아이 나가다가 도적의게 잡히니 님이 스스로 결박ᄒᆞ여 도적의게 나아가 몬져 죽어디라 쳥ᄒᆞ대 도적이 불샹이 너겨 다 노화 보내니라

■ 왕림구제(王琳救弟: 왕림이 아우를 구하다.)

왕림(王琳)은 한나라 여남의 사람이다. 나이 십여 세에 부모를 여의고 난리를 만나서 백성이 모두 달아났는데 오직 왕림의 형제는 부모의 무덤을 지키면서 울기를 그치지 아니하였다. 아우가 잠시 나가 도적에게 잡히니 왕림이 스스로 결박하여 도적에게 가서 먼저 죽여달라 청하니 도적이 불쌍하게 여겨 형제를 다 놓아 보내주었다.

나히: 나이.
여희고: 여의고.
형뎨논: 형제는.
직희여: 지키어.
긋치디: 그치지.
도적의게: 도적에게
몬져: 먼저.
불샹이 너겨: 불쌍히 여겨.
노화: 놓아. 연철표기.

허무자예(許武自穢)

許武自穢
許武陽羨人建武中會稽太守第五倫擧爲孝廉武以二弟晏普未懸顯欲令成名乃謂之曰禮有分異之義家有別居止道於是共割財産以爲三分武自取肥田廣宅奴婢强者二弟所得並皆劣少鄕人皆鄙武貪而稱弟能讓由是晏等俱得選擧武乃會宗族泣曰吾爲兄不肖盜竊聲位二弟年長未霑榮祿所以求得分財自取大譏今理産所增三倍於前悉推與二弟一無所畱於是郡中翕然稱之

詩 廉孝從前擧豈誣臨財甘作一貪夫心期二弟名成後三倍貲財盡付渠
弟顯自從兄穢日兄貪還釋弟榮時尋常友愛還誇俗隱德無嫌世所譏

<五倫兄07a> 허무는 한나라 양연 사롬이니 회계 태수 뎨오륜이 쳔거ᄒᆞ여 벼슬ᄒᆞ이니 뮈 그 두 아이 현달티 못ᄒᆞ므로 일홈을 내려 ᄒᆞ여 이에 아ᄋᆞ드려 닐오디 분지ᄒᆞ여 각각 살기ᄂᆞᆫ 응당ᄒᆞᆫ 도리라 ᄒᆞ고 가산을 삼분에 ᄂᆞ화 무ᄂᆞᆫ 됴ᄒᆞᆫ 밧과 너른 집과 건장ᄒᆞᆫ 죵을 굴희여 가지고 두 아ᄋᆞᆫ 못쁠 거슬 주니 향듕 사ᄅᆞᆷ이 다 무의 탐ᄒᆞᄆᆞᆯ 더러이 너기고 두 아의 능히 사양ᄒᆞᄆᆞᆯ 일ᄏᆞᄅᆞ니 일로 말미암아 두 아의 <五倫兄07b> 다 벼슬을 어드니 뮈 종족을 모호고 울며 굴오디 내 형이 되여 블쵸ᄒᆞ디라 일홈과 벼슬을 외람히 어더시되 두 아ᄋᆞᆫ 자라매 홀로 영화ᄅᆞᆯ 보디 못ᄒᆞ니 내 그러므로 분지ᄒᆞᄆᆞᆯ 구ᄒᆞ여 스스로 ᄭᅮ디롭을 취ᄒᆞ엿더니 이제ᄂᆞᆫ 내 가산이 느러 젼의셔 삼빅나 더ᄒᆞ엿노라 ᄒᆞ고 다 그 아ᄋᆞᆯ ᄂᆞ화주고 ᄒᆞ나토 가지디 아니ᄒᆞ니 일읍 사ᄅᆞᆷ이 비로소 그 어딜믈 일ᄏᆞᆺ더라

■ 허무자예(許武自穢: 허무가 스스로를 욕되게 하다.)

허무는 한나라 때 양연 사람이니 회계태수 제오륜(第五倫)이 그를 효렴에 천거하여 벼슬자리에 올랐다. 허무는 그의 두 동생이 아직 현달하지 못 하여 그 이름을 알리려 하여서 두 아우에게 말하기를 "재산을 나누어 각각 사는 것이 마땅한 도리이다."라 하였다. 이에 집안의 재산을 세 등분하여 나누었는데 허무는 좋은 밭과 넓은 집, 건장한 종을 골라 가지고 두 아우는 쓸모없는 것을 주니 마을 사람들이 모두 허무의 재물 탐하는 것을 더럽게 여기고, 두 아우의 능히 사양함을 말하였다. 이것으로 말미암아 두 아우는 모두 벼슬을 얻으니 허무가 종족을 모아 놓고 울면서 말하기를 "제가 형으로 불초(不肖)하여 이름과 벼슬을 분수에 넘치게 얻었으나 두 아우는 커서도 영화로움을 보지 못 하였습니다. 그래서 재산을 나누기를 하여서 제 스스로를 욕되게 하였는데 이제는 저의 가산이 늘어 전보다 세 배나 늘었습니다."하고 재산을 다 아우에게 나누어 주고 하나도 가지지 않으니 한 마을 사람들이 비로소 그 어짊을 알게 되었더라.

효렴(孝廉): 효성스러움과 청렴함.
현달티: 현달하지. 벼슬, 명성, 덕망이 높아서 이름이 세상에 드러나지.
일홈을 내려 ᄒ여: 이름을 알리려 하여.
분지(分財)ᄒ여: 재산을 나누어.
됴흔 밧과: 좋은 밭과.
글희여 가지고: 골라 가지고.
종족: 성(姓)과 본(本)이 같은 겨레붙이.
불쵸ᄒ디라: 불초(不肖)한지라. '불초'는 아버지를 닮지 않았다는 뜻으로, 못나고 어리석은 사람을 이르는 말이다.
젼의셔: 전(前)에서. 전의 재산에서.
어딜믈: 어짊을.

정균간형(鄭均諫兄)

鄭均諫兄
鄭均任城人兄爲縣吏頗受禮遺均數諫止不聽則脫身爲傭歲餘得錢帛歸
以與兄曰物盡可復得爲吏坐贓終身捐棄兄感其言遂爲廉潔
詩 取物傷廉恐累身愛兄誠意出天眞已知切諫終無人甘自爲傭受苦辛
傭得錢歸遺我兄苴代此足營生坐贓一語開心病貪汚終能變潔清

<五倫兄08b> 뎡균은 한나라 임셩 사룸이니 형이 고을 원이 되여 눔의 주는 거슬 만히 밧거눌 균이 주조 간호되 듯디 아니호니 균이 나가셔 몸소 버으러 혼 히 남으매 <五倫兄09a> 돈과 비단을 만히 어더 도라와 형을 주고 굴오디 지물은 진호여도 가히 다시 어드려니와 탐장의 좌 죄호면 죵신토록 브리이느니이다 혼대 형이 그 말을 감동호여 드디여 쳥념호 사롬이 되니라

■ 정균간형(鄭均諫兄: 정균이 형을 간하다.)

정균은 한나라 임성의 사람이 형이 고을 원님이 되어 남이 주는 것을 많이 받자 정균이 자주 형에게 간하였으나 형이 듣지 않았다. 이에 정균이 직접 재물을 벌려 하였고, 일 년이 지나 돈과 비단을 많이 벌어 돌아 왔다. 이를 형에게 주고 말하기를 "재물은 다하여도 가히 다시 있을 수 있지만 탐장(貪贓)의 죄를 지으면 죽을 때가지 벗어나지 못 합니다." 하니 형이 그 말에 감동하여 드디어 청렴한 사람이 되었다.

만히 밧거눌: 많이 받거늘.
간(諫)하다: 웃어른이나 임금에게 옳지 못하거나 잘못된 일을 고치도록 말하다.
진(盡)호여도: 다 하여도. 없어져도.
탐장(貪贓): 벼슬아치가 옳지 않은 짓을 하여 재물을 탐함. 또는 그렇게 하여 얻은 재물.
청념훈: 청렴한.

조효취팽(趙孝就烹)

趙孝就烹
趙孝沛國人遭天下亂人相食孝弟禮爲賊所得將烹之孝聞卽自縛詣賊曰
禮久餓羸瘦不如孝肥飽賊大驚並釋之且謂曰可歸更持米糒來孝求不能
得復往報賊願就烹衆異之遂不害明帝聞其行召拜諫議大夫
詩 遭時不幸暗傷神人化爲豺又食人自縛肥身甘代弟野心猶感有天倫
野淸何處更求糒垂橐歸來願就烹異行能回羣盜腹高名宜徹九天明

<五倫兄10a> 됴효는 한나라 패국 사람이니 텬해 크게 어지러워 <五倫兄10b> 사람이 서로 잡아 먹을 시 효의 아이 도적의게 잡히여 삼마 먹으려 하거늘 효 스스로 결박하여 도적을 보고 굴오디 내 아오는 오래 주려 날만티 슬디디 못하니 쳥컨대 날을 삼으라 한대 도적이 크게 놀나 형뎨를 다 노하며 닐오디 네 도라가 발미시 를 가지고 오라 하거늘 효 구호디 엇디 못한디라 다시 가져 도적의게 고하고 삼겨디라 하니 다 긔이히 너겨 노하 보내니 텬지 드르시고 간의대부 벼슬을 하이시다

■ 조효취팽(趙孝就烹: 조효가 뜨거운 물에 들어가다.)

조효는 한나라 패국의 사람으로 천하가 크게 어지러워 사람들이 서로 잡아먹을 때이다. 조효의 동생이 도적에게 잡히어 도적이 아우를 삶아먹으려 하자 조효가 스스로를 결박하여 도적에게 가 말했다. "내 아우는 오래 굶어서 나만큼 살지지 못 하였으니 부탁하건대 나를 삶아먹으라."하니 도덕이 크게 놀라 형제를 다 놓아주며 말하기를 "너희들은 돌아가 말린 쌀을 가지고 오라." 하였다. 조효가 그것을 구하였으나 얻지 못 하자 다시 도적에게 가서 고하고, 삶아 먹으라 하니 모두 기이하게 여겨 놓아 보내주었다. 이에 천자(명제)가 이 일을 들으시고 그에게 간의대부(諫議大夫) 벼슬을 하게 했다.

도적의게: 도적에게.
날만티: 나만큼.
뿔미시롤: 말린 쌀을.
명제(明帝): 후한의 제2대 임금. 효명제(孝明帝).
간의대부(諫議大夫): 임금에게 잘못을 고치도록 간하는 일을 맡아보던 벼슬.

목용자과(繆肜自撾)

繆肜自撾
繆肜汝南人少孤兄弟四人皆同財産及各娶妻諸婦遂求分異又數有鬪爭
之言肜深懷憤歎乃掩戶自撾曰繆肜汝脩身謹行學聖人之法將以齊整風
俗奈何不能正其家乎弟及諸婦聞之悉叩頭謝罪遂更爲敦睦之行
詩 早孤諸季與同居娶婦求分罪在予掩戶自撾能感彼一家敦睦得如初
同氣相分自責深能令諸婦便回心是知友愛由天性喋血相殘獸與禽

<五倫兄11b> 목용은 한나라 여남 사람이니 일즉 부모를 여희고 <五倫兄12a> 형뎨 네 사름이 훈 집에셔 사더니 각각 댱가 들매 여러 지어미 다 쫀로 나려 ᄒᆞ고 쏘 ᄌᆞ조 둣토거늘 용이 깁히 애둘니 녀겨 이에 문을 닷고 스스로 티며 칙ᄒᆞ여 굴오디 목용아 네 몸을 닥고 힝실을 삼가 셩인의 법을 비호믄 쟝촛 풍쇽을 졍졔ᄒᆞ려 ᄒᆞ거늘 엇디ᄒᆞ여 능히 그 집을 바르디 못ᄒᆞᄂᆞ뇨 훈대 여러 아ᄋᆞ와 지어미 다 마리를 두드려 사죄ᄒᆞ고 드듸여 서로 화목ᄒᆞ더라

■ 목용자과(繆肜自撾: 목용이 스스로를 매질하다.)

목용은 한나라 여남 사람이다. 일찍 부모를 여의고 사형제가 한 집에서 살다가 각각 장가를 들자 아내들이 모두 따로 분가를 하려고 하고, 또 자주 다투었다. 목용이 이를 심히 애달프게 여겨 문을 닫고 스스로에게 매질하며 말하기를 "목용아, 네 몸을 닦고 행실을 삼가고, 성인의 가르침을 배운 것은 장차 풍속을 바로 잡으려 한 것인데 어찌하여 네 집을 바르게 하지 못 하느냐." 하자 여러 아우와 아내가 모두 머리를 조아려 사죄하고, 드디어 서로 화목하게 지내었다.

댱가 들매: 장가 들매. 장가를 들자.
아ᄋᆞ와 지어미: 아우와 지어미. 아우와 그의 아내.
마리를: 머리를.

이충축부(李充逐婦)

李充逐婦
李充陳留人家貧兄弟六人同衣遞食妻竊謂充曰今貧居如此難以久安願
思分異充偽酬之曰如欲別居當醞酒具會請呼鄕里內外共議其事婦從充
置酒讌客充坐中前跪白母曰此婦無狀而敎充離間母子兄弟罪合遣斥便
呵叱其婦逐令出門婦銜涕而去
詩 悍妻當日怨家貧不念鴒原骨肉親會合鄉閭揮婦去割情全愛篤天倫
同衣遞食意慇懃長枕當年不擬分何物婦人饒間舌一心愈更切箎塤

<五倫兄13b> 니튱은 한나라 진류 사롬이니 형뎨 뉵인이 옷과 밥을 서로 닙고 먹더니 튱의 쳬 ᄀᆞ만이 튱ᄃᆞ려 닐오디 이제 가난ᄒᆞ기 이러ᄐᆞᆺᄒᆞ니 오래 ᄒᆞ가지로 잇기 어려온디라 원컨대 각각 사라디라 ᄒᆞ니 튱이 거즛 허락ᄒᆞ여 ᄀᆞᆯ오디 맛당이 술을 ᄀᆞ초와 잔치ᄅᆞᆯ 베플고 ᄆᆞ올과 집사롬을 다 모호고 그 일을 의논ᄒᆞ리라 쳬 그 말디로 술을 두어 잔치홀 시 튱이 좌듕의 나아가 ᄭᅮ러 어믜게 고ᄒᆞ여 ᄀᆞᆯ오디 이 겨집이 무상ᄒᆞ여 튱을 ᄀᆞᄅᆞ쳐 모ᄌᆞ와 형뎨ᄅᆞᆯ 니간ᄒᆞ니 그 죄 맛당이 내티리로 소이다 ᄒᆞ고 믄득 <五倫兄14a> 그 쳐ᄅᆞᆯ 크게 ᄭᅮ딧고 문 밧긔 모라 내티니 쳬 울며 가더라

■ 이충축부(李充逐婦: 이충이 아내를 쫓아내다.)

이충은 한나라 진류 사람이다. 여섯 형제가 옷과 밥을 서로 나누어 입고 먹으며 살았는데 이충의 아내가 이충에게 가만히 말하기를 "집이 가난하여 이렇게 같이 지내기 어려우니 원하건대 각각 분가하여 삽시다."하였다. 이에 이충이 거짓으로 허락하여 말하기를 "그렇게 하려면 마땅히 술을 장만하여 잔치를 베풀고 마을 사람과 가족을 다 모아 그 일을 의논하자." 하였다. 이에 그 아내가 그 말대로 술을 장만하고 잔치를 하자 이충이 좌중에 나아가 무릎을 꿇고 어머니에게 아뢰기를 "이 계집이 무상하여 저에

게 모자와 형제 사이를 이간하니 그 죄가 마땅히 내쫓을 만합니다."하고 문득 그 처를 크게 꾸짖고 문밖으로 내쫓으니 그 처가 울면서 가버렸다.

튱드려 닐오디: 충에게 말하기를.
맛당이: 마땅히.
어믜게 : 어머니에게.
무상(無狀)하다: 아무렇게나 함부로 행동하여 버릇이 없다.
내티니: 내치니. 내쫓으니.

강굉동피(姜肱同被)

姜肱同被
姜肱彭城人家世名族與二弟仲海季江俱以孝行著聞友愛天至嘗共臥起
及各娶妻兄弟相戀不能別寢以係嗣當立乃遞往救室嘗與季江適野遇盜
欲殺之兄弟爭死肱曰弟年幼父母所憐愍又未聘娶願自殺身濟弟季江言
兄年德在前家之珍寶國之英俊乞自受戮以代兄命盜戢刃曰二君賢人吾
等不良妄相侵犯乃兩釋之
詩 二弟同居共一衾天倫情至友于深蒼皇遇難爭投死兩釋終能感賊心
弟恭兄友若塤箎居寢須臾不忍離更有至情難掩處共看爭死冒危時

<五倫兄15b> 강굉은 한나라 펑셩 사롬이니 디디로 일홈난 집이라 두 아ᅌᆞ 듕해와 계강으로 더브러 다 효ᄒᆡᆼ이 잇고 우이 지극ᄒᆞ여 형뎨 미양 ᄒᆞᆫ 니블에서 자더니 각각 댱가 들매 ᄎᆞ마 ᄯᅥ나디 못호ᄃᆡ ᄉᆞ쇽을 위ᄒᆞ여 굴마드러 제 방에 가 자더니 홀ᄂᆞᆫ 계강으로 더브러 들ᄒᆡ 나가다가 도적을 만나 죽이려 ᄒᆞ거늘 형뎨 죽기를 ᄃᆞ토와 굉이 굴오ᄃᆡ 아ᅌᆞᄂᆞᆫ 나히 어리고 부뫼 ᄉᆞ랑ᄒᆞ시고 ᄯᅩ 댱가 못드러시니 원컨대 스ᄉᆞ로 죽어 아ᅌᆞ롤 살려디라 ᄒᆞ니 계강이 <五倫兄16a> 굴오ᄃᆡ 형은 나히 만코 덕이 놉하 집에 보ᄇᆡ오 나라히 영걸이라 빌건대 내 죽어셔 형의 명을 디신 ᄒᆞ리라 도적이 칼을 거두고 굴오ᄃᆡ 그디ᄂᆞᆫ 어진 사롬이어늘 우리 불량ᄒᆞ여 범ᄒᆞ엿노라 ᄒᆞ고 다 노ᄒᆞ니라

■ 강굉동피(姜肱同被: 강굉이 한 이불에서 자다.)

강굉은 한나라 평성의 사람이다. 대대로 이름난 집안이며, 두 아우인 해와 막내 강과 함께 모두 효행이 있고, 우애가 지극하여 형제가 항상 한 이불에서 잠을 잤다. 각각 장가를 들어서도 차마 한 이불을 떠나지 못 하였으나 사속(嗣續)을 위해서 각각의 방에 가 잤다. 강굉이 막내 강과 함께 들에 나갔다가 도적을 만나 이들을 죽이려 하자 형제가 서로 죽기를 다투었다. 강굉이 도적에게 말하기를 "아우는 나이가 어리고 부모님이 사랑하시고, 또 아직 장가를 못 들었습니다."하고 본인이 죽고, 아우를 살리려 하니 아우 강이 "형님은 나이가 많고 덕이 높아 가문의 보배요, 나라의 영걸(英傑)입니다. 빌건대 내가 죽어서 형의 목숨을 대신하겠습니다."하니 도적이 칼을 거두고 말하기를 "그대들은 어진 사람이나 우리가 불량하여 이런 잘못을 범하였습니다."하고 형제를 다 놓아주었다.

형뎨 미양: 형제가 항상.
사속(嗣續): 대를 이음.
영걸(英傑): 영웅호걸.

왕남쟁짐(王覽爭酖)

王覽爭酖
王覽祥之弟與祥友愛甚篤母朱氏遇祥無道覽季數歲見祥被楚撻輒涕泣
抱持至於成童每諫其母其母少止凶虐朱屢以非理使祥覽輒與祥俱又虐
使祥妻覽妻亦趨而共之朱患之乃朱密使酖祥覽知之逕起取酒祥疑其有
毒爭而不與朱遽奪覆之自後朱賜祥饌覽輒先嘗朱懼覽致斃遂止
詩 嚚母時時虐視兄看兄被撻痛兒情身同室婦代兄嫂共服勤勞庶感誠
酖非好酒何宜飲兄弟爭持母取翻從此母飧兒輒試周旋母子竟全恩

<五倫兄17b> 딘나라 왕남은 왕샹의 어미 다른 아이라 샹으로 더브러 우이 지극ᄒᆞ여 그 어미 쥬시 샹을 무도히 디졉ᄒᆞ니 남의 나히 두어 술에 샹의 매마즈믈 보면 믄득 울며 븟잡더니 남이 댱셩ᄒᆞ매 미양 그 어미를 간ᄒᆞ여 말리니 져기 사오나오믈 그치더라 쥬시 여러 번 못홀 일로 샹을 브리니 남이 반ᄃᆞ시 ᄒᆞ가지로 ᄒᆞ고 ᄯᅩ 샹의 안히를 브리면 남의 안히 조차 ᄀᆞ티 ᄒᆞ니 쥬시 민망히 너겨 브리디 못ᄒᆞ더라 쥬시 ᄯᅩ ᄀᆞ만이 술에 독을 너허 샹을 먹이려 ᄒᆞ니 남이 알고 드라드러 그 술을 마시려 ᄒᆞᆫ대 샹이 <五倫兄18a> ᄯᅩ흔 독이 잇는가 의심ᄒᆞ여 ᄃᆞ토와 남을 주디 아니ᄒᆞᆫ대 쥬시 급히 그 술을 아사 업디르니 이후는 쥬시 음식을 샹을 주면 남이 미양 몬져 맛보니 쥬시 남이 혹 죽을가 두려ᄒᆞ여 다시 그리 아니ᄒᆞ니라

■ 왕남쟁짐(王覽爭酖: 왕남이 독약 마시기를 다투다.)

진나라의 왕남은 왕상의 아우이다. 왕남은 왕상과 더불어 우애가 지극하여 그 어미인 주씨는 왕상에게 무도하게 대하였다. 왕남의 나이 두어살 때 왕상이 매맞는 것을 보고 울면서 붙잡았다. 왕남이 장성하여 항상 그 어미에게 간하여 어미의 학대를 말리니 어미의 사나움이 그치었다. 하지만 어미 주씨가 여러 번 못 할 일을 왕상에게 시키니 왕남이 반드시 왕상과 함께 하였다. 또한 주씨가 왕상의 아내를 부리면, 왕남의 아내 또한 함께 하니 주씨가 민망하여 함부로 부리지 못 하였다. 주씨가 또한 가만히 술에 독을 넣어 왕상에게 먹이려 하니 왕남이 이를 알고 달려들어 그 술을 마시려 하자 왕상 또한 독이 있는 것을 의심하여 다투어 왕남에게 주지 않으려 했다. 주씨가 급히 그 술을 빼앗아 엎지르니 이 일이 있은 후에 주씨가 왕상에게 음식을 주면 왕남이 항상 먼저 맛을 보니 주씨가 왕남이 혹여 죽을까 두려워하여 다시 그러지 않았다.

무도(無道)히: 말이나 행동이 인간으로서 지켜야 할 도리에 어긋나서 막되게.
무도히 디졉ᄒ니: 도리에 어긋나게 함부로 대하니.
댱셩ᄒ매: 장성하자.
ᄒ가지로 ᄒ고: 함께 하고.
안히: 아내.

유곤수병(庾袞守病)

庾袞守病
庾袞潁川人咸寧中大疫二兄俱亡次兄毗復危殆癘氣方熾父母諸弟皆出
次于外袞獨留不去諸父兄强之乃曰袞性不畏病遂親自扶持晝夜不眠其
間復撫柩哀臨不輟如此十有餘旬疫勢旣歇家人乃反毗病得差袞亦無恙
父老咸曰異哉此子守人所不能守行人所不能行歲寒然後知松栢之後凋
始知疫癘之不能相染也
詩 當患須看友愛眞撫亡扶病極勤辛十旬晝夜終無恙癘疫從知不染人
兩兄俱沒次兄危出次人人謹避之能守衆人難守處待看松栢歲寒時

<五倫兄19b> 유곤은 딘나라 영쳔 사람이니 함녕 듕에 염병이 크게 치셩ᄒᆞ여 두 형이 다 염병의 죽고 버금형이 ᄯᅩ 병드러 위퇴ᄒᆞ니 부모와 여러 아이 다 밧그로 피ᄒᆞ여 나가되 곤이 홀로 가디 아니ᄒᆞ니 여러 부형이 강권ᄒᆞ여 피ᄒᆞ라 ᄒᆞ거ᄂᆞᆯ 곤이 ᄀᆞᆯ오ᄃᆡ 내 본ᄃᆡ 병을 두려워 아니ᄒᆞ노라 ᄒᆞ고 그 형을 친히 븟드러 듀야로 자디 아니ᄒᆞ며 그 ᄉᆞ이 ᄯᅩ 죽은 형의 관을 어르만져 슬피 우니 이러ᄐᆞᆺ ᄒᆞ기 여러 ᄃᆞᆯ을 디나매 집사ᄅᆞᆷ이 도라와 보니 형의 병이 <五倫兄20a> 이믜 나앗고 곤도 ᄯᅩᄒᆞᆫ 무양ᄒᆞᆫ디라 어른들이 다 ᄀᆞᆯ오ᄃᆡ 이상ᄒᆞ다 이 아ᄒᆡ ᄂᆞᆷ 못ᄒᆞᆯ 일을 능히 ᄒᆡᆼᄒᆞ니 치운 후에 숑빅이 아니 므름을 안다 ᄒᆞ니 비로소 병이 능히 젼염티 못ᄒᆞᄆᆞᆯ 아랏노라 ᄒᆞ더라

■ 유곤수병(庾袞守病: 유곤이 병 구완을 하다.)

유곤은 진나라 영천사람이다. 함녕 중에 전염병이 크게 돌아 두 형이 다 염병으로 죽고 다른 형 또한 병이 들어 목숨이 위태로워 부모와 여러 자식이 모두 집밖으로 나갔으나 유곤이 혼자 가지 않자 아버지와 여러 형제가 피하라고 하니 유곤이 말하였다. "저는 본래 병을 두려워 하지 않습니다." 하고 그 형을 친히 붙들어 밤낮으로 자지 않고 간호하고, 또 죽은 형의 관을 어루만지며 슬피 울었다. 이렇게 하기를 여러 달이 지나 집사람들이 돌어와 보니 형의 병이 이미 나았고, 유곤 또한 달라짐이 없었다. 집안 어른들이 모두 말하기를 "이상하다. 이 아이가 남들이 못 할 일을 능히 하였으니 날이 추운 뒤에 소나무와 잣나무가 마르지 않음을 안다고 하니 이를 두고 한 말이다. 이를 통해 비로소 전염병이 전염되지 못함을 알겠구나." 하였다.

함녕(咸寧): 진나라 무제 때 연호.
염병이 크게 치셩ᄒ여: 전염병이 크게 돌아.
밧그로 피ᄒ여: 밖으로 피하여.
듀야로: 주야로(晝夜). 밤낮으로.
치운 후에: 추운 후에.

왕밀역제(王密易弟)

王密易弟
王密上郡人嘗與弟儁子元直如涼州路中糧匱密啚儁元直於乞丐民間比還儁爲賊所掠元直逃逸密乃將元直追賊叩頭求哀曰人情自當皆愛其子但此弟未生家君見背孤遺相長以至于今請以元直易儁賊相謂曰以子易弟義之大也於是以儁元直授密而去密後亡儁勺水不入口者五日雖服喪期年而心喪六載
詩 道出涼州乞丐歸旋聞阿弟賊中圍將兒換弟眞情切盜賊無知亦解悲亡親遺腹只斯人相愛相憐若一身苟保吾兒棄吾弟九泉何以謁吾親

<五倫兄21b> 왕밀은 딘나라 샹군 사롬이니 일즉 아ᄋᆞ 쥰과 아들 원직으로 더브러 길을 가다가 냥식이 다 ᄯᅳᆫ허디니 쥰과 원직을 길히 머므로고 밀이 스스로 ᄆᆞ올의 가 밥을 비러 도라오니 그 ᄉᆞ이 도적이 와셔 쥰을 잡아가고 원직은 도망ᄒᆞ니 밀이 이에 원직을 드리고 도적을 ᄯᆞ라가 마리를 조으며 익걸ᄒᆞ여 ᄀᆞᆯ오디 인졍이 응당 ᄌᆞ식을 ᄉᆞ랑ᄒᆞ나 다만 이 아ᄋᆞ는 나디 아니ᄒᆞ여셔 아비 죽거늘 내 길러내여 이 날ᄭᆞ디 니르니 쳥컨대 내 아들과 밧고와다라 <五倫兄22a> ᄒᆞ니 도적이 서로 닐오디 ᄌᆞ식으로뻐 아ᄋᆞ를 밧고믄 크게 어딘 일이라 ᄒᆞ고 쥰과 원직을 다 노코 가니 그 후에 밀이 죽으매 쥰이 닷쇄를 믈도 아니 먹고 비록 긔년복을 닙으나 뉵년을 심상ᄒᆞ니라

■ 왕밀역제(王密易弟: 왕밀이 아우를 바꾸다.)

왕밀은 진나라 때 상군 사람이다. 왕밀이 아우 준과 아들 원직과 함께 길을 가다가 양식이 다 떨어지니 준과 원직을 길에서 기다리게 하고 왕밀이 마을에 가 밥을 구해 돌아오니 그 사이에 도적이 와서 아우 준을 잡아가고 원직을 도망하였다. 이에 왕밀은 원직을 데리고 도적을 따라가 머리를 조아리며 애걸하여 말하기를 "사람의 마음으로 당연히 자식을 사랑하지만 이 아우는 태어나지 않았을 때 아버지가 죽어서 제가 길러서 이날에

이르렀습니다. 부탁하건대 내 아들과 바꾸어 데리고 가십시오."라고 하니 도적이 서로 말하기를 "자식과 아우를 바꾸는 일은 참으로 어진 일이다." 하고 준과 원직을 다 놓아두고 갔다. 그 후에 왕밀이 죽자 준은 닷새 동안 물도 먹지 않았고, 일 년 동안 상복을 입었으나 육 년 동안 심상하였다.

냥식이 다 ᄯᅳᆫ허디니: 양식이 다 떨어지니.
ᄆᆞ올의: 마을에.
ᄋᆡ걸ᄒᆞ여 ᄀᆞᆯ오ᄃᆡ: 애걸하여 말하기를.
나디 아니ᄒᆞ여셔 아비 죽거ᄂᆞᆯ: 태어 낳지 않았을 때 아버지가 죽어서. 유복자.
심상(心喪): 상복은 입지 아니하나 상제와 같은 마음으로 말과 행동을 삼가고 조심함.

채확자사(蔡廓咨事)

蔡廓咨事
蔡廓濟陽人奉兄軌如父家事大小皆諮而後行公祿賞賜一皆人軌有所資須悉就典者請焉從高祖在彭城妻郗氏書求夏服廓答曰知須要夏服計給事自應相供無容別寄
詩 奉兄如父敬無違家有尊嚴孰敢私祿賜盡應歸一室事無專制必先咨扈從君王苦未回妻求夏服寄書來計給只言存典者稍無私意汚靈壹

<五倫兄23a> 채확은 송나라 데양 사룸이니 형 섬기기를 아비와 ᄀᆞ티 ᄒᆞ여 집안 대쇼ᄉᆞ롤 다 형의게 취품ᄒᆞᆫ 후에 <五倫兄23b> 힝ᄒᆞ고 벼슬에 나는 거슬 다 형의게 드리고 ᄡᆞᆯ더 이시면 반ᄃᆞ시 맛든 사ᄅᆞᆷ의게 쳥ᄒᆞ여 ᄡᅳ고 확이 님군을 뫼셔 나갓거ᄂᆞᆯ 그 안히 편디ᄒᆞ여 여름 오ᄉᆞᆯ 구ᄒᆞ니 확이 디답ᄒᆞ되 여름 오슨 응당 맛다 공급ᄒᆞᄂᆞ니 이시니 내 ᄯᆞ로 보낼 일 업다 ᄒᆞ더라

■ 채확자사(蔡廓咨事: 채확이 물어서 행하다.)

채확은 송나라 때 제양 사람이다. 형 섬기기를 아버지와 같이 섬겨 집안의 크고 작은 일을 다 형에게 물은 뒤에 행하였다. 벼슬에서 나는 녹봉을 다 형에게 주고 쓸 데가 있으면 반드시 맡긴 형에게 청하여 썼다. 채확이 임금님을 모시고 외지에 가서 그의 아내가 편지를 해 여름옷을 구하니 채확이 대답하기를 "여름옷은 당연히 맡아서 공급하는 이가 있으니 내가 따로 보낼 일은 없다"고 하였다.

ᄀᆞ티: 같이.
대쇼ᄉᆞ롤: 대소사를. 크고 작은 일을.
취품하여(取稟): 웃어른께 여쭈어서 그 의견을 기다려. 형에게 물어.
편디ᄒᆞ여: 편지하여.
여름 오ᄉᆞᆯ: 여름옷을.

극살쟁사(棘薩爭死)

棘薩爭死
孫棘彭城人事母至孝母臨亡以小兒薩屬棘大明五年發三五丁薩應充行
坐違期不至棘詣郡辭列棘爲家長令弟不行罪應百死乞以身代薩薩又自
引太守張岱疑其不實以棘薩各置一處報云聽其相代顔色並悅甘心赴死
棘妻許又寄語屬棘曰君當門戶豈可委罪小郎且大家臨亡以小郎屬君竟
未娶妻君已有二兒死復何恨岱表上詔特原罪州加辟命並賜帛
詩 弟兄爭死豈要名乃婦猶知棘死輕帝感三人偸懿篤宥全門戶又褒旌
兄念慈親鞠子哀弟思天顯克恭哉當前斧鉞爭趨赴豈料金雞放赦回

<五倫兄25a> 손극은 송나라 팽셩 사룸이니 어미를 지효로 셤기더니 어미 님종에 어린 아들로 극의게 부탁ᄒ엿더니 나라히 군졍을 죠발홀 시 그 아이 군졍에 샌이여 가다가 긔약을 밋디 못ᄒ니 죽을 죄라 극이 관가에 나아가 고호ᄃᆡ 내가 당이 되여 아ᄋ로 ᄒ여곰 밋처 가디 못ᄒ게 ᄒ니 빅 번 죽어 맛당ᄒ이다 쳥컨대 극의 몸으로 아ᄋ를 디신ᄒ여디라 ᄒ니 아이 ᄯᅩ 스스로 죄를 당ᄒ거늘 태쉬 그 셩실티 <五倫兄25b> 아닌가 의심ᄒ여 형뎨를 각각 두고 닐오ᄃᆡ 네 원ᄃᆡ로 ᄒ리라 ᄒ니 다 깃거ᄒᄂᆫ 빗치 이셔 죽기를 어려워 아니ᄒ고 극의 안히 허시 ᄯᅩ 극의게 말을 부쳐 골오ᄃᆡ 그ᄃᆡ 문호를 당ᄒ여시니 엇디 져근 아ᄋ의게 죄를 미로리오 ᄯᅩ 싀어버이 님종에 쇼랑으로 그ᄃᆡ를 맛졋거늘 ᄆᆞᄎᆞᆷ내 혼인도 못ᄒ고 그ᄃᆡᄂᆞᆫ 이믜 두 ᄌᆞ식이 이시니 죽은들 무어슬 ᄒᆞᄒ리오 ᄒ니 태쉬 듯고 나라히 주문ᄒᆞᆫᄃᆡ 텬지 죠셔ᄒ여 특별이 죄를 샤ᄒ시고 다 비단을 주시고 고을로 불러 ᄡᅳ라 ᄒ시다

■ 극살쟁사(棘薩爭死: 극과 살이 죽음을 다투다.)

손극은 송나라 때 팽성의 사람이니 어미를 지극한 효성으로 섬기었다. 어머니가 임종에 어린 아들을 손극에게 부탁하였다. 나라에서 군사로 쓸 사람을 뽑아 모을 때 그 아이도 군정으로 가다가 약속한 기일을 맞추지 못 하여 사형을 면치 못하게 되었다. 이에 손극이 관가에 나아가 고하기를

"내가 집안의 가장이 되어 아우를 미처 약속한 기일에 맞추지 못 하게 하였으니 백 번 죽어 마땅합니다. 부탁하건데 제가 아우를 대신하게 해주십시오."하니 아우 또한 스스로가 죄를 받으려 하였다. 태수가 그 말을 의심하여 형제를 각각 가두어 말하기를 "너의 원대로 하리라"하니 형제가 모두 기꺼이 하려 하여 죽기를 어려워하지 않았다. 손극의 아내 허씨 또한 극에게 말하기를 "당신은 집안의 어른이니 어찌 나이 적은 아우에게 죄를 미루겠습니까? 또한 시어머니 임종에 어린 아들을 당신에게 맡겼지 않습니까? 아우는 아직 결혼도 하지 못 하였으나 당신은 이미 두 자식이 있으니 죽은들 무엇이 한스럽겠습니까?"라고 하였다. 이를 태수가 듣고 조정에 고하니 천자가 조서를 내려 특별히 죄를 용서해주고, 비단을 내려 주고, 고을에 불러 인재로 쓰게 하였다.

지효(至孝)로 섬기더니: 지극한 효성으로 섬기더니.
님종에: 임종에.
군졍을 죠발(調發): 군인으로 쓸 장정을 뽑아 모음.
빅 번 죽어 맛당호디라: 백번 죽어 마땅한지라.
조서(詔書): 임금의 명령을 일반에게 알릴 목적으로 적은 문서.
죄롤 미로리오: 죄를 미루리오.
맛졋거눌: 맡겼거늘.

양씨의양(楊氏義讓)

楊氏義讓
楊播弘農人與弟春津並敦義讓昆季相事有如父子兄弟朝則聚於廳堂終日相對未曾入內有一美味不集不食廳堂間往往帷幔隔障爲寢息之所時就休假寢閤前承候安否春津年過六十並登台鼎而津尙朝暮參問子姪羅列陽階下春不命坐津不敢坐春每近出或日斜不至津不先飯春還然後共食食則津親授匙筯味輒因使次付之若或未寄不先入口春每得所寄輒對之泣下一家之內男女百口緦服同爨庭無間言
詩 楊家義讓篤天倫昆季儼如父子親一味共分相對笑藹然和氣滿堂春
六秩聯登位鼎司平生義敬老何衰朝朝參問情無倦扶醉兄歸弟授匙

<五倫兄27a> 양파는 위나라 홍농 사룸이니 그 아ᇰ 츈과 진으로 더브러 셔로 셤기미 부ᄌᆞᄀᆞᄐᆞ여 아춤이면 형뎨 대쳥에 모히여 죵일토록 샹디ᄒᆞ여 안흐로 드러가디 아니ᄒᆞ고 죠흔 음식이 이시매 못디 아니면 아니 먹고 대쳥 스이에 댱을 ᄀᆞ리와 헐소를 민드라 <五倫兄27b> 혹 가셔 쉬다가 도로와 ᄒᆞᆫ가디로 담쇼ᄒᆞ고 츈의 나히 늙은 후에 나갓다가 취ᄒᆞ여 도라오면 진이 븟드러 방에 드리고 인ᄒᆞ여 창 밧긔셔 자다가 술 ᄭᅢ기를 기드려 문안ᄒᆞ고 츈과 진이 나히 뉵십이 디나고 다 지샹 벼슬에 올라시되 진이 오히려 됴셕으로 문안홀 시 ᄌᆞ질들은 섬 아리 나렬ᄒᆞ고 츈이 안즈라 아니ᄒᆞ면 진이 감히 안ᄯᅵ 못ᄒᆞ고 츈이 미양 갓가이 나갓다가 혹 져므도록 오디 아니ᄒᆞ면 진이 밥을 먹디 아니ᄒᆞ고 츈을 기드려 먹으며 츈이 밥 먹을 ᄯᅢ면 진이 친히 술과 져를 밧드러 <五倫兄28a> 드리고 음식을 다 몬져 맛보며 츈이 먹으라 ᄒᆞᆫ 후에 먹으며 츈이 셔울 집의 이실 ᄯᅢ에 진이 혹시 졀 음식을 어드면 믄득 인편에 부쳐 보내되 츈의게 보내디 못ᄒᆞ면 몬져 입에 너티 아니ᄒᆞ니 츈이 미양 진의 보낸 거슬 보면 디ᄒᆞ여 눈믈을 ᄂᆞ리오니 ᄒᆞᆫ 집안에 남녀 빅귀 싀복 지친ᄭᆞ지 ᄒᆞᆫᄃᆡ 밥 지어 먹고 스이에 다른 말이 업더라

■ 양씨의양(楊氏義讓: 양씨가 의로 양보하다.)

　양파는 위나라 때 홍농의 사람이다. 그 아우 춘, 진과 더불어 서로 섬기는 것이 아버지와 아들 사이 같았다. 아침이면 형제가 대청에 모여 종일 서로를 대하고 방안으로 들어가지 않았고, 좋은 음식이 있으면 다 모이지 않으면 먹지 않았다. 대청 사이에 장막으로 가려 잠시 쉬는 곳을 만들어 잠시 가서 쉬다가 다시 돌아와 모여 담소하였다. 춘의 나이 늙은 후에 외출하였다가 취하야 돌아오면 진이 붙들어 방에 들이고 창 밖에서 자다가 술 깨기를 기다려 문안하였다. 춘과 진이 나이 육십이 지나고 모두 재상 벼슬에 올랐으나 진이 오히려 아침저녁으로 형에게 문안하는데 자식과 조카를 섬돌 아래 줄을 세워 춘이 앉으라 하지 않으면 진이 감히 앉지 못 하였다. 춘이 번번이 가까이 외출했다가 해 저물도록 오지 않으면 진이 밥을 먹지 않고 춘을 기다려다가 먹으며 춘이 밥을 먹을 때면 진이 친히 수저를 받들어 드리고, 음식을 다 먼저 맛보았으며, 춘이 먹으라고 한 후에 먹었다. 춘이 서울 집에 있을 때에 진이 혹 제철음식이 있으면 반드시 인편에 부쳐 보내었는데, 춘에게 보내지 못 하면 먼저 입에 넣지 않으니 춘은 늘 진이 보낸 것을 보면서 눈물을 흘렸다. 한 집안에 남녀 백여 명이, 가까운 친척까지 한 솥 밥을 지어 먹어도 별다른 시끄러운 말이 없었다.

부즈ᄀᄐ여: 아버지와 아들 같아.
못디 아니면: 다 모이지 않으면.
헐소롤: 헐소는 '휴게소'의 옛말. 쉬는 공간을.
됴셕으로: 조석(朝夕)으로. 아침 저녁으로.
ᄌ질(子姪)들은: 자식과 조카들은.
매양: 번번이.
츈의게 보내디 못ᄒ면: 춘에게 보내지 못 하면.
너티 아니ᄒ니: 넣지 아니하니.
지친ᄭ지: 지친까지. 가까운 친척까지.

달지속제(達之贖弟)

達之贖弟
吳達之義興人從祖弟敬伯夫妻荒年被略賣江北達之有田十畝貨以贖之
同財共宅郡命爲主簿固以讓兄又讓世舊田與族弟弟亦不受田遂閑廢
詩 那堪骨肉沒興僮破産還收與共財職讓於兄田讓弟天倫外物視塵埃
賣業慇懃贖弟還同財共宅任飢寒世間無限爭田者聞却高風定汗顔

<五倫兄29a> 오달지는 제나라 의흥 사롬이니 뉵촌 아♀ 경빅의 부체 흉년을 만나 먼 싸히 풀넛거늘 달지 밧츨 프라드리고 사내여 지믈과 집을 ᄒᆞ가지로 ᄒᆞ며 <五倫兄29b> 고을에셔 달지롤 쥬부 벼슬을 ᄒᆞ이니 달지 그 형의게 ᄉᆞ양ᄒᆞ고 쏘 녯 밧츨 ᄉᆞ양ᄒᆞ여 족뎨롤 주니 그 아니 쏘ᄒᆞᆫ 밧디 아니ᄒᆞ여 ᄇᆞ린 밧티 되니라

■ 달지속제(達之贖弟: 달지가 아우의 빚을 갚다.)

오달지는 제나라 때 의흥 사람이다. 육촌 아유 경백의 내외가 흉년을 만나 먼 땅에 팔려갔다. 이에 달지는 밭을 팔아 빚을 갚고, 재물과 집을 함께 가졌다. 고을에서 달지를 주부 벼슬을 하게 하니 달지는 그 형에게 벼슬을 사양하고, 또 예부터 내려오는 밭을 사양하여 그 족제에게 주니 그 족제 또한 사양하고 받지 않아서 버린 밭이 되었다.

경빅의 부체: 경백네의 지아비와 처가. 경백 내외가.
풀넛거늘: 팔렸거늘.
족제(族弟): 성과 본이 같은 사람들 가운데 유복친 안에 들지 않는 같은 항렬의 아우뻘 인 남자.
녯 밧츨: 옛 밭을. 예부터 내려오는 밭을.

광진반적(光進反籍)

光進反籍
李光進雞田人事親有至性母歿居喪三年不歸寢弟光顏先娶而母委以家事及光進娶母已亡弟婦籍貨貯納管鑰於姒光進命反之曰婦逮事姑且嘗命主家事不可改因相持泣乃如初
詩　當年新婦拜姑前主饋辛勤今日母亡那忍改泣還家籍故依然　萬古天倫終不泯乖離只在利錙銖欲知兄弟相安處須看斯門反籍圖

<五倫兄30b> 니광진은 당나라 계젼 사롬이니 어버이 셤기믈 지효로 ᄒᆞ더니 어미 죽으매 거상 삼년에 침실의 <五倫兄31a> 도라가디 아니ᄒᆞ더라 아ᄋᆞ 광안이 몬져 댱가 드니 어미 가ᄉᆞ룰 다 맛졋더니 밋 광진이 댱가들 제 어미 이믜 죽어시니 광안의 쳬 지산 문셔와 자믈쇠룰 다 광진의 쳐룰 주니 광진이 봉ᄒᆞ여 도로 주고 ᄀᆞ로오디 졔슈 일즉 모친을 셤기고 가ᄉᆞ룰 맛져 겨시니 고치디 못ᄒᆞ리라 ᄒᆞ고 인ᄒᆞ야 형뎨 븟들고 우러 어미 이실 ᄯᅢ와 ᄀᆞ치 ᄒᆞ더라

■ 광진반적(光進反籍: 광진이 재산문서를 돌려주다.)

이광진은 당나라 때 계전 사람이다. 어버이 섬기는 것을 지극한 효성으로 하더니 그 어미가 죽자 삼년 동안 거상을 하는데 침실에 돌아가 자지 않았다. 아우 광안이 먼저 장가를 드니 어머니가 집안일을 다 맡겼는데 광진이 장가들 때는 어미가 이미 죽어서 광안의 처가 집안 재산 문서와 곳간의 자물쇠를 다 광진의 처에게 주니 광진이 다시 돌려주고 말하기를 "제수가 일찍 어머니를 섬기고 가사를 맡고 있었는데 이는 고치지 못 한다."하였다. 이에 형제 붙들고 울어 어머니 계실 때와 같이 하였다.

어버이 셤기믈 지효로 ᄒ더니: 어버이 섬김을 지극한 효성으로 하더니.
거상(居喪): 상중(喪中)에 있음.
거상 삼년에: 삼 년 상에.
몬져 댱가 드니: 먼저 장가 드니.
졔쉬: 제수가(弟嫂)가. 남자 형제 사이에서 동생의 아내를 이르는 말.
ᄀᆞ치: 같이.

덕규사옥(德珪死獄)

德珪死獄
鄭德珪浦江人與弟德璋孝友天至晝則聯几案夜則同衾被德璋素剛直爲仇家陷以死罪當會逮揚州德珪哀弟之見誣乃陽謂曰彼欲害吾也何預爾事我往則奸狀白爾去得不死乎卽治行德璋追至道中兄弟相持頓足哭爭欲就死德珪默計沮其行夜將半從間道逸去德璋復追至廣陵德珪已死於獄德璋聞之慟絶者數四負骨歸葬廬墓再朞每一悲號烏鵲皆翔集不去
詩 同衾聯几每相須 不意剛剛陷罪誣 視死如歸爭就獄 牽疍道上泣相扶 夜半潛歸死獄中 廣陵追至慟何窮 再朞廬墓哀號處 烏鵲飛翔慰怨衷

<五倫兄32b> 졍덕규는 숑나라 포강 사룸이니 아ᄋᆞ 덕쟝으로 더브러 효위 지극ᄒᆞ여 낫시면 상을 년ᄒᆞ여 안즈면 밤이며 니블을 ᄒᆞᆫ가지로 ᄒᆞ더니 덕쟝이 본되 강직ᄒᆞᆫ디라 눔의게 무함ᄒᆞᆫ 배 되여 죽을 죄로 갓치게 되엿거ᄂᆞᆯ 덕귀 아의 무죄ᄒᆞᄆᆞᆯ 불샹이 너겨 덕쟝ᄃᆞ려 거즛 닐러 ᄀᆞᆯ오되 졔 날을 해ᄒᆞ고져 ᄒᆞ미니 내 가면 져의 간샹을 폭빅ᄒᆞ리라 ᄒᆞ고 즉시 길을 츌여 가니 덕쟝이 듕노의 ᄯᆞ라와 형뎨 서로 <五倫兄33a> 붓들고 울며 죽기를 ᄃᆞ톨 시 덕귀 아ᄋᆞ룰 못오게 ᄒᆞ여 밤이 깁흔 후에 ᄉᆡ이길로 ᄎᆞ자 ᄀᆞ만이 ᄃᆞ라나니 덕쟝이 ᄯᅩ ᄯᆞ라와 광능 ᄯᅡ히 니ᄅᆞ니 덕귀 이믜 옥에셔 죽은디라 덕쟝이 이 말을 듯고 통곡ᄒᆞ여 여러 번 긔졀ᄒᆞ다가 덕규의 죽엄을 지고 도라와 뭇은 후에 두히룰 슈묘ᄒᆞ니 미양 슬피 울면 가막가치 ᄂᆞ라와 가디 아니ᄒᆞ더라

■ 덕규사옥(德珪死獄: 덕규가 옥에서 죽다.)

정덕규는 송나라 때 포강 사람이니 아우 덕장과 더불어 효성과 우애가 지극하여 낮이면 상을 이어 앉아 함께 하고, 밤이면 한 이불을 덮고 함께 잤다. 덕장이 본래 성품이 강직하여 남에게 모함을 받게 되어 죽을 죄로 감옥에 갖히게 되다 덕규가 아우가 죄가 없이 갖히는 것을 불쌍히 여겨 덕장에게 거짓으로 말하기를 "저놈이 나에게 해하고자 함이니 내가 가면 저자의 간악한 짓을 폭로하겠다."하고 즉시 길을 떠나니 덕장이 가는 길을 따라와 형제가 서로 붙들고 울면서 죽기를 다투었다. 덕규가 아우가 오지 못 하게 하고 밤이 깊은 후에 샛길을 찾아 가만히 달아나니 덕장이 또 따라와 광능 땅에 이르니 덕규가 이미 옥에서 죽은 뒤였다. 덕장이 이 말을 듣고 통곡하여 여러 번 기절하다가 덕규의 주검을 지게에 지고 돌아와 묻은 후에 두 해 동안 묘를 지키면서 늘 슬프게 우니 까막까치들이 날아와 가지 않았다.

효위 지극ᄒᆞ여: 효성과 우애가 지극하니.
니블을 ᄒᆞᆫ가지로 ᄒᆞ더니: 이불을 한가지로 하더니. 한 이불을 덮고 자니.
무함ᄒᆞᆫ 배 되어: 무함한 바가 되어. '무함(誣陷)'은 없는 사실을 그럴듯하게 꾸며서 남을 어려운 지경에 빠지게 함을 말한다. 남의 모함을 받아.
무죄ᄒᆞᄆᆞᆯ: 무죄함을. 죄가 없음을.
거즛 닐러 ᄀᆞᆯ오디: 거짓으로 일러 말하기를.
간상을 폭빅ᄒᆞ리라: 간상을 폭로하리라. '간상(奸狀)'은 간사한 짓을 하는 모양을 말한다.
ᄉᆡ이길: 사잇길, 샛길.
ᄯᅡ히 니르니: 땅에 이르니, 도착하니.
죽엄을 지고: 주검을 지고. 시체를 지게에 지고.
슈묘ᄒᆞ니: 수묘하니. 무덤을 지키니.

두연대형(杜衍待兄)

杜衍待兄
杜衍山陰人前母有二子不孝悌其母改適河陽錢氏祖母卒衍年十五六二
兄遇之無狀至引劒斫之傷腦出血數升其姑匿之僅以得免乃詣河水陽歸
其母繼父不容來孟洛間貧傭書以自資及貴其長兄猶存待遇甚有恩禮二
兄及錢氏姑子孫受衍蔭補官者數人仍皆爲之婚嫁
詩 兄心無狀母歸人引劒殘傷骨肉親出血數升無疾怨烝烝終化兩頑嚚
天心福善理昭明豈爲傭書致顯榮不獨子孫多受蔭一門婚嫁亦能成

<五倫兄34b> 두연은 숑나라 산음 사롭이니 젼모의게 두 아돌이 이시되 어지디 아니ᄒ고 그 어미는 하양에 잇ᄂ 젼시의게 기가ᄒ니라 조뫼 죽으매 연의 나히 열다엿인제 두 형이 사오나이 디졉ᄒ여 칼로 마리롤 티니 피 두어 되 흐르거ᄂᆞᆯ 그 고뫼 숨겨 계요 사라나 하양에 어미게 가니 계뷔 용납디 아니커ᄂᆞᆯ 눔의 삭 글시롤 뻐 주고 계요 ᄌ성ᄒ더니 그 후 벼술이 놉흐매 몿형이 오히려 사라잇ᄂ디라 디졉ᄒ믈 지극히 ᄒ고 두 형과 고모와 계부의 ᄌ손들이 연의 음으로 벼슬ᄒᆫ 재 여러 사롬이오 <五倫兄35a> 연이 다 혼인ᄒ여 주니라

■ 두연대형(杜衍待兄: 두연이 형을 대접하다.)

두연은 송나라 때 산음 사람이다. 전 어머니에게 두 아들이 있으나 어질지 않고, 두연의 어머니는 하양에 있는 전씨에게 개가를 하였다. 두연의 할머니는 연의 나이 열다섯에 돌아가셨다. 두 형은 연에게 사납게 대했는데 칼로 머리를 쳐 피가 두어 되나 흐르니 그의 고모가 두연을 숨겨주어 겨우 살아났다. 두연은 하양의 어머니에게 가니 계부가 그를 받아들이기를 용납하지 않아서, 남의 글을 써주고 받는 삯으로 겨우 스스로 살아갔다. 그 후 두연이 높은 벼슬자리에 올랐는데 맏형이 살아있어서 대접을 지극히 하고, 두 형과 고모, 계모의 자손들까지 두연의 음덕으로 벼슬한 사람들이 여럿이었다. 그리고 모두 두연이 혼인을 시켜주었다.

견모의게: 전모(前母)에게. 그전의 어머니에게.
어지디 아니ᄒ고: 어질지 않고.
마리를 티니: 머리를 치니.
계요 사라나: 겨우 살아나.
계뷔: 계부(繼父)가. 의붓아버지가.

장존포금(張存布錦)

張存布錦
張存冀州人性孝友嘗爲蜀郡得奇繒文錦州以歸以歸悉布於堂上恣兄弟
擇取常曰兄弟手足也妻妾外舍人耳奈何先外人而後手足乎收卹宗屬嫁
聘窮嫠不使一人先所家居矜莊子孫非正衣冠不見
詩 稟性於天篤友于從來不復念妻孥相懷只見連枝重堂上文繒盡向輸
手足何如外舍人肯先家室後天倫收卹孤嫠婚嫁畢誰能似子篤親親

<五倫兄36a> 댱존은 송나라 긔쥬 사름이니 텬성이 효도롭고 우익ᄒᆞ더니 일즉 촉군에 원을 ᄒᆞ여 갓다가 깁과 <五倫兄36b> 비단을 어더 도라와 다 당 우희 펴노코 형뎨로 ᄒᆞ여곰 ᄆᆞ음대로 굴희여 가지라 ᄒᆞ고 미양 닐오ᄃᆡ 형뎨는 손과 발 ᄀᆞᆺ고 쳐쳡은 눔의 집 사름이니 엇디 눔의 집 사름을 몬져 ᄒᆞ고 손발을 후에 ᄒᆞ리오 ᄒᆞ고 종족을 거두어 댱가 드리고 셔방 맛쳐 ᄒᆞᆫ 사름도 의디 업게 아니ᄒᆞ고 집안에 이실 제 거동이 엄뎡ᄒᆞ니 ᄌᆞ손이 의관을 바르디 아니ᄒᆞ면 뵈디 못ᄒᆞ더라

■ 장존포금(張存布錦: 장존이 비단을 펴놓다.)

장존은 송나라 때 기주의 사람이다. 천성이 부모에게 효도하고, 형제 간에 우애가 있었다. 일찍이 촉군의 원으로 갔다가 깁과 비단을 얻어 돌아와 모두 마루 위에 펴 놓고 형제로 하여금 마음대로 골라 가지라 하였다. 그는 늘 말하기를 "형제는 손과 발 같고, 처첩은 남의 집 사람이니 어찌 남의 집 사람을 먼저 생각하고 제 손발을 후에 생각하리오."했다. 그는 친척을 거두어 장가를 들게 해주고, 의지할 곳이 없는 사람을 없게 하였다. 집안에 있을 때는 거동이 엄하고 발라서 자손이 의관을 바르게 하지 않으면 뵙지 못하였다.

갑: 명주실로 바탕을 조금 거칠게 짠 비단.
글희여 가지라 ᄒᆞ고: 골라 가지라 하고.
의디 업게 아니ᄒᆞ고: 의지할 곳이 없게 하지 않고.

언소석적(彦霄析籍)

彦霄析籍
趙彦霄兄弟二人同爨十二年兄彦雲惟聲色博弈是娛生業壞已逾半彦霄
諫不入遂求析籍及五年而兄之生計蕩然矣公私逋負尙千餘緡彦霄因除
夕置酒邀兄嫂而告之曰向者初無分爨意以兄用度不節恐皆蕩盡俱有飢
寒之憂今幸畱一半亦足以給伏臘兄自今復歸中堂以主家務卽取分書付
之火管鑰之屬悉以付焉又以已儲錢償其所逋負兄初有慚色不從不得已
而受之次年彦霄一擧登第鄕大人敬服之

詩 同爨曾經一紀餘可憐家業漸漸蕭疎無端析籍兄應怪丹懇他年見火書
兄蕩家資弟析居五年贏得有遺儲慇懃更酌元宵酒從此阿兄復主廬

<五倫兄38a> 됴언쇼는 송나라 사롬이니 형데 열두히롤 흔듸 밥 지어 먹고 사더니 그 형 언운이 셩식과 잡기롤 즐겨 가산이 졈졈 패ᄒᆞ니 언쇠 간ᄒᆞ되 듯디 아니커놀 드듸여 가산 문셔롤 눈화 가지고 각각 먹고 잇더니 다ᄉᆞ히 만의 형의 셩계 이믜 탕진ᄒᆞ고 공ᄉᆞ의 빗이 쳔여금이라 언쇠 졔셕【셧돌 그믐날이라】을 인ᄒᆞ여 술을 ᄀᆞ초고 형수롤 쳥ᄒᆞ여 닐오ᄃᆡ 내 본ᄃᆡ 분지ᄒᆞᆯ <五倫兄38b> 의시 업스되 형이 이 집믈 쓰기롤 죤졀티 아니ᄒᆞ니 두리건대 인ᄒᆞ여 탕진ᄒᆞ여 긔한을 면티 못홀가 ᄒᆞ미러니 이제 내 가산이 오히려 반이 이시니 죡히 명일에 쥬식은 ᄀᆞ촐디라 오늘부터 형이 다시 명당의 이셔 가ᄉᆞ롤 쥬쟝ᄒᆞ게 ᄒᆞ라 ᄒᆞ고 즉시 분지ᄒᆞ던 문셔롤 가져 불에 ᄉᆞᆯ오고 여러 열쇠롤 다 형수의게 맛디고 ᄯᅩ 져츅ᄒᆞ엿던 돈을 내여 형의 빗을 다 갑ᄒᆞ니 그 형이 붓그려 ᄒᆞ다가 마디 못ᄒᆞ여 바드니라 그 이듬히에 언쇠 급뎨ᄒᆞ니 일향 사롬이 다 탄복ᄒᆞ더라

■ 언소석적(彦霄析籍: 언소가 재산을 나누다.)

조언소는 송나라 때 사람이다. 형제가 열두 해를 한솥밥을 지어먹고 살았는데 그 형인 언운이 성색과 잡기를 즐겨하여 가산을 점점 탕진하니 언소가 형에게 간하였으나 듣지 아니하였다. 그래서 가산의 문서를 나누어 가지고 각각 살게 되었는데 다섯 해만에 형은 이미 생계를 탕진하고 공사의 진 빚이 천여 금이나 되었다. 언소가 섣달 그믐날 밤에 술상을 차려 형과 형수를 청하여 말하기를 "저는 본래 분가할 생각은 없었으나 형이 재물을 쓰는 것에 알맞게 절제하여 쓰지 않아 재산을 탕진하여 그 한을 면치 못 할까 두려워하여 분가를 하였습니다. 이제 제 재산이 오히려 반이 남아 있으니 족히 명절에 주식은 갖추어 제사를 지낼 수 있습니다. 오늘부터 형님이 다시 집에서 가사 일을 주장하도록 하십시오."하였다. 그리고 즉시 나누어 가진 문서를 가져와 불태우고, 여러 열쇠를 다 형수에게 맡겼다. 또 저축하였던 돈으로 형의 빚을 다 갚으니 그 형이 부끄러워하다가 마지 못 하여 받았다. 그 이듬해에 언소가 과거에 급제하니 동네 사람이 다 탄복하였다.

성색: 음악과 여색(女色)을 아울러 이르는 말.
제석(除夕): 섣달 그믐날 밤.
존절(撙節): 알맞게 절제함.
불에 술오고: 불에 사르고. 불에 태우고.
형수의게 맛디고: 형수에게 맡기니.

도경인경(道卿引頸)

道卿引頸
郭道卿莆田人四世祖義重以孝行著鄕里爲立孝子祠元初盜起居民多走匿名道卿與弟佐卿獨守祠不忍去俱備執盜將殺佐卿道卿泣告曰吾有兒已長弟弱子幼請代弟死佐卿亦泣曰吾家事賴兄以理請殺我道卿固引頸請刃盜相顧曰汝孝門兄弟若此吾何忍害兩釋之
詩 居民畏盜競逃奔獨守先祠只弟昆孝行固知天所與敎兇豎害元孫 弟兄爭死意堪悲賊瞻還寒引頸時兩釋只緣誠孝感芳名傳世永無期

<五倫兄40a> 곽도경은 원나라 보젼 사롬이니 그 고조 의듕이 효힝으로 일홈 잇더니 밋 죽으매 향니 사롬이 효ᄌᆞᄉᆞ룰 셰워 졔ᄒᆞ더라 그 후 도적이 니러나 빅셩이 다 드라나되 도경은 홀로 아ᄋᆞ 좌경을 드리고 ᄉᆞ당을 딕희여 ᄎᆞ마 가디 못ᄒᆞ다가 도적의게 잡히여 쟝촛 좌경을 죽이려 ᄒᆞ니 도경이 울며 비러 ᄀᆞᆯ오디 나는 자란 ᄌᆞ식이 잇고 아ᄋᆞ는 병약ᄒᆞ고 ᄯᅩ ᄌᆞ식이 어리니 쳥컨디 아ᄋᆞ롤 디신ᄒᆞ여 죽어디라 ᄒᆞ대 좌경이 ᄯᅩ 울며 ᄀᆞᆯ오디 내 형이 아니면 가ᄉᆞ룰 엇디 다슬이리오 쳥컨대 날을 죽이라 도경이 <五倫兄40b> ᄯᅩ 목을 늘의혀 버히믈 쳥ᄒᆞ니 도적이 서로 도라보와 ᄀᆞᆯ오디 너희는 효ᄌᆞ의 집사롬이오 형뎨 ᄯᅩ 이러ᄐᆞᆺ ᄒᆞ니 우리 엇디 ᄎᆞ마 해ᄒᆞ리오 ᄒᆞ고 형뎨룰 다 노하 보내더라

■ 도경인경(道卿引頸: 도경이 목을 내밀다.)

곽도경은 원나라 때 보젼 사람이다. 그 고조인 의중이 효행으로 이름이 있었는데 죽은 뒤 효자사(孝子祠)를 세워 그 뜻을 기리었다. 그 후 도적이 일어나 백성이 다 달아났지만 도경은 홀로 아우 좌경을 데리고 사당을 지키며 차마 떠나가지 못 하다가 도적에게 잡혔다. 도적들이 좌경을 죽이려 하니 도경이 울며 빌기를 "나는 자란 자식이 있고, 아우는 병약하고 또한 자식이 어리니 청하건대 아우를 대신하여 저를 죽여주십시오."하며 좌경이 또한 울며 말하기를 "나는 형이 아니면 가사를 어떻게 이끌어 나

가겠습니까? 청하건대 저를 죽여주십시오."하며 또 목을 늘여 베기를 청하니 도적이 서로 돌아보며 말하기를 "너희는 효자의 집안사람이오. 형제 또한 이렇듯 우애가 있으니 우리가 어찌 차마 너희를 해치겠느냐."하고 형제를 모두 놓아 보내주었다.

효자사(孝子祠): 효자임을 기리는 사당.
ᄉ당을 딕희여: 사당을 지키며.
버히믈 쳥ᄒ니: 버힘을 청하니. 베기를 청하니.

곽전분재(郭全分財)

郭全分財
郭全遼陽人事繼母唐古氏甚孝繼母生四子皆幼全躬耕以養旣長娶婦各求分財異居全不能止凡田廬器物自取荒斃朽敗者奉唐古氏以居甘旨無乏
詩 喫著艱辛共備嘗一朝分異可堪傷薄田破器吾當取甘旨無違奉後孃薛包孝義氣世稱賢豈料君身更兩全靑史昭垂名不泯又從圖畫上新編

<五倫兄41b> 곽젼은 원나라 뇨양 사룸이니 계모 당고시를 지셩으로 셤겨 계뫼 네 아돌을 나하 다 어린디라 젼이 <五倫兄42a> 몸소 밧 가라 먹이더니 임의 댱셩ᄒ여 안히를 어드매 각각 분지ᄒ여 ᄯᅩ로 사라디라 흔대 젼이 말니디 못ᄒ여 젼틱 긔믈의 낡고 엇디 아닌 거슨 스스로 가져 계모를 밧들고 이셔 감지를 궐홈이 업더라

■ 곽전분재(郭全分財: 곽전이 재산을 나누다.)

곽전은 원나라 때 노양의 사람이다. 계모인 당고씨를 지성으로 섬겼는데 계모의 네 아들이 모두 나이가 어려 곽전이 몸소 밭을 갈아 먹여 살렸다. 이들이 장성하여 아내를 얻자 각각 재산을 나누어 따로 살려고 하자 전은 말리지 못하였다. 곽전은 기물 중 낡고 못쓰게 된 것을 스스로 가져가 계모를 받들어 모시면서 맛이 좋은 음식을 대접하는데 흠이 없었다.

나하 다 어린디라: 나이가 다 어려서.
안히를 어드매: 아내를 얻자.
말니디 못ᄒ여: 말리지 못 하여.
감지(甘旨): 맛이 좋은 음식.

사달의감(思達義感)

思達義感
吳思達蔚州人兄弟六人嘗以父命析居思達爲開平生簿父卒還家治葬畢
會宗族泣告其母曰吾兄弟別處十餘年矣今多破産以一母所生忍使兄弟
苦樂不均耶卽以家財代償其遺更復共居不數年宅後楡柳爲之連理人以
爲友義所感焉
詩 曾承嚴命各分居憂樂參差十載餘泣告慈親辭感激弟兄和氣塞窮閭
一體而分六箇身悲歡饒瘠豈宜偏捐財償債相聚楡柳終看理亦連

<五倫兄43a> 오ᄉ달은 원나라 울쥬 사ᄅᆞᆷ이니 여ᄉᆞᆺ 형뎨 일즉 <五倫兄43b> 아븨 명으로 각각 사더니 ᄉ달이 기평 쥬부 벼ᄉᆞᆯ을 ᄒᆞ엿다가 아비 죽으매 집에 도라와 상장을 ᄆᆞᆺᄎᆞᆫ 후에 ᄉ달이 종족을 모호고 울며 그 어미게 고ᄒᆞ여 ᄀᆞᆯ오ᄃᆡ 우리 형뎨 ᄯᅥ나 이션디 십여 년 이러니 어졔 형뎨 듕에 가산을 파ᄒᆞ니 만흔디라 엇디 ᄎᆞ마 ᄒᆞᆫ 어믜 소ᄉᆞᆼ으로 고락이 고ᄅᆞ디 아니케 ᄒᆞ리오 ᄒᆞ고 즉시 지믈을 기우려 형뎨의 빗을 갑고 다시 ᄒᆞᆫ 집의 모히여 사더니 두어 ᄒᆡ 만의 집 뒤희 버들과 느름 남기 년리 쉬 되니 사ᄅᆞᆷ이 다 닐오ᄃᆡ 우이ᄒᆞᆫ 응험이라 ᄒᆞ더라

■ 사달의감(思達義感: 사달의 의리에 감동하다.)

오사달은 원나라 때 울주 사람이다. 일찍이 여섯 형제가 아버지의 명으로 각각 살았는데 사달이 개평 주부 벼슬을 하였다가 아버지가 돌아가시니 집에 돌아와 상장을 마친 후에 사달이 일가친척을 모으고 울면서 그 어머니에게 말하기를 "우리 형제 떠나 있은 지 십여 년에 이르니 형제 중에 가산을 잃은 이가 많습니다. 어찌 한 어머니의 자식으로 삶의 고락이 고르지 않게 하겠습니까?" 하고 즉시 재물을 풀어 형제의 빚을 갚고 다시 한집에 모여 살았다. 그로부터 두어 해만에 집 뒤의 버드나무와 느릅나무가 연리수(연리지)가 되니 사람들이 다 말하기를 형제간에 우애 있게 지낸 징조라 하였다.

상장(喪葬): 장사 지내는 일과 삼년상을 치르는 일.
쩌나 이션디 : 떠나있는 지.
고락이 고로디 아니케 흐리오: 삶의 괴로움과 즐거움이 고르지 않게 하리오.
연리지(連理枝): 두 나무의 가지가 서로 맞닿아서 결이 서로 통한 것.
느름남기: 느릅나무.
응험(應驗): 드러난 징조가 맞음. 또는 그 징조.

군냥척쳐(君良斥妻)

君良斥妻
劉君良饒陽人四世同居族兄弟猶同産也門內斗粟尺帛無所私隋大業中荒饉妻勸其異居乃易置庭樹鳥雛令鬪且鳴家人怪之妻曰天下亂禽鳥不相容況人耶君良卽與兄弟別處月餘密知其計因斥去妻曰爾破吾家召兄弟流涕以告更復同居貞觀六年表異其門閭

詩 世同産業更同居四代相傳不少疎一婦邪謀寧間我終敎兄弟復如初 斗粟其誰敢自私要同門內給寒飢滔滔好貨私妻子視此如何不怵惕

<五倫宗45a> 뉴군냥은 당나라 요양 사름이니 스더롤 흔 집의 사라 촌수 먼 형뎨도 동싱ᄀᆞ티 ᄒᆞ여 집안의 흔 말 곡식과 흔 자 비단이라도 스스로이 ᄒᆞᄂᆞᆫ 배 업더니 흉년을 만나니 군냥의 안희 군냥을 권ᄒᆞ여 ᄯᅩ로 사라디라 ᄒᆞ고 이에 ᄀᆞ만이 ᄯᅳᆯ에 셧ᄂᆞᆫ 나모 우희 가마귀 삿기를 밧고아 두어 ᄒᆞ여곰 서로 빠화 울게 ᄒᆞ니 집사름이 괴이히 너기거늘 군냥의 체 ᄀᆞᆯ오디 텬히 어즈러오매 새즘생도 서로 용납디 못ᄒᆞ거든 ᄒᆞ믈며 사름이야 닐러 무엇ᄒᆞ리오 ᄒᆞ대 군냥이 즉시 형뎨와 ᄯᅩ로 사더니 ᄒᆞᆫ ᄃᆞᆯ 남즉ᄒᆞ여 <五倫宗45b> 군냥이 그 처의 계교에 속은 줄 알고 쳐를 내티며 ᄀᆞᆯ오디 네 엇디 내 집을 그릇되게 ᄒᆞᄂᆞ뇨 ᄒᆞ고 형뎨를 불러 눈믈을 흘리며 전후 ᄉᆞ연을 다 닐으고 다시 ᄒᆞᆫ가지로 이시니 후에 나라히 그 집을 졍문ᄒᆞ니라

■ 군냥척쳐(君良斥妻: 군냥이 아내를 내쫓다.)

유군냥은 당나라 때 요양 사람이니 사대를 한집에서 살면서 촌수 먼 형제도 동생같이 대하여 집안의 곡식 한 말과 비단 한 자라도 사사로이 하는 바가 없었는데 큰 흉년을 만나니 군냥의 아내가 군냥에게 권하여 따로 살자 하였다. 그리고 가만히 뜰에 서있는 나무 위의 까마귀 새끼를 다른 둥지에 바꿔 두어 서로 싸워 울게 하니 집사람이 괴이 여겼다. 군냥의 처가 말하기를 "천하가 어려우니 새짐승도 서로 용납지 못 하는데 하물며 사람이야 얘기해서 무엇 하겠습니까?"하니 군냥이 즉시 형제와 따로 살았다. 한 달 남짓하여 군낭이 그 처의 계고에 속은 줄 알고 처를 집에서 내치며 말하기를 "네가 어찌 내 집을 그릇되게 하느냐?"하고 형제를 불러 눈물을 흘리며 전후사연을 다 말하고 다시 한집에 살게 되니 후에 나라에서 그 집에 정문을 세웠다.

ᄉ더롤 ᄒᆞᆫ 집의 사라: 4대를 한 집에 살아.
동ᄉᆡᆼᄀᆞ티 ᄒᆞ여: 동생같이 대하여.
나모 우희 가마귀 삿기ᄅᆞᆯ 밧고아: 나무 위의 까마귀 새끼를 바꾸어.
ᄒᆞ는 배 업더니: 하는 바가 없더니.
서로 ᄡᆞ화: 서로 싸워.
정문(旌門): 충신, 효자, 열녀 들을 표창하기 위하여 그 집 앞에 세우던 붉은 문.

공예서인(公藝書忍)

公藝書忍
張公藝壽張人九世同居北齊隋唐皆旌表其門高宗封泰山幸其宅召見公
藝問其所以能睦族之道公藝請紙筆以對乃書忍字百餘以進其意以爲宗
族所以不協由尊長衣食或有不均卑幼禮節或有不備更相責望遂爲乖爭
苟能相與忍之則家道睦矣
詩 世人分割不同廬獨有張公九世居帝問由來能睦道但將忍字百來書
禮嚴卑幼缺應頻尊長衣飱或未均忍不出言相責望怡怡家道自相親

<五倫宗47a> 댱공예ᄂᆞᆫ 당나라 슈쟝 사ᄅᆞᆷ이니 조샹브터 구ᄃᆡ로 ᄒᆞᆫ가지로 사니 그 후 여러 나라흘 디내되 다 그 집을 졍표ᄒᆞ엿더니 당나라 고종황뎨 태산에 봉션ᄒᆞ시고 오시다가 그 집에 님ᄒᆞ샤 공예ᄅᆞᆯ 불러 무르시되 무ᄉᆞᆷ 도리로 능히 이러ᄐᆞ시 종족을 화목ᄒᆞ게 ᄒᆞᄂᆞᆫ다 공예 됴희와 부슬 쳥ᄒᆞ여 ᄎᆞᆷ을 인 ᄶᆞ 일ᄇᆡᆨ을 뻐 드리니 대개 그 ᄠᅳᆺ은 종족이 불화ᄒᆞ미 미양 어룬이 의식을 혹 고로디 아니케 ᄒᆞ고 ᄂᆞᄌᆞ니와 어린이 녜졀을 부족히 ᄒᆞ면 인ᄒᆞ여 서로 췩망ᄒᆞ여 ᄃᆞ토며 틈이 나ᄂᆞ니 진실로 <五倫宗47b> 능히 서로 ᄎᆞ마 디내면 집안이 스스로 화목ᄒᆞᆫ다 말이러라

■ 공예서인(公藝書忍: 공예가 참을 인자를 쓰다.)

장공예는 당나라 때 수장 사람이다. 조상부터 9대를 한 집에서 사니 여러 나라를 지냈는데 다 그 집에 정문을 내려 표창을 하였다. 당나라 고종황제가 태산에 올라 봉선하시고 오시다가 그 집에 들러 공예를 불러 물으시기를 "무슨 도리로 이렇게 가족 간에 화목하게 지내느냐"하고 물으셨다. 공예가 종이와 붓을 청하여 참을 인자를 백 번을 써 드렸다. 대개 그 뜻은 가족끼리 불화하는 것은 어른이 의식을 고르지 않게 하거나 낮은 이와 어린이가 예절이 부족해서 서로 책망하여 다투면 서로 틈이 생긴다는 것이다. 그러나 서로 참아 지내면 집안이 스스로 화목하다는 말이다.

정표ᄒᆞ엿더니: 정문을 내려 표창하였더니.
봉선(封禪): 옛날 중국에서, 천자(天子)가 흙으로 단(壇)을 만들어 하늘에 제사 지내고 땅을 정(淨)하게 하여 산천에 제사 지내던 일.
됴희와 부슬 쳥ᄒᆞ여: 종이와 붓을 청하니.
ᄎᆞ믈 인 ᄌᆞ 일빅을 ᄡᅥ: 참을 인(忍)자 백 번을 써.
ᄃᆞ토며: 다투며.

진씨군식(陳氏羣食)

陳氏羣食
陳兢居江州十三世同居長幼七百口不畜僕妾上下姻睦人無間言每食必羣
坐廣堂未成人者別爲一席有犬百餘亦置一槽共食一犬不至羣犬皆不食
詩 七百餘人未忍分高曾叔姪暨仍雲十三嗣世同炊爨每食長筵列作羣
敦睦家風世所崇詵詵長幼一堂中欲知感化冥冥理看取槽中百犬同

<五倫宗48b> 진긍은 송나라 사룸이니 강쥬 따히 사라 십삼디롤 혼가지로 이셔 집안 사룸이 칠빅귀라 복쳡을 <五倫宗49a> 두디 아니ᄒᆞ고 샹해 화목ᄒᆞ여 스이에 다른 말이 업고 미양 밥 먹을 적이면 너른 집의 모히여 안쏘 어린 아히들은 ᄯᅩ로 혼 자리에 안티고 기르는 개 빅여 마리 이셔 또훈 구유에 먹이니 혼 개 못 밋츠면 모든 개 먹디 아니ᄒᆞ더라

■ 진씨군식(陳氏羣食: 진씨가 한 데 모여 밥을 먹다.)

진긍은 송나라 때 사람이다. 강주 땅에 살아 13대가 한 집에서 살아 집안사람이 칠백 명이나 되어 종을 두지 않았다. 항상 화목하여 사이에 다른 말이 없고 늘 밥을 먹을 때면 넓은 집에 모여 앉고, 어린 아이들은 따로 한 자리에 앉혔다. 기르는 개 백여 마리가 있는데 또한 구유에 먹이는데 한 개가 오지 않으면 모든 개가 먹지 않았다.

복쳡(僕妾)을 두디 아니ᄒᆞ고: 계집종과 사내종을 아울러 이르는 말.
너른 집의 모히여 안쏘: 넓은 집에 모여 앉고.
구유: 소나 말 따위의 가축들에게 먹이를 담아 주는 그릇. 흔히 큰 나무토막이나 큰 돌을 길쭉하게 파내어 만든다.
혼 개 못 밋츠면: 개 한 마리라도 오지 않으면.

중엄의장(仲淹義莊)

仲淹義莊
范仲淹吳縣人輕財好施尤厚於族人旣貴於姑蘇近郭買良田數千畝爲義莊以養羣從之貧者擇族人長而賢者一人主出納人日食米一升歲衣縑一匹嫁娶喪葬皆有贍給自政府出歸姑蘇焚黃搜外庫惟有絹三千匹令掌吏錄親戚及閭里知舊自大及小散之皆盡曰宗族鄕黨見我生長幼學壯仕爲我助喜我何以報之哉
詩　千畝良田豈自圖盡宗族遍親疎匹衣升食無他費婚葬相扶亦有餘　庫中搜得三千絹一日親知盡散之聊報鄕閭助吾喜相供曾不念家私

<五倫宗50b> 범듕엄은 송나라 오현 사롬이니 지믈을 가빅야이 너기고 눔 주기를 됴화ᄒ며 더옥 종족의게 후히 ᄒ여 벼슬이 이믜 놉ᄒ매 집 ᄀᆞ가온 곳에 됴흔 밧 수쳔 묘를 사두어 의장을 삼아 여러 가난ᄒᆞᆫ 겨레를 치고 겨레 듕에 나 만코 어딘 사름 ᄒᆞ나흘 골희여 지믈을 맛디고 민인의게 날마다 뿔 ᄒᆞᆫ 되와 ᄒᆡ마다 깁 ᄒᆞᆫ 필식 주고 혼인과 상ᄉᆞ를 다 ᄀᆞ초와 주고 졍승 벼슬로 소분ᄒᆞ려 고향에 도라와 밧 고에 남은 깁 삼쳔 필을 다 내여 맛든 사ᄅᆞᆷ으로 <五倫宗51a> ᄒᆞ여곰 친쳑과 고구를 다 긔록ᄒᆞ여 크니와 젹으니를 일시에 훗터주며 굴오디 종족과 향니 사름이 내 어려셔브터 자라나 벼슬 ᄒᆞ믈 보고 날을 위ᄒᆞ여 깃부믈 도와주니 내 엇디 뼈 갑흐리오 ᄒᆞ더라

■ 중엄의장(仲淹義莊: 중엄의 의리 있는 전장.)

중엄은 송나라 때 오현 사람이다. 재물을 가볍게 여기고 남 주기를 좋아하며 그 중에서도 종족에게는 더 후하게 하였다. 벼슬이 이미 높아 집 가까운 곳에 좋은 밭 수천 묘를 사두어 의장을 삼아 여러 가난한 종족을 구제하고, 종족 중 나이 많고 어진 사람 한 명을 골라 재물을 맡기고 한 사람 마다 날마다 쌀 한 되와 해마다 비단 한 필씩을 주었다. 또한 혼인과 초상이 있으면 다 갖추어 주었다. 정승 벼슬을 얻어 소분하려 고향에 돌아

와 창고에 남은 비단 삼천 필을 다 내어 재물관리를 맡은 사람으로 하여금 친척과 오래된 친구를 다 기록하여 크거나 작은이를 구분하지 않고 한꺼번에 나눠주며 말하기를 "내 종족과 동네 사람이 내 어려서부터 자라나 벼슬하는 것을 보고 나를 위해서 기쁨으로 도와주니 내 어찌 그 고마움을 갚으리오."하였다.

지믈을 가비야이 너기고: 재물을 가볍게 여기고.
눔 주기룰 됴화ᄒᆞ며: 남 주기를 좋아하며.
벼슬이 이믜 놉흐매: 벼슬이 이미 높으니.
ᄀᆞ가온: 가까운.
됴흔 밧: 좋은 밭.
나 만코 어딘 사룸: 나이 많고 어진 사람.
지믈을 맛디고: 재물을 맡기고.
미인의게: 한 사람 마다.
깁 ᄒᆞᆫ 필식: 비단 한 필 씩. 깁은 '명주실로 바탕을 조금 거칠게 짠 비단'을 말한다.
ᄀᆞ초와: 갖추어.
소분(掃墳): 경사로운 일이 있을 때 조상의 산소를 찾아가 돌보고 제사를 지내는 일.
맛둔 사룸으로 ᄒᆞ여곰: 맡은 사람으로 하여금.
훗터주며: 흩어주며. 나눠주며.
깃부믈: 기쁨을.

육씨의거(陸氏義居)

> 陸氏義居
> 陸九韶金溪人其家累世義居一人最長者爲家長一家至事聽命焉歲選子弟分任家事凡田疇租稅出納庖爨賓客之事各有主者九韶以訓戒之辭爲韻語晨興家長率衆子弟謁先祠畢擊鼓誦其辭使列聽之子弟有過家長會衆子弟責以訓之不改則撻之終不改度不可容則言之官府屛之遠方焉
> 詩 割戶分門薄俗然義居陸氏事堪傳區分職位由家長出納承迎禮罔愆韻語丁寧是訓辭晨興擊鼓謁先祠固知有敎元無類誰敢將身蹈匪彛

<五倫宗52b> 뉵구쇼는 송나라 금계 사름이니 누더를 흔가지로 사라 그듕 나 만흔 사름 흐나흘 글희여 가댱을 삼아 온 집일을 다 취품ᄒᆞ고 히마다 ᄌᆞ뎨를 글희여 가ᄉᆞ를 눈화 맛져 므릇 농ᄉᆞ와 지믈 츌납과 음식 ᄒᆞ기와 손 디졉ᄒᆞ는 일을 다 각각 맛든 재 잇고 구쇠 쏘 경계ᄒᆞ는 말로 글을 지어 새볘 닐어나면 가댱이 모든 ᄌᆞ뎨를 거느려 ᄉᆞ당의 현알ᄒᆞ믈 ᄆᆞᄎᆞ매 북을 울리며 경계ᄒᆞ는 글을 외와 ᄌᆞ뎨로 ᄒᆞ여곰 버러셔 듯게 ᄒᆞ고 ᄌᆞ뎨 듕에 허믈이 이시면 여러 ᄌᆞ뎨를 모화 ᄭᅮ디저 ᄀᆞᆯ티고 고치디 아니ᄒᆞ면 <五倫宗53a> 달초ᄒᆞ고 쏘 죵시 고치디 아니ᄒᆞ여 용납ᄒᆞ디 못ᄒᆞ리면 관가에 고ᄒᆞ여 먼 ᄯᅡ호로 쪼ᄎᆞ보리더라

■ 육씨의거(陸氏義居: 육씨들이 의로써 살다.)

육구소는 송나라 때 금계사람이다. 누대를 한 곳에 의로써 살았는데 그 중 나이 많은 사람 하나를 골라 가장을 삼아 온 집안일을 다 맡아하게 하였다. 해마다 자제를 골라 집안일을 나누어 맡겨 무릇 농사와 재물 출납과 음식하기, 손님 대접하는 일을 다 각각 맡긴 자가 있었다. 구소는 또 경계하는 말을 글로 지어 새벽에 일어나면 가장이 모든 자제를 거느리고 사당에 현알하고, 마치면 북을 울려 경계하는 글을 외워 자제로 하여금 벌여서 듣게 하였다. 자제 중에 허물이 있으면 여러 자제를 모아 꾸짖어 가르치고 고치치 않으면 매로 때리고, 끝내 고치치 않아서 용납하지 못하면 관가에 고하여 먼 땅으로 쫓아버렸다.

나 만흔 사름: 나이 많은 사람.
주뎨를 굴회여: 자제를 골라.
가스를 논화 맛져: 가사를 나눠 맡겨.
맛든 재 잇고: 맡은 자가 있고.
새볘 닐어나면: 새벽에 일어나면.
ᄉ당의 현알ᄒᆞᆯ: 사당을 현알함. 사당을 찾아뵈는.
ᄆᆞᄎᆞ매: 마침에.
듯게 ᄒᆞ고: 듣게 하고.
모화 ᄭᅮ디저 ᄀᆞᄅᆞ티고: 모아 꾸짖어 가르치고.
달초ᄒᆞ고: 회초리로 때리고.
죵시 고치디: 끝내 고치지.

문사십세(文嗣十世)

文嗣十世
鄭文嗣婺州人其家十世同居凡二百四十餘年一錢尺帛不敢私文嗣沒從
弟大和繼主家事益嚴而有恩家中凜如公府子弟稍有過頒白者猶鞭之每
歲時大和坐堂上羣從子皆盛衣冠鴈行立左序下以次進跪拜奉觴上壽畢
皆肅容拱手自右趨出見者嗟慕余闕爲書東浙第一家以褒之大和方正不
奉浮屠老子教冠婚喪必稽朱子家禮而行子孫從化皆孝謹諸婦惟事女工
不使預家政家畜兩馬一出則以爲之不食人以爲孝義所感
詩 怡怡肅肅政連緜十世同居二百年伏臘壽觴遵禮敎傍觀嘖嘖嗟羣賢
家法嚴恩冠浙東不遵釋老尙儒風諸孫孝謹皆從化畜物雖微亦感通

<五倫宗54b> 뎡문ᄉᆞ는 원나라 무쥬 사ᄅᆞᆷ이니 십ᄃᆡ를 ᄒᆞᆫ가지로 사라 이ᄇᆡᆨᄉᆞ십여 년이 된디라 됴고만 지믈도 스스로이 아니ᄒᆞ더니 문ᄉᆞ 죽으매 ᄉᆞ촌 아ᄋᆞ 대홰 니어 가ᄉᆞ를 맛다 더욱 엄호더 은혜 이시니 집안이 엄슉ᄒᆞ기 관가 ᄀᆞᆺ트여 ᄌᆞ뎨 젹이 죄괘 이시면 반빅흔 사ᄅᆞᆷ이라도 오히려 매로 티고 셰시면 대홰 당 우희 안꼬 모든 ᄌᆞ뎨ᄂᆞᆫ 다 의관을 셩히 ᄒᆞ여 <五倫宗55a> 기러기 항녈노 쓸 좌편의 버러 셧다가 ᄎᆞ례로 나아와 졀ᄒᆞ고 ᄭᅮ러 잔을 밧드러 슈를 올리고 얼골을 ᄀᆞ다듬고 손을 ᄭᅩ자 우편으로 추창ᄒᆞ여 나갈 시 보는 사ᄅᆞᆷ이 다 차탄ᄒᆞ고 흠모ᄒᆞ니 여궐이 동졀뎨일가 다ᄉᆞᆺ ᄌᆞ를 크게 ᄡᅥ주어 포댱ᄒᆞ더라 대홰 위인이 뎡대ᄒᆞ니 외도를 슝샹티 아니ᄒᆞ여 혼인과 상ᄉᆞ를 반ᄃᆞ시 쥬ᄌᆞ가례를 조ᄎᆞ니 ᄌᆞ손이 다 화ᄒᆞ여 효도롭고 공근ᄒᆞ며 여러 부인들은 다만 녀공을 일삼고 가ᄉᆞ에 간셥디 못ᄒᆞ게 ᄒᆞ더라 집의 ᄆᆞᆯ 둘히 이셔 ᄒᆞᆫ ᄆᆞ리 나가면 ᄒᆞᆫ ᄆᆞ리 <五倫宗55b> 먹디 아니 ᄒᆞ니 사ᄅᆞᆷ이 다 닐오ᄃᆡ 어진 ᄒᆡᆼ실의 감동ᄒᆞᆫ 배라 ᄒᆞ더라

■ 문사십세(文嗣十世: 문사는 10대가 한집에 살다.)

정문가는 원나라 때 무주 사람이니 10대가 한집에서 살아 240년여 년이 된지라 조그만 재물도 사사로이 아니하였는데 문사가 죽으면서 사촌 아우 대화가 그를 이어 가사를 맡아 더욱 엄하게 하되 은혜로움이 있어 집안이 엄숙하기가 관가 같았다. 자제가 작은 죄라도 있으면 반백인 사람이라도 매로 때리고, 명절 때면 대화가 마루 위에 앉고 모든 자제는 의관을 차려 입고 항렬대로 뜰 왼편에 벌려 서있다가 차례로 나와 절하고 무릎을 꿇어 잔을 받들어 술을 올리고 얼굴을 가다듬고 손을 포개어 오른쪽으로 추창하여 나가니 보는 사람이 다 감탄하고, 흠모하여 여궐이 '동절제일가(東浙第一家)'라는 다섯 글자를 크게 써주어 포장하였다. 대화가 정대하니 외도를 숭상하지 않고 혼인과 장사를 반드시 주자가례를 좇으니 자손이 다 감화되어 효성스럽고 공근하였다. 여러 부인들은 다만 여자의 일만 신경을 쓰고, 가사에는 간섭하지 못 하게 하였다. 집의 말이 두 마리 있었는데 한 마리가 나가면 다른 한 마리가 먹지 않으니 사람들이 다 집안 사람들의 어진 행실에 감동하여 하는 것이라 하였다.

됴고만 지믈도: 조그만 재물도.
가스롤 맛다: 가사를 맡아. 집안일을 맡아.
더욱 엄호디: 더욱 엄하되.
엄슉ᄒ기: 엄숙한 것이.
동절뎨일가: 동절제일가(東浙第一家), 동절지방의 제일가는 집.
반빅훈 사름이라도: 반백한 사람이라도. 머리가 반쯤 센 사람도.
포댱ᄒ더라: 포장하였다. '포장(褒獎)'은 '칭찬하여 장려함'을 뜻한다.
매로 티고: 매로 치고.
셰시면: 명절 때이면.
잔을 밧드러 슈룰 올리고: 잔을 받들어 술을 올리고.
추창(趨蹌): 예도(禮度)에 맞게 허리를 굽히고 빨리 걸어감.
뎡대ᄒ니: 정대하니. 의지나 언행 따위가 올바르고 당당하니.
여공(女功/女紅): 부녀자들이 하던 길쌈질.

장윤동찬(張閏同爨)

張閏同爨
張閏延長人八世不異同爨家人百餘口無間言日使諸女諸婦各聚一室爲女紅工畢歛貯一庫室無私藏幼兒啼泣諸母見者卽抱哺一婦歸寧畱其子衆婦共乳不問孰爲已兒兒亦不知孰爲已母也兄顯卒卽以家事付姪聚聚辭曰叔父行也叔宜主之閏曰姪宗子也姪宜主之相讓旣久卒以付聚至元間旌表其門
詩 八世同炊不析居女工勤聚不私儲兒啼見者爭相乳不問阿孃大小姐已矣兄亡可得追盡將家事付宗兒一門叔姪相推讓高義堪爲後世師

<五倫宗57a> 댱윤은 원나라 연쟝 사람이니 여덟디를 흔 듸 이시며 집 사람이 빅여 귀로디 스이 말이 업고 날마다 여러 부녀로 ᄒᆞ여곰 흔 집에 모히여 질삼ᄒᆞ다가 일이 ᄆᆞᆾ면 흔 고에 너허 스스로이 감초미 업고 어린 아히 울면 여러 지어미 보는대로 안아 졋 먹이고 흔 지어미 친뎡에 든니라 갈 제 그 ᄌᆞ식을 두고 가면 모든 지어미 흔가지로 졋 먹여 뉘 아히를 뭇디 아니ᄒᆞ니 그 아히 ᄯᅩ흔 뉘가 제 어민줄 모로더라 윤의 형이 죽으매 윤이 즉시 가스로뻐 족하 <五倫宗57b> 취의게 맛디니 취 ᄉᆞ양ᄒᆞ여 굴오디 아자비는 아븨 항녈이라 아자비 맛당이 맛드리이다 윤이 굴오디 너는 종지라 네 맛당이 맛드리라 ᄒᆞ고 서로 ᄉᆞ양ᄒᆞ다가 ᄆᆞ춤내 족하 의게 맛디니 후에 그 집을 졍문ᄒᆞ니라

■ 장윤동찬(張閏同爨: 장윤이 한솥밥을 먹다.)

장윤은 원나라 때 연장 사람이다. 8대가 한집에 살아 집 사람이 백여 명이 되지만 사이에 말이 없고 날마다 여러 부녀자가 한집에 모여 길쌈을 하고 일을 마치면 한 창고에 넣어 사사로이 감추는 것이 없었다. 어린 아이가 울면 여러 어머니들이 보는 대로 안아 젖을 먹이고, 한 어머니가 친정에 다니러 갈 때 그 자식을 두고 가면 모든 어머니들이 같이 젖을 먹여 누구의 아이인지를 묻지 않았고, 그 아이 또한 누가 자신의 어머니인 줄

몰랐다. 윤의 형이 죽자 윤이 즉시 가사를 조카 취에게 맡기니 취가 사양하며 말하기를 "작은아버지는 아버지의 항렬이니 마땅히 작은아버지께서 맡아야 합니다."하면서 사양하니 윤이 "너가 종제라 마땅이 맡아야 한다."라고 하고 서로 사양하다가 마침내 조카에게 맡기니 후에 그 집에 정문을 내렸다.

질삼: 길쌈.
고: 창고(倉庫).
친뎡: 친정.
뭇디: 묻지. 뭇-(問)+-지.
종지: 종제(從弟).
족하: 조카.

권제오(卷第五)

붕우(朋友)

누호양려(樓護養呂)
범장사우(范張死友)
장예휼고(張裔恤孤)
도종심시(道琮尋屍)
오곽상보(吳郭相報)
이면환금(李勉還金)
서회불부(徐晦不負)
사도경탁(査道傾橐)
한이경복(韓李更僕)
순인맥주(純仁麥舟)
후가구의(侯可求醫)
운창자핵(云敞自劾)
환영분상(桓榮奔喪)
견초감빈(牽招歛殯)
양시입설(楊時立雪)
원정대탑(元定對榻)

누호양여(樓護養呂)

樓護養呂
樓護齊郡人, 有故人呂公無所歸護身, 與呂公妻與呂嫗同食, 後護妻子頗厭, 呂公護流涕, 責妻子曰, 呂公故舊窮老託身於我, 義所當奉遂養呂公以終身.
詩 故人投我爲無歸義所當爲不敢辭身勸呂公妻勸嫗一盤麤糲當甘肥久寓人情生厭數樓公垂涕責妻孥慇懃奉養終身世舊誼從前誓不孤

[五倫朋1ㄴ] 누호는 한나라 졔군 사룸이니 벗 녀공이 갈 더 업거눌 누회 녀공과 훈 더 밥 먹으며 누호의 안히 녀공의 안히와 훈 더 밥 먹더니 오랜 후 쳐지 ᄀ장 슬회여 [五倫朋02ㄱ] ᄒ니 누회 울며 쳐ᄌᆞᆯ 쑤지져 닐오더 녀공은 녯 벗이라 늙고 궁박ᄒ여 내게 와 의탁ᄒᄂ니 디졉ᄒ여야 올ᄒ나라 ᄒ고 녀공을 죽기ᄭᆞ지 디졉ᄒ니라

■ 누호양여(樓護養呂: 누호가 여공을 부양하다.)

누호(樓護)는 한나라 제군(齊郡) 사람이다. 벗인 여공(呂公)이 갈 데가 없자 누호가 여공과 함께 밥을 먹고 누호의 아내가 여공의 아내와 함께 밥을 먹었다. 오랜 시간 후 처자(妻子)가 싫어하니 누호가 울면서 꾸짖으며 말하기를, "여공은 옛 벗이라 늙고 궁박(窮迫)하여 나에게 와서 의탁하였으니 대접하는 것이 옳다." 하고 여공이 죽을 때까지 대접하였다.

[시]
옛 친구가 내게 의탁하고 갈 곳이 없으니
마땅히 의리로 대접할 일이라 거절할 수 없네
나는 여공을 권하고 아내는 여공 아내를 권하니
한 소반에 찬 없는 밥도 절로 맛이 나네
오래 머무르면 인정이란 것이 싫어지고 싫증나게 마련인데

누호는 눈물을 흘리며 처자를 책망하네
정성껏 봉양함이 생을 마치도록 하니
그 우정이 전과 같아 조금도 외롭지 않네

누회: 누호(樓護)―+ㅡㅣ(주격조사)>누호가.
안히: 아내. '처(妻)'의 의미를 갖는 단어는 여러 개가 있다. '갓, 안해>아내, 겨집, 마누라' 등. '안해'는 15세기 이후로 현재 '아내'에 이르기까지 계속하여 쓰인 단어이다. 18세기에 나타나는 '안히'는 동일한 음성형을 표기한 것이며, 19세기에 나타나는 '아니, 아내'는 유성음 사이에서 약화된 'ㅎ'이 탈락하면서 나타난 형태이다. '처(妻)'의 의미를 갖는 '안해'는 17세기까지 '안히'의 형태가 아닌 '안해'의 형태로만 나타난다는 것이다. 이 원칙은 근대국어 시기까지 비교적 철저하게 지켜졌다. 즉 '안히/안해(外)'와 '안해(妻)'는 분명히 구별되어서 쓰였다. 홍윤표(1995)는 '내(內)'를 의미하는 15세기 형태 '안ㅎ'에 사람이나 물건을 말할 때 쓰이던 접미사 '-해'가 결합되어 만들어진 단어로 본다. 현대어에서 '아내'를 '안사람'이라고도 하는데 바로 이런 의미를 '안해'가 가지고 있었던 것으로 본다. 처격의 결합이 아닌 접미사 '-해' 결합으로 본 것은 '안해'와 '안히'가 구별되었던 중세어의 형태를 설명해 주는 데 타당성을 부여한다. 강헌규(1987)은 '아내(妻)'의 원래 의미가 "모(母)·처(妻)·여(女)" 즉 여성 일반을 범칭하던 알타이어에서 분화한 말이라고 본다. 알타이어에서 '아내'(妻)는 'ani/ane'인데, 바로 여기에 기원을 두고 있다는 것이다. 따라서 '안ㅎ(內)+-에/애/이(처격)'에 의해 이루어진 말이 아니라, 단일어임이 확실하다고 본다. 그러나 이 주장은 '아내'의 고어형인 '안해'를 설명하기에는 문제가 있다. 즉 'ㅎ'의 존재를 설명할 수가 없다. --- 삭제
슬희여 ᄒᆞ니: 싫어하니.
녯: 옛.
궁박(窮迫)ᄒᆞ여: 몹시 가난하고 구차하여.
올ᄒᆞ니라: 옳다.
죽기ᄭᅡ지: 죽을 때까지.

범장사우(范張死友)

范張死友
范式金鄕人字巨卿少遊太學與汝南張劭爲友劭字元伯曰後二年當過拜
尊親乃共剋期日期將至元伯請設饌以候之母曰二年之別千里結言何相
信之審耶對曰巨卿信士決不乖違母曰若然當醞酒至其日巨卿果至後元
伯呼曰巨卿吾以某日死某時葬子未我忘豈能相及式便馳往赴之喪已發
引旣至壙而柩不肯進其母撫之元伯豈有望耶遂停柩移時乃見有素車白
馬號哭而來母曰必巨卿也巨卿旣至叩喪言曰行矣元伯死生異路永從此
辭式因引柩於是乃前式遂畱止冢次爲
脩墳樹而去
詩　千里相期二載餘眼靑堂上見華裾壽觴共進浮春色始喜吾兒語不虛
白馬馳來事巨卿夢中相感亦丁寧攀號永訣柩還誠信應通地下靈

[五倫朋03ㄴ] 범식은 한나라 금향 사룸이니 즈는 거경이라 져머셔 태흑에 든닐 시 댱원뷕과 스괴엿더니 원뷕으로 더브러 고향으로 도라갈 시 식이 원뷕드려 닐오디 훗 두 히 만에 그디 모친을 가셔 뵈오리라 [五倫朋04ㄱ] ᄒᆞ고 긔약 ᄒᆞ엿더니 그 날이 갓가와 오거늘 원뷕이 어미게 고ᄒᆞ여 음식을 ᄀᆞ초와디라 흔디 어미 닐오 디 두 히 ᄂᆡ별에 쳔리에셔 닐은 말을 엇디 미드리오 원뷕이 ᄀᆞᆯ오디 긔경은 信ᄒᆞᆫ 사룸이라 반드시 어긔디 아니ᄒᆞ리이다 어미 닐오디 그러ᄒᆞ면 술을 비즈리라 ᄒᆞ더 니 그 늘에 과연 거경이 와 당에 올라 절ᄒᆞ고 술 먹으니라 후에 원뷕이 병이 듕ᄒᆞ니 탄식ᄒᆞ여 ᄀᆞᆯ오디 범거경을 못보와 ᄒᆞ이로라 ᄒᆞ고 이윽고 죽으니 식이 ᄭᅮᆷ에 원뷕이 불러 닐오디 거경아 내 아모 날 죽어 아모 날 장ᄉᆞᄒᆞᄂᆞ니 [五倫朋04ㄴ] 날을 닛디 아니커든 미처 오라 식이 ᄭᅮᆷ을 ᄭᅦ여 즉시 돌려가니 볼셔 발인ᄒᆞ여 무들 ᄯᅡ해 가시되 관이 아니 가거늘 그 어미 관을 어르만지며 ᄀᆞᆯ오디 원뷕아 무슴 기드 리미 잇ᄂᆞ냐 ᄒᆞ더니 이윽고 흰 슐위 흰 몰로 울며 오ᄂᆞ니 잇거늘 어미 닐오디 이 반드시 거경이로다 과연 거경이 와 상여롤 두드리며 ᄀᆞᆯ오디 힝홀디어다 원뷕 아 ᄉᆞ싱이 길이 다르니 일로 조ᄎᆞ 영결ᄒᆞ리라 식이 인ᄒᆞ여 관을 드리니 관이 이에 나아가거늘 식이 드듸여 머무러 이셔 무덤을 일우고 나모 시므고 가니라

■ 범장사우(范張死友 : 범식과 장원백이 죽어서도 친구이다.)

범식(范式)은 한나라 금향(金鄕) 사람으로 자는 거경(巨卿)이다. 젊어서 태학(太學)에 다닐 때 장원백(張元伯)과 사귀었다. 장원백과 더불어 고향으로 돌아갈 때 범식이 장원백에게 말하기를, "이년 후에 그대의 모친에게 가서 뵙겠소." 하고 기약(期約)하였다. 그날이 가까워 오니 방원백은 어미에게 고하여 음식을 갖추어 달라 하니 어미가 말하길, "두 해나 이별해 천리에서 이룬 말을 어찌 믿느냐." 장원백이 말하기를, "거경은 믿음이 있는 사람입니다. 반드시 어기지 않을 것입니다." 어미가 말하기를, "그러면 술을 빚겠다." 하니 그날 과연 거경이 와서 당에 올라 절을 하고 술을 먹었다. 후에 장원백이 병이 중하여 탄식하며 말하기를, "범거경을 못 보니 한이로구나." 하고 이윽고 죽었다. 범식의 꿈에 장원백이 불러서 말하기를, "거경아. 내가 아무 날에 죽어 아무 날에 장사(葬事)를 한다. 나를 잊지 않았거든 오라." 범식이 꿈에서 깨서 즉시 달려가니 벌써 발인하여 묻을 땅에 가려고 하는데 관이 움직이지 않았다. 그 어미가 관을 어루만지며 말하길, "원백아. 무슨 기다림이 있느냐." 하였다. 이윽고 흰 수레와 흰 말로 울며 오는 이가 있으니 어미가 말하길, "반드시 거경일 것이다." 과연 거경이 와서 상여를 두드리며 말하길, "가거라. 원백아. 생사(生死)의 길이 다르니 이것으로 영결(永訣)하겠다." 범식이 관을 달래니 관이 나아갔다. 범식이 드디어 머무르면서 무덤을 일구고 나무를 심고 갔다.

[시]
천리에 서로 기약함이 이년 전인데
마루 위에는 친구의 어머니 기다리고 계시네
함께 올리는 술잔에 봄빛이 떠 있으니
내 자식의 말이 헛되지 않은 것을 비로소 알았네

흰 말을 타고 달려오는 게 필시 거경이라
꿈속에서 서로 느낌이 역시 분명하네
통곡하고 영결하자 관이 앞으로 나가니
그 믿음과 정성은 응당 지하의 영과 통함이라

져머셔: 젊어서.
태혹에 둔닐식: 태학(太學)에 다닐 적에. '태학'은 중국 고대의 대학.
소괴엿더니: 소괴—+—y엇(과거시상)—+—더(가거회상)—+—니(연결어미)>사귀었더니.
유신(有信)호 사룸이라: 신의가 있는 사람이다.
닛디 아니커든: 잊지 않았거든.
소생이: 생사(生死)가.
영결(永訣)흐리라: 영결하겠다. '영결'은 죽은 사람과 산 사람이 서로 영원히 헤어짐.
나모 시므고: 나무를 심고.

장예휼고(張裔恤孤)

張裔恤孤
張裔蜀郡人先生以爲巴郡太守少與楊恭敬友善恭蚤死遺孤未數歲裔迎
畱與分屋而居事恭母如母恭之子息長大爲之娶婦買田宅產業使立門戶
詩 少結金蘭著意長死生雖異義何忘撫孤將母皆如已竟置田莊使主張
友道由來貴不渝張公信義孰能儔世間覆雨飜雲者見此寧無愧汗流

[五倫朋05ㄴ] 댱예ᄂᆞᆫ 쵹한 때 쵹군 사름이라 션쥐 파군 태슈를 ᄒᆞ이니 댱예 져머셔
양공과 벗ᄒᆞ여 됴화ᄒᆞ더니 양공이 일즉 죽고 ᄌᆞ식이 두어 살도 못되엿거늘 [五倫
朋06ㄱ] 댱예 양공의 가쇽을 ᄃᆞ려다가 집을 ᄂᆞ화 살리고 양공의 어미를 셤기되
친어미ᄀᆞ티 ᄒᆞ며 양공의 ᄌᆞ식이 ᄌᆞ라거늘 댱가 드리고 젼퇵 가산을 사주어 ᄒᆞ여
곰 문호를 셰오게 ᄒᆞ다

■ 장예휼고(張裔恤孤: 장예가 고아를 구휼하다.)

장예(張裔)는 촉한(蜀漢) 때 촉군(蜀郡) 사람이다. 선주(先主)가 파군태수(巴郡太守)를 시켰다. 장예는 젊어서 양공과 벗을 삼아 좋아하였다. 양공(楊恭)이 일찍 죽고 자식이 두어 살도 못되자 장예가 양공의 가속(家屬)을 데려다가 집을 나누어 살게 하고 양공의 어미를 섬기기를 친어미같이 하였다. 양공의 자식이 자라자 장가를 보내고 전택(田宅)과 가산(家産)을 사주어 문호(門戶)를 세우게 하였다.

[시]
젊어서 사귄 친구는 그 극진한 정을 잊지 못해
사생은 비록 다르지만 의리만은 어찌 잊을까
어머니 섬기고 아들 기름을 모두 자기 일같이 하고
마침내 전장까지 사주어 살게 해 주었네
친구의 길은 귀하여 변할 수 없는 것이라

장예의 그 신의를 누가 따를 수 있으리
세상에는 친구를 해하여 못할 일 없이 하건만
장예의 이런 일 보면 땀 저절로 흐르네

댱예는: 장예(張裔)는. '장예'는 삼국 시대 촉나라 촉군(蜀郡) 성도(成都) 사람. 자는 군사(君嗣)다. 처음에 유장(劉璋)을 좇았는데, 효렴(孝廉)으로 알려져 어복장(魚復長)이 되었다. 유비(劉備)가 익주(益州)에 정착했을 때 파군태수(巴郡太守)로 삼았고, 얼마 뒤 익주로 옮겼다.
션쥐: 선주(先主)가. '선주'는 선대(先代)의 군주. 유비(劉備)를 말함.
눈화 살리고: 나누어 살게 하고.
젼퇴: 전택(田宅). 밭과 집.
가산(家産)을: 한 집안의 재산을.
문호(門戶)룰: 문벌을.

도종심시(道琮尋屍)

道琮尋屍
羅道琮蒲州人慷慨尙節義貞觀末上書忤旨徙嶺表有同斥者死荊襄間臨終泣曰人生有死獨委骨異壤耶道琮曰吾若還終不使君獨齧此瘞路左去歲餘遇赦歸方霖潦積水失其殯處道琮慟諸野波中忽若湓沸者道琮曰若屍在可再沸祝已水復湧乃得屍負之還鄕
詩 天涯同謫共辛酸委骨殊方涕自潸珍重臨終盟約在將身何忍獨生還
雞書似與潦相期草葬江邊失所之一片丹誠天感應波中湓沸豈人爲

[五倫朋07ㄴ] 나도종은 당나라 포쥬 사롬이니 ᄆᆞ음이 강개ᄒᆞ고 졀의를 슝샹ᄒᆞ더니 졍관 【당 태종대 년호라】 적의 샹소ᄒᆞ다가 님군의 ᄯᅳᆺ을 거스려 녕남에 귀향 갓더니 ᄒᆞᆫ가지로 귀향 간 재 이셔 형양 ᄉᆞ이의셔 죽을 제 울며 닐오디 사롬마다 죽음이 잇거니와 내 홀로 놈의 ᄯᅡ히 ᄲᅧ를 ᄇᆞ리랴 도종이 닐오디 내 만일 도라가면 ᄆᆞᄎᆞᆷ내 그디로 혼자 예 잇게 아니ᄒᆞ리라 ᄒᆞ고 길ᄀᆞ에 뭇고 갓다가 ᄒᆞᆫ 히 남즉ᄒᆞ야 샤를 만나 도라올 제 마초와 쟝마디니 믈이 ᄲᅡ히여 무든 곳을 일코 도종이 들늬셔 울며 츳더니 믈결이 홀연 [五倫朋08ㄱ] 이 ᄭᅳᆯ는 듯ᄒᆞ거늘 도종이 닐오디 죽엄이 예 잇거든 다시 ᄭᅳᆯ흐라 ᄒᆞ고 비더니 믈이 ᄯᅩ 솟거늘 죽엄을 어더 몸소 지고 도라오니라

■ 도종심시(道琮尋屍: 나도종이 시체를 찾다.)
나도종(羅道琮)은 당나라 포주(蒲州) 사람이다. 마음이 강개(慷慨)하고 절의(節義)를 숭상(崇尙)하였는데 정관 【당 태종 때의 연호이다】 때 상소하다가 임금의 뜻을 거슬러 영남에 귀향을 갔다. 같은 일로 귀향을 간 자가 형양 사이에서 죽을 때 울면서 말하길, "사람마다 죽음이 있지만 내 홀로 남의 땅에 뼈를 버리겠는가." 나도종이 말하기를, "내가 만일 돌아가면 마침내 그대 혼자 여기 있게 하지 않겠네." 하고 길가에 묻고 갔다. 한해 남짓하여 풀려나 돌아갈 때 마침 장마가 져서 물에 싸여 묻은 곳을

잃어버렸다. 나도종이 들에서 울며 찾았는데 물결이 홀연히 끓는 듯하였다. "나도종이 말하길, 주검이 여기 있거든 다시 끓어라." 하고 비니 물이 또 솟구쳐 주검을 찾아 몸소 가지고 돌아왔다.

[시]
하늘 끝 먼 곳에 함께 귀양을 가 고생 같이 하는데
친구의 뼈를 들에 버리고 가려니 눈물이 절로 나네
임종 때 정중히 한 언약이 있으니
차마 어찌 혼자 살아 돌아갈까
때마침 장맛비가 내려 지형 분간 못하여
길가에 묻은 시체 찾을 길이 없네
한 가닥 붉은 마음을 하늘도 감동하여
물결이 끓여 알려주니 어찌 사람이 할 수 있는 일인가

마초아: 맞추어.
쓸는 듯ᄒ거놀: 끓는 듯 하여.
비더니: 비니.

오곽상보(吳郭相報)

吳郭相報
吳保安魏州人與郭仲翔居同里仲翔爲姚州都督李蒙判官哀其窮力薦之表爲掌書記後仲翔被執於蠻必求千縑乃肯贖保安營贖仲翔苦無資乃力居貨十年得縑七百妻子客遂州間關求保安所在困姚州不能進都督楊安居和狀異同其故貨以行求保安得之引與語曰子棄家急朋友之患至是乎吾請貸爲貲助子之乏保安大喜卽委縑于蠻得仲翔以歸後仲翔居母喪及服除喟曰吾賴吳公生今親歿可行其志時保安以彭山丞客死妻亦歿喪不克歸仲翔爲服縗絰囊其骨徒跣負之歸葬廬墓三年乃去迎保安子爲娶妻而讓以官
詩 投蠻乞救恨家貧力索千縑贖一身負葬服縗還守墓感恩終報再生人
滔滔盡是翻雲手千古稀逢信義中感激恩情期必報兩人高操激頹風

[五倫朋09ㄴ] 오보안은 당나라 위쥬 사룸이니 곽듕샹으로 더브러 훈 모을에셔 사다가 듕샹이 요쥬도독 니몽의 판관이 되여 보안의 궁박호믈 불샹이 너겨 니몽의게 힘뻐 쳔거호여 댱셔긔 벼슬을 호엿더니 후에 듕샹이 남방 오랑캐게 잡히여 깁 일쳔 필을 [五倫朋10ㄱ] 밧고 노흐리라 호거놀 보안이 속호여 내고져 호디 갑시 업스니 힘뻐 댱스딜 호여 십년만에 깁 칠빅 필을 엇고 쳐주는 훈가지로 슈쥬 따히 브티여 이셔 두로 보안의 잇는 곳을 촛다가 요쥬에셔 몸이 디쳐 능히 나아가디 못호더니 도독 양안게 그 일을 알고 긔이히 너겨 위호여 보안을 초자 어드니 안게 쳥호여 닐러 골오디 그디 집을 브리고 벗의 환란을 급히 너기미 이대도록 호냐 쳥컨대 지믈을 내여 그디 부죡훈 거슬 도오리라 보안이 크게 깃거 깁을 가져 오랑캐를 주고 듕샹을 어더 도 [五倫朋10ㄴ] 라오니 후에 듕샹이 모샹을 만나 삼년을 모츠매 탄식호여 골오디 내 오공을 힘닙어 사랏는디라 이제는 어버이 업스니 가히 내 뜻을 힝호리라 호고 이 때에 보안이 핑산승 벼슬에서 죽고 그 안히도 쏘훈 죽어 능히 티샹호여 도라오디 못호니 듕샹이 위호여 복을 닙고 죽엄을 거두어 지고 도라와 장스를 모츠매 삼년을 슈묘호고 보안의 아돌을 마주와 댱가 드리고 벼슬을 스양호여 주니라

■ 오곽상보(吳郭相報: 오보안과 곽중상이 서로 돕다.)

오보안(吳保安)은 당나라 위주(魏州) 사람이다. 곽중상(郭仲翔)과 더불어 한 마을에서 살았는데 곽중상이 요주도독(姚州都督) 이몽(李蒙)의 판관이 되어 오보안의 궁박함을 불쌍히 여겨서 이몽에게 힘써 천거하여 당서기 벼슬을 하였다. 후에 곽중상이 남방 오랑캐에게 잡혀 비단 천 필과 바꾸면 놓아준다 하였다. 오보안이 비단과 바꾸고자 하였으나 돈이 없어 힘써 장사를 하여 십년 만에 비단 칠백 필을 얻었다. 처자는 수주 땅에 있었는데 두루 오보안이 있는 곳을 찾아다니다가 요주에서 몸이 지쳐 더 이상 나아가지 못했다. 도독인 양안거가 그 일을 알고 기이하게 여겨 오보안을 찾아내어 앉혀놓고 말하길, "그대는 집을 버리고 벗의 환란(患亂)을 급하게 여겨 지금까지 이러는가. 청컨대 재물을 내어 그대의 부족한 것을 돕겠다." 오보안이 크게 기뻐하며 비단을 가지고 가 오랑캐에게 주고 곽중상을 데리고 돌아왔다. 후에 곽중상이 모친상을 당해 삼년상을 마치고 탄식하며 말하기를, "내가 오공의 힘을 입어 살았는데 이제는 어버이도 없으니 가히 내 뜻을 행하겠다." 하였다. 이때 오보안이 팽산승 벼슬을 하다 죽고 그 아내도 또한 죽어 치상하여 돌아오지 못하고 있었다. 곽중상은 복을 입고 주검을 거두어서 지고 돌아와 장사를 마치고 삼년을 수묘하였다. 보안의 아들을 맞아 장가를 보내고 벼슬을 사양하여 주었다.

[시]
오랑캐에게 잡힌 몸을 구하려 하나 집이 가난하니
힘써 천 필 비단 마련하여 친구 구해내어
시체를 지고 돌아와 장사 지내고 복을 입고 무덤을 지키었으니
나를 다시 살려준 그 은예에 감격하여 끝내 갚았네
온 세상이 모두 남 해치기에 어두운데
천고에 이런 신의 지키는 사람 보기 드물어

감격한 그 은정 기필코 보답하니
두 사람의 높은 의리 진실로 아름답네.

깁: 비단.
긔이히너겨: 기이(奇異)하게 여겨.
환란(患亂)을. 환란을. '환란'은 근심과 재앙을 통틀어 이르는 말.
깃거: 기뻐
티상ᄒ여 도라오디 못ᄒ니: 초상을 치루지 못해 돌아오지 못하니.
죽엄을: 구점을. 시신을.
슈묘ᄒ고: 묘를 지키고.

이면환금(李勉還金)

李勉還金
李勉京兆人少貧客梁宋與諸生共逆旅諸生疾且死出白金曰左右無知者
幸君以此爲我葬餘則君自取之勉許諾旣葬密置餘金棺下後其家謁勉共
啓墓出金付之
詩 逆旅同樓幾苦辛臨終語忍堪聞死生付托無相負高義千秋孰似君 葬
君餘是爲吾物若取而歸是負心密取餘金棺下置此心皎皎蒼臨

[五倫朋11ㄴ] 니면은 당나라 경됴 사룸이니 져믄 제 가난ᄒᆞ여 냥숑 ᄯᅡ희 가 손이
되여 션비들과 ᄒᆞᆫ 쥬인에 잇더 [五倫朋12ㄱ] 니 ᄒᆞᆫ 션비 병드러 죽을 제 흰 금을
내여 면을 주어 ᄀᆞᆯ오ᄃᆡ 겻희 사룸이 모ᄅᆞᄂᆞ니 그ᄃᆡ 이 금으로 내 장ᄉᆞᄅᆞᆯ 디내고
남거든 그ᄃᆡ 가지라 니면이 허락ᄒᆞ고 장ᄉᆞᄅᆞᆯ ᄆᆞᆾ매 나믄 금을 ᄀᆞ만이 관 아래
녀헛더니 후에 그 집사룸이 면을 가보니 면이 ᄒᆞᆫ가지로 무덤을 열고 금을 내여
주니라

■ 이면환금(李勉還金: 이면이 금을 돌려 주다.)

이면(李勉)은 당나라 경조(京兆) 사람이다. 젊었을 때 가난하여 양송 땅에 가서 손님이 되어 선비들과 한 주인에게 의탁하고 있었다. 한 선비가 병이 들어 죽을 때 흰 금을 내어서 이면에게 주며 말하기를, "곁에 있는 사람은 모르니 그대가 이 금으로 내 장사를 지내고 남거든 그대가 가지시오." 이면이 허락하여 장사를 마치고 남은 금을 그대로 관 아래에 넣었다. 후에 그의 집사람이 이면을 찾아오니 이면이 무덤을 열고 금을 내어 주었다.

[시]
객지에 같이 있으면서 그 고생 말로 다 못하니
그 친구 임종에 부탁한 말을 차마 어길 수 없네

죽으면서 한 부탁 서로 저버리지 않아
그 높은 의리가 천추에 어느 누가 그와 같을까
친구 장사지내고 남은 것은 응당 자기 물건인데
만일 자기가 가져간다면 이는 본심을 저버리는 것이라
가만히 금덩이를 관 밑에 숨겼으니
그 마음 깨끗한 것을 저 하늘이 굽어보네

손이 되어: 손님이 되어.
흰 금을 내여: 백금(白金)을 내어.
겻희: 곁에.

서회불부(徐晦不負)

徐晦不負
徐晦少爲楊憑所善憑得罪貶臨賀尉姻友憚累無往候者獨晦至藍田慰錢
宰相權德輿謂曰君送臨賀誠厚無乃爲累乎晦曰方布衣時臨賀知我今忍
遽棄耶有如公異時爲奸邪譖斥又可爾乎德輿歎其直稱之朝李夷簡遽表
爲監察御史晦過謝問所以擧之之由夷簡曰君不負楊臨賀肯負國乎
詩 自許相知舊布衣那堪遠謫送將歸一身有累何曾計送至藍田不忍離
相公推薦應非苟且稱職終爲御史官不負相知寧負國高名一日上朝端

[五倫朋13ㄴ] 셔회는 당나라 사름이니 벗 양빙이 죄에 걸녀 내티여 님하위 벼슬로 가거늘 겨레와 벗들이 년루홀가 저허 가보리 업더니 셔회 홀로 가 젼송ᄒᆞᆫ대 지샹 권덕예 닐오디 그디 님하롤 젼송ᄒᆞ니 진실로 후ᄒᆞ거니와 년루ᄒᆞ미 업스랴 셔회 ᄀᆞᆯ오디 내 포의 째브터 님하와 친ᄒᆞ니 이제 ᄎᆞ마 엇디 브리리오 만일 공이 이후에 간인의게 모함ᄒᆞᆫ 배 되면 쏘흔 그리 아니랴 덕예 그 고든 줄을 됴뎡에 일ᄏᆞᄅᆞ니 니이간이 셔회롤 쳔거ᄒᆞ여 감찰어ᄉᆞ롤 ᄒᆞ이니 회 가셔 샤례ᄒᆞ고 쳔거ᄒᆞᆫ 연고롤 무른대 이 [五倫朋14ㄱ] 간이 닐오디 그디 양님하롤 져ᄇᆞ리디 아니ᄒᆞ니 엇디 나라홀 져ᄇᆞ리랴 ᄒᆞ더라

■ 서회불부(徐晦不負: 서회가 져버리지 않다.)

서회(徐晦)는 당나라 사람이다. 벗인 양빙(楊憑)이 죄를 지어 내쳐져서 임하위 벼슬로 갔다. 가족과 벗들이 연루(連累)될까 두려워하여 가서 보는 이가 없었다. 서회가 홀로 가서 전송하니 재상 권덕여(權德輿)가 말하기를, "그대가 임하를 전송하니 진실로 후하니 연루되는 것이 없는가." 서회가 말하기를, "내가 포의 때부터 임하와 친하였는데 차마 어찌 버리겠소. 만일 공이 이후에 간인(奸人)에게 모함을 당하게 되면 또한 그리 안하겠소." 권덕여가 그 곧은 줄을 조정에 일컬으니 이간이 서회를 천거하여 감찰어사를 시켰다. 서회가 사양하고 천거한 연고를 물으니 이간이

말하기를, "그대가 양임하를 저버리지 않으니 어찌 나라를 저버리겠소." 하였다.

[시]
옛날 포의 때부터 사귀어 온 친구가
먼 길 귀양을 떠나는데 어찌 가서 전송치 않으리
내 몸에 누가 끼치더라도 어찌 그까짓 일을 생각하리
남전까지 가 작별할 때 차마 헤어지지 못했네
정승이 추천한 것은 모두 까닭이 있는 일
벼슬에 올라 마침내 어사가 되었네
친구도 저버리지 않는데 어찌 나라를 저버리랴
그 높은 이름 하루 아침에 조정에 드날렸네

셔회눈: 서회(徐晦)는. '서회'는 당나라 때 사람. 자는 대장(大章)이다. 덕종(德宗) 정원(貞元) 18년(802) 진사(進士)가 되어 역양위(櫟陽尉)에 임명되었다. 평소 양빙(楊憑)의 인정을 받고 칭찬을 들었는데, 나중에 양빙이 폄적되자 아무도 감히 전송을 못했지만 그만 남전(藍田)까지 가 전별(餞別)했다. 권덕여(權德輿)가 그 강직함에 탄복하여 조정에서 칭찬하자 이이간(李夷簡)이 추천하여 감찰어사(監察御史)가 되었다.

겨레와: 가족과.
년루홀가: 연루(連累)될까.
저허: 저어하여. 염려하거나 두려워하여.
권덕예: 권덕여(權德輿)가. '권덕여'는 당나라 천수(天水) 약양(略陽) 사람. 자는 재지(載之)고, 권고(權皐)의 아들이다. 윤주(潤州) 단도(丹徒, 지금의 江蘇에 속함)에 옮겨 살았다. 어려서부터 문사로 이름이 알려졌다. 4살 때 시를 지을 줄 알았고, 15살 때 산문 수백 편을 지어 『동몽집(童蒙集)』을 엮어 명성이 더욱 높아졌다.
포의(布衣)째브터: 포의 때부터. '포의'는 베옷으로, 벼슬이 없는 선비를 비유적으로 이르는 말.
간인(奸人)의게: 간사한 사람에게.

사도경탁(査道傾橐)

查道傾橐
查道休寧人初赴擧貧不能上道親族哀錢三萬遺之道出滑壹過父友呂翁家翁喪貧窶無以葬其母兄將鬻女以襄事道傾橐中錢悉與之又嫁其女
詩 義重財輕見最明貧難赴選亦無營却將親戚哀錢橐都爲先人執友傾元振今亡可奈何惟謀鬻女不謀他橐錢傾與供襄事又助其婚濟一家

[五倫朋15ㄱ] 사도는 송나라 휴녕 사룸이니 처음에 과거 보라 갈 제 가난호여 길을 나디 못호더니 겨레들이 돈 삼만을 모도와 주니 힝호여 활더 짜흐로 디날 시 [五倫朋15ㄴ] 아비 벗 녀옹의 집에 드러가니 녀옹의 상스애 가난호여 장스룰 못홀 시 쟝춧 그 똘을 프라 디내려 호거늘 사되 힝쟝을 기우려 그 돈을 다 주고 그 똘을 셔방 마쳐 보내니라

■ 사도경탁(査道傾橐: 사도가 전대를 기울다.)

사도(査道)는 송나라 휴령(休寧) 사람이다. 처음에 과거를 보러 갈 때 가난하여 길을 나서지 못하였는데 가족들이 돈 삼만을 모아 주어 과것길에 올랐다. 활대 땅을 지날 때 아비의 벗 여옹의 집에 들어갔는데 여옹이 죽었으나 가난하여 장사를 못 지내니 그 딸을 팔아 지내려 하였다. 사도가 행장을 풀어 그 돈을 다 주고 그 딸을 시집보냈다.

[시]
의리가 중하고 재물이 가벼운 것은 가장 분명한 일인데
가난해서 과거 볼 길 없으나 어찌할 수 없네
친척들이 이 사정 알고 돈 모아 주니
아버지 친구 위해 모두 다 털어주었네
원진은 지금 죽고 없으니 어찌할까
딸 팔아 초상 치를 뿐 달리 방법 없으니

자루에 있는 돈 모두 내주어 장례를 지내게 하고
또 딸 혼인 지내주어 한 집을 구제했네

셔방마쳐 보내니라: 서방을 맞아 보내었다. 시집 보냈다.

한이경복(韓李更僕)

韓李更僕
韓億雍丘人李若谷徐州人未第時皆貧同試京師每出謁更爲僕李先等第授長社縣主簿赴官自控妻驢億爲負一箱將至縣三十里李謂韓曰恐縣吏來箱中只有錢六百以其半遺韓相持大哭別去後擧韓亦登第仕皆至參政爲婚姻不絶
詩 二子同時擧上都何嫌出謁迭爲奴由來貧賤交尤密榮辱升沉兩不渝自控妻驢赴縣時韓生猶復負箱隨分錢道不相持哭從此連姻義莫虧

[五倫朋16ㄴ] 한억은 숑나라 옹구 사룸이오 니약곡은 셔쥬 사 [五倫朋17ㄱ] 룸이니 급뎨 못ᄒᆞ야 신제 가난ᄒᆞ야 ᄒᆞᆫ가지로 과거 보라 셔울갈 시 서로 죵이 되더니 약곡이 몬져 급뎨ᄒᆞ여 쟝샤 ᄯᅡ에 원ᄒᆞ여 갈 제 그 안히 튼 나귀 견마롤 잡고 한억은 짐 지고 가더니 고을 삼십리롤 못미쳐 가셔 약곡이 한억ᄃᆞ려 닐오디 고을 아젼이 올가 저헤라 ᄒᆞ고 짐에 다만 돈 뉵빅이 잇거늘 반을 ᄂᆞ화 한억을 주고 서로 붓드러 크게 울고 가더니 훗 과거의 한억이 ᄯᅩ 급뎨ᄒᆞ여 둘히 ᄒᆞᆫ가지로 벼슬이 지샹에 니르고 서로 혼인ᄒᆞ여 ᄭᅳᆫ티 아니ᄒᆞ더라

■ 한이경복(韓李更僕: 한억과 이약곡이 번갈아 죵이 되다.)

한억(韓億)은 송나라 옹구(雍丘) 사람이고 이약곡(李若谷)은 서주(徐州) 사람이다. 과거에 급제하지 못해 가난하였다. 함께 과거를 보러 서울로 갈 때 서로 종이 되었다. 이약곡이 먼저 급제하여 장사 땅에 원으로 갈 때 그 아내가 탄 나귀를 몰고 한억은 짐을 지고 갔다. 고을 삼십 리를 못미처 가서 이약곡이 한억에게 말하기를, "고을 아전이 올까 두렵다." 하였다. 짐에 돈 육백이 있었는데 반을 나누어 한억에게 주고 서로 붙들고 크게 울고 갔다. 훗날 과거에 한억이 또 급제하여 두 사람이 함께 벼슬이 재상에 이르렀고 서로 혼인을 하여 끊어지지 않았다.

[시]
두 친구 함께 서울 가서 과거를 볼 때
도중에 서로 바꾸어 종노릇 하는 것이 무슨 흠일까
예부터 빈천할수록 더욱 친미하게 사귀는 법
그러나 뒤에 영화롭게 되어도 그 우정 변치 않았네
스스로 아내의 말고삐를 잡아 임지에 부임할 때
한억은 뒤에서 짐 상자 지고 갔네
돈 나누고 길 위에서 서로 붙들고 울더니
이로부터 서로 혼인을 맺어 의리가 끊어지지 않았네

한억(韓億)은: '한억'은 송나라 진정(眞定) 영수(靈壽) 사람. 개봉(開封) 옹구(雍丘)로 옮겼고, 자는 종위(宗魏)다. 진종(眞宗) 함평(咸平) 5년(1002) 진사(進士)가 되었다. 진종 때 재상(宰相) 왕단(王旦)의 사위가 되어 혐의를 피하려고 여러 차례 외직으로 나가 치적을 올렸다.

견마(牽馬)롤: 견마를. '견마'는 '경마'의 잘못. 남이 탄 말의 고삐를 잡고 말을 모는 일.

순인맥주(純仁麥舟)

純仁麥舟
范純仁仲淹子仲淹在睢陽純仁到姑蘇搬麥五百斛純仁時尙少旣還舟次丹陽見石曼卿問寄此久何也曼卿曰兩月矣三喪在淺土欲葬而北歸無可與謀者純仁以所載麥舟付之單騎到家拜起侍立良久仲淹曰東吳見故舊乎曰曼卿爲三喪未擧方留滯丹陽時無郭元振無可告者仲淹曰何不以麥舟與之純仁曰付之矣
詩 誰敎小范往姑蘇大范親提汗血駒搬到義聲輸老子麥舟五百視錙銖歸來侍立喜津津不問歸裝問故人倘不麥舟付襄事茲行終是負嚴親

[五倫朋18ㄴ] 범슌인은 숑나라 사롬이니 즁엄의 아들이라 즁엄이 슌인으로 ᄒᆞ여곰 고소 ᄯᅡ히 가 보리 오ᄇᆡᆨ셕을 운젼ᄒᆞ여 오라 ᄒᆞ디 슌인이 이 ᄯᅢ에 나히 오히려 져멋ᄂᆞᆫ디라 도라올 제 단양 ᄯᅡ히 다ᄃᆞ라 셕만경을 보고 무르되 엇디 여긔 오래 잇ᄂᆞ뇨 만경이 닐오디 머무런 디 두 둘이로디 세 상ᄉᆞ룰 빈소ᄒᆞ여 두고 쟝ᄉᆞᄒᆞ고 가려 호디 더브러 의론ᄒᆞ리 업세라 슌인이 그 보리 실은 비룰 다 주고 단긔로 집의 도라와 아븨게 뵈고 뫼셔 셧더니 즁엄이 ᄀᆞ로 [五倫朋19ㄱ] 디 동오에셔 옛 벗을 본다 슌인이 ᄀᆞ로디 만경이 세 상ᄉᆞ룰 쟝ᄉᆞᄒᆞ디 못ᄒᆞ여 단양에셔 머믈며 이제 곽원딘 ᄀᆞᄐᆞᆫ 사ᄅᆞᆷ이 업스니 고홀 디 업세라 ᄒᆞ더이다 즁엄이 ᄀᆞ로디 엇디 보리 비룰 아니 준다 슌인이 ᄉᆞᆯ오디 볼셔 주엇ᄂᆞ이다 ᄒᆞ더라

■ 순인맥주(純仁麥舟: 범순인이 배에 보리를 싣다.)

범순인(范純仁)은 송나라 사람으로 범중엄(范仲淹)의 아들이다. 범중엄이 범순인에게 고소 땅에 가서 보리 오백석을 가지고 오라 하였는데 범순인은 이때 나이가 젊었다. 돌아올 때 단양 땅에 다다라 석만경을 보고 묻기를, "어찌 여기에 오래 있는가." 하니 석만경(石曼卿)이 말하기를, "머무른 지 두 달이 되었는데 세 번의 초상이 나서 빈소를 차려 두고 장사를 지내고 가려 하나 더불어 의논할 사람이 없다." 범순인이 그 보리를

실은 배를 다 주고 단기(單騎)로 집에 돌아와 아비를 뵙고 모시고 섰다. 범중엄이 말하기를, "동오에서 옛 벗을 보았느냐." 범순인이 말하기를, "석만경이 세 번의 초상이 나서 장사를 지내지 못하여 단양에서 머물며 이제 곽원진(郭元振)같은 사람이 없으니 고할 데가 없다." 하였습니다. 범중엄이 말하기를, "어찌 보리를 실은 배를 주지 않았느냐." 범순인이 말하기를, "벌써 주었습니다." 하였다.

[시]
그 누가 소범에게 고소에 가라고 하였는가
그 아버지 대범이 피땀 흘려 모은 재산을
싣고 오다가 석만경을 만나 모두 주고 오니
배에 실은 보리 오백 석을 티끌처럼 여기었네
돌아와 아버지 뵙고 기뻐하여 서 있으니
보리는 묻지 않고 친구 소식 먼저 묻네
만일 그 보리 장례에 쓰라고 주지 않았다면
그 행동이 마침내 아버지 마음을 저버릴 뻔 했네

범순인은: 범순인(范純仁)은. '범순인'은 북송 소주(蘇州) 오현(吳縣, 강소성 蘇州市) 사람. 자는 요부(堯夫)고, 범중엄(范仲淹)의 둘째 아들이다. 인종(仁宗) 황우(皇祐) 원년(1049) 진사가 되었다. 아버지가 돌아가신 뒤 출사(出仕)하여 양성지현(襄城知縣)이 되었다. 이후 시어사(侍御史)와 동지간원(同知諫院)을 지냈다. 왕안석(王安石) 변법(變法)의 부당성에 대해 격렬하게 비판하다가 하중부지주(河中府知州)로 쫓겨났다.

중엄의 아들이라: 범중엄(范仲淹)의 아들이다. '범중엄'은 북송 소주(蘇州) 오현(吳縣) 사람. 자는 희문(希文)이고, 시호는 문정(文正)이다. 진종(眞宗) 대중상부(大中祥符) 8년(1015) 진사(進士)가 되고, 비각교리(秘閣校理)와 우사간(右司諫), 권지개봉부(權知開封府)를 역임했다. 인종(仁宗)의 친정(親政)이 시작되자 부름을 받아 간관(諫官)이 되었다.

운전ᄒᆞ여 오라 흔디: 운반하여 오라 하니.

단긔로: 단기(單騎)로. '단기'는 혼자서 말을 타고 감. 또는 그 사람.

후가구의(侯可求醫)

侯可求醫
侯可華州人爲華原主簿少與田顏爲友顏病重千里爲求醫未歸而顏死目
不瞑人曰其待侯君乎且斂而可至拊之乃瞑顏無子不克葬可辛勤百營鬻
衣相役卒葬之方天寒單衣以居有饋白金者顧顏之妹處室擧以佐其奩具
一日自遠家以窶告適友人郭行扣門曰吾父病醫邀錢百千賣無廬而不售
可惻然計槖中裝略當其數盡與之關中稱爲賢
詩 辛勤千里達求醫生死那知隔此時張目瞑時靈不昧鬻衣空相送終儀
郭生罄槖還資急顏妹遺金顧窮不負一心生死際華原高義薄層空

[五倫朋20ㄴ] 후가는 송나라 회쥬 사룸이라 화원 원을 ᄒᆞ니 져믄 제 뎐안과 사괴엿
더니 뎐안이 병이 듕ᄒᆞ거ᄂᆞᆯ 쳔리에 가 의원을 구ᄒᆞ여 도라오디 못ᄒᆞ여셔 뎐안이
죽어 눈을 곰디 아니커ᄂᆞᆯ 사롬이 닐오더 후가를 기ᄃᆞ려 그러ᄒᆞ미냐 쟝ᄎᆞᆺ 념ᄒᆞ매
후개 니르러 손으로 만지니 눈을 곰으니라 뎐안이 ᄌᆞ식이 업셔 장ᄉᆞ를 못ᄒᆞ여
ᄒᆞ거ᄂᆞᆯ 후개 신근히 빅가지로 경영ᄒᆞ여 오슬 ᄑᆞ라 역ᄉᆞ를 도와 ᄆᆞᄎᆞᆷ내 장ᄉᆞ ᄒᆞ엿
더니 그 ᄢᅢ 날이 치운디라 후개 홋옷 닙고 잇 [五倫朋21ㄱ] 더니 흰 금을 주ᄂᆞ니
잇거ᄂᆞᆯ 뎐안의 누의 쳐녀로 잇ᄂᆞᆫ 줄 알고 그 금을 주어 혼구를 도으니라 ᄒᆞᄂᆞ
먼리 나갓다가 도라오니 집의셔 군핍ᄒᆞ믈 고ᄒᆞ더니 마초아 벗 곽ᄒᆡᆼ이 와 문을
두드려 닐오더 내 아비 병드러 의원의게 쳥ᄒᆞ니 돈을 만히 달라 ᄒᆞ더 내 집을
ᄑᆞ라도 모ᄌᆞ라리로다 ᄒᆞ대 후개 불샹이 너겨 힝장에 남은 거ᄉᆞᆯ 혜아리니 거의
그 수를 당ᄒᆞᆯ디라 다 주니 관듕 사ᄅᆞᆷ이 다 그 어딜믈 일ᄏᆞᆺ더라

■ 후가구의(侯可求醫: 후가가 의원을 구하다.)

후가(侯可)는 송나라 화쥬(華州) 사람으로 화원(華原)의 원을 하였다. 젊었을 적에 전안(田顏)과 사귀었는데 전안이 병이 중하여 천리를 가서 의원을 구하였다. 그러나 돌아오기 전에 전안이 죽었고 눈을 감지 않아 사람들이 말하기를, "후가를 기다려서 그런 것인가." 하였다. 장차 염을

하는데 후가가 와서 손으로 만지니 눈을 감았다. 전안은 자식이 없어 장사를 지내지 못하니 후가가 신근(信謹)히 백가지로 계획을 세워 옷을 팔아 장사를 도와 마침내 장사를 지냈다. 그때는 날이 추운데 후가가 홑옷을 입고 있었는데 백금을 주는 이가 있었다. 전안의 누이가 처녀로 있는 것을 알고 그 금을 주어 혼구(婚具)를 장만하는데 도왔다. 어느 날 멀리 나갔다가 돌아왔는데 집에서 궁핍(窮乏)함을 고하였다. 마침 벗인 곽행(郭行)이 와서 문을 두드리며 말하기를, "내 아비가 병이 들어 의원에게 청하니 돈을 많이 달라고 하네. 내 집을 팔아도 모자랄 것 같네." 하니 후가가 불쌍하게 여겨 행장에서 남은 것을 헤아리니 거의 그 금액이 맞았다. 그 돈을 다 주니 관중 사람이 다 그의 어진 행동을 일컬었다.

[시]
간신히 천리의 먼 길에 의원을 구할 때
이때는 친구의 생사를 알 길이 없어
눈 뜨고 감지 않는 것이 그 영혼이 있음이라
옷 팔아 그 돈으로 장례비용 쓰게 하니
곽행에게 돈 자루를 털어 급한 일 구해주고
전안의 누이에게 돈을 주어 가난함을 돌보니
저버리지 않는 한 마음 죽을 때까지 변치 않아
화원의 높은 의리가 하늘보다 더 높네

신근(信謹)히: 믿음직하며 조심성이 많게.
혼구(婚具)롤: 혼인 때에 쓰는 여러 가지 기구.
군핍ᄒ믈: 궁핍(窮乏)함을. '궁핍'은 가난하고 구차함.

운창자핵(云敞自劾)

云敞自劾
云敞平陵人師事同縣吳章平帝爲博士王莽秉政章忤莽坐腰斬當是時章弟子千餘人莽以爲惡黨皆當禁錮不得仕宦乃盡更名他師敞時爲大司徒掾自劾吳章弟子收抱章屍歸棺斂葬之京師稱焉車騎將軍王舜高其節義薦爲中郎諫大夫
詩 吳章忤莽坐腰刑畏禁門人盡更名獨有先生能自劾斂藏骸骨答恩情式穀成人誨在師事三如一分當宜先生一擧扶名教此義須令學子知

[五倫社22ㄱ] 운챵은 한나라 평능 사롬이니 혼 고을 오쟝을 스 [五倫社22ㄴ] 승으로 셤기더니 왕망이 오쟝을 죽이고 오쟝의 뎨즈 쳔여인을 혼 당이라 ᄒ여 다 금고 ᄒ야 벼슬 못게 ᄒ니 다 다른 ᄃᆡ 비홧노라 일커로더 운챵이 이 째 대스 도연 벼슬이라 스스로 쟝의 뎨지로라 ᄒ고 쟝의 죽엄을 거두어 넘습ᄒ여 쟝ᄉᄒ니 셔울 사롬이 다 일ᄏᆞᆺ더라 왕슌이 그 졀의롤 놉히 너겨 즁낭간ᄐᆡ우 벼슬을 ᄒ이니라

■ 운창자핵(云敞自劾: 운창이 스스로 탄핵하다.)

운창(云敞)은 한나라 평릉(平陵) 사람으로 한 마을의 오장(吳章)을 스승으로 섬겼다. 왕망이 오장을 죽이고 오장의 제자 천여 명을 한 당이라 하여 다 금고(禁錮)시켜 벼슬을 못하게 하였다. 그러자 제자들이 다 다른 곳에서 배웠다고 말하였다. 운창은 이때 대사도연(大司徒掾) 벼슬을 하고 있었다. 스스로 오장의 제자라고 하고 오장의 시신을 거두어 염습(殮襲)하여 장사를 지냈다. 서울 사람이 다 칭찬하였다. 왕순(王舜)이 그 절의를 높게 사서 중랑간대부(中郎諫大夫) 벼슬을 시켰다.

[시]
오장이 왕망의 노여움을 사서 한참의 형을 당하니
금고가 두려워 그 제자들이 딴 곳에서 배웠노라
그러나 운창이 홀로 남아 스스로를 책망하며
시체를 거두고 장사지내니 은혜에 답하였네
좋은 길을 가르쳐 사람 만드는 것은 스승에게 있는 법
군사부를 한가지로 섬기는 것이 의리에 마땅하니
운창의 이 행동 명교 붙들어 일으키어
이 의리 모름지기 뒤의 자손들에게 가르치네

운창은: 운창(云敞)은. '운창'은 전한 말기와 신망(新莽) 때 부풍(扶風) 평릉(平陵) 사람. 자는 유유(幼孺)다. 같은 고을의 오장(吳章)을 사사했는데, 오장은 『상서(尙書)』를 공부해 박사(博士)가 되었다.

왕망(王莽)이: '왕망'은 전한 말기 제남(濟南) 동평릉(東平陵) 사람. 신(新, 8-24) 왕조의 건국자다. 자는 거군(巨君)이고, 원제황후(元帝皇后)의 조카다. 권모술수(權謀術數)를 써서 사실상 최초로 선양혁명(禪讓革命)에 의해 전한의 황제권력을 빼앗았다. 불우하게 자랐지만 유학을 배웠고, 어른을 잘 섬겨 왕봉(王鳳)의 인정을 받았다. 경녕(竟寧) 원년(기원전 33) 황문랑(黃門郎)이 되고, 영시(永始) 원년(기원전 16) 봉읍 1,500호를 영유하는 신야후(新野侯)가 되었다.

금고(禁錮)ㅎ야: 금고(禁錮)시켜: '금고'는 자유형의 하나. 교도소에 가두어 두기만 하고 노역은 시키지 않는다.

념습ㅎ여: 염습(殮襲)하여. '염습'은 시신을 씻긴 뒤 수의를 갈아입히고 염포로 묶는 일.

왕순이: 왕순(王舜)이. '왕순'은 전한 제남(濟南) 동평릉(東平陵) 사람. 왕망(王莽)의 종제(從弟)다. 성제(成帝) 때 중랑장(中郞長)에 올랐다. 애제(哀帝) 때 안양후(安陽侯) 작위를 이었다. 거기장군(車騎將軍)으로 평제(平帝)를 맞아 세웠다. 왕망이 섭정을 맡자 태부좌보(太傅左輔)가 되었다. 시건국(始建國) 원년(9) 태사(太師)를 맡았다. 안신공(安新公)에 봉해졌다. 얼마 뒤 병으로 죽었다.

환영분상(桓榮奔喪)

桓榮奔喪
桓榮沛郡人少學長安習歐陽尙書事博士九江朱普貧窶無資常客傭以自給精力不倦十五年不窺家園會普卒榮奔喪九江負土成墳因畱敎授徒衆數百人
詩 生三事一理斯存世乏隆儒孰知昏桓氏也能知此義奔喪負土報前恩食貧都下習書經十五年來力致精尊寵竟蒙稽古力何曾一字忘先生

[五倫社23ㄴ] 환영은 한나라 패군 사룸이니 져믄 제 셔울 가 비화 구강의 잇는 쥬보룰 셤겨 샹셔룰 비호다가 가 [五倫社24ㄱ] 난호여 즈싱홀 길이 업스니 미양 품포라 니우고 힘쎠 게으르디 아니호야 십오년을 집 동산을 보디 아니호더라 마초아 쥬뵈 죽거눌 환영이 분상호여 구강의 가 흙을 져 무덤을 일우고 인호여 머무러 뎨즈 수빅을 ᄀᆞ르치니라

■ 환영분상(桓榮奔喪: 환영이 초상을 듣고 달려가다.)

환영(桓榮)은 한나라 패군(沛郡) 사람이다. 젊었을 적에 서울에 가서 배워 구강에 있는 주보(朱普)를 섬겨 상서를 배우다가 가난하여 자생(自生)할 길이 없어 매양 품을 팔았다. 힘써 게으르지 않고 십오 년을 집 동산을 보지 않았다. 마침 주보가 죽자 환영이 분상(奔喪)하여 구장에 가서 흙을 지고 무덤을 만들고 머무르면서 제자 수백을 가르쳤다.

[시]
군사부를 한결같이 섬기는 것이 이치에 옳으니
세상 어지러운데 그 누가 이런 의리 지킬 것인가
환영이 오직 스승을 섬길 줄 알아서
달려가 초상을 치르고 흙을 지고 무덤 만들어 그 은혜에 보답했네
타향에 품팔이하며 경서 배울 때

십오 년 동안 힘써 정성으로 공부했네
마침내 성현의 글 배운 그 힘 얻으니
그 어찌 한 글자인들 선생님 가르침 잊으리

환영(桓榮)은: '환영'은 후한 패군(沛郡) 용항(龍亢, 안휘성 濉溪) 사람. 자는 춘경(春卿)이다. 금문경학자. 젊어서 『구양상서(歐陽尙書)』를 익혔고, 박사 주보(朱普)를 사사하여 상서구양씨학(尙書歐陽氏學)을 배웠다. 스승의 『상서』가 너무 번다하다 여겨 대폭 줄이고 이를 『환군대태상장구(桓君大太常章句)』라 불렀다. 집안이 가난해 직접 일해 생활했지만, 학업을 게을리 하지 않았다.

분상(奔喪)ᄒᆞ여: 분상하여. '분상'은 먼 곳에서 부모가 돌아가신 소식을 듣고 급히 집으로 돌아감.

견초감빈(牽招歛殯)

牽招歛殯
牽招觀津人年十餘歲詣同縣樂隱受學後隱爲車騎將軍何苗長史招隨卒
業值京都亂苗隱見害招與隱門生史路等觸蹈鋒刀共殯歛隱屍送喪還歸
道遇寇抄路等皆悉散走賊欲斫棺取釘招垂淚請免賊義氣之乃釋而去由
此著名
詩 當年從學在髫稚遇亂師亡最可悲冒刀歛屍還舊里蒼皇終不負吾師
道逢頑寇亂干戈史路先奔獨奈何一寸丹誠終感賊斫棺兇禍不能加

[五倫社25ㄱ] 견쵸는 위나라 관진 사룸이니 나히 십여셰에 흔 [五倫社25ㄴ] 고을 잇는 악은의게 가 비호더니 후에 악은이 쟝군 하묘의 막해 되여 가거눌 견쵀 조차가 ᄆᆞ춤내 비호더니 경셩에 난이 니러나 하묘와 악은이 다 죽거눌 견최 악은의 뎨ᄌᆞ ᄉᆞ로 등으로 더브러 칼날을 무롭ᄡᅳ고 드러가 악은의 죽엄을 념습ᄒᆞ고 발인ᄒᆞ여 도라오다가 도적을 만나 다른 뎨ᄌᆞ들이 다 ᄃᆞ라나니 도적이 관을 ᄭᅵ쳐 모슬 쌔히려 ᄒᆞ거눌 최 울고 말린 디 도적이 착히 너겨 노코 가니 일로 말미암아 일홈이 나타나니라

■ 견초감빈(牽招歛殯: 견초가 시신을 거두어 염하다.)

견초(牽招)는 위나라 관진(觀津) 사람이다. 나이 십여 세에 한 고을에 있는 악은(樂隱)에게 가서 배웠는데 후에 악은이 장군 하묘(何苗)의 막하(幕下)가 되었다. 견초가 쫓아가 마침내 배웠는데 경성에 난이 일어나 하묘과 악은이 다 죽었다. 견초는 악은의 제자 사로 등과 더불어 칼날을 무릅쓰고 들어가 악은의 시신을 염습하고 발인하여 돌아오다가 도적을 만나 다른 제자들이 모두 달아났다. 도적이 관을 깨서 못을 빼려하니 견초가 울면서 말렸다. 도적이 착하게 여겨 놓고 갔는데 이로 말미암아 이름이 나기 시작했다.

五. 붕우(朋友) | 277

[시]
스승 따라 공부할 때는 그의 나이 어린 시절
난리 속에 스승 죽자 참으로 슬퍼했네
칼날 무릅쓰고 시체 거두어 고향으로 돌아올 때
창황 중에도 끝내 그 스승 저버리지 않았는데
길에서 도둑 만나 칼날 어지러운데
제자들 먼저 도망하니 혼자서 어찌하리오
한 치의 붉은 정성 마침내 도둑을 감동시켜
관 쪼개려던 흉한 화를 면할 수 있었네

견쵸논: 견초(牽招)는. '견초'는 삼국 시대 위(魏)나라 안평(安平) 관진(觀津) 사람. 자는 자경(子經)이다. 처음에 원소(袁紹)에 의지해 독군종사(督軍從事)를 지냈다. 나중에 조조(曹操)에게 귀순하여 종사(從事)가 되었다. 오환(烏丸) 토벌에 나서 호오환교위(護烏丸校尉)에 올랐다.

하묘(何苗)의: '하묘'는 후한 말기 남양(南陽) 완(宛) 사람. 하진(何進)의 동생이다. 여제(靈帝) 때 하남윤(河南尹)을 지냈다. 중평(中平) 4년(187) 농민군을 진압하고 거기장군(車騎將軍)이 임명되고, 제양후(濟陽侯)에 봉해졌다.

막해되여: 막하(幕下)가 되어. '막하'는 장막의 아래라는 뜻으로, 지휘관이나 책임자가 거느리는 사람. 또는 그런 지위.

양시입설(楊時立雪)

楊時立雪
楊時南劍人得明道之傳而歸及聞其卒設位哭寢門以書訃告同學者後與游酢同見伊川伊川瞑目而坐二子侍立旣覺謂曰賢輩尙在此乎今旣晩且休矣及出門外雪深一尺矣
詩 雪道歸來道已東山頹梁毀恨難窮寢門慟擗知天喪爲訃諸生共哭從吾師之弟亦吾師却與游君共事之偶値先生瞑目坐雪深一膝不知疲

[五倫社26ㄴ] 양시는 송나라 남검 사롬이니 명도선싱긔 도혹을 비화 도라왓다가 선싱의 부음을 듯고 침실문 [五倫社27ㄱ] 밧긔 허위롤 베프러 울고 혼가지로 비호던 사롬의게 통부ᄒ니라 후에 유작으로 더브러 이쳔 션싱을 뵈오니 이쳔션싱이 눈을 곰으시고 안ᄌᆺ거놀 두 사롬이 뫼셔 셧더니 션싱이 ᄭᅵ치고 닐오시더 그더네 그저 잇던다 놀이 이믜 져므러시니 가 쉬라 ᄒ시거놀 문 밧긔 나니 눈이 ᄣᅡ혀 깁희 ᄒᆫ 자히러라

■ 양시입설(楊時立雪: 양시가 눈 위에 서다.)

양시(楊時)는 송나라 남검(南劍) 사람이다. 명도(明道)선생께 도학(道學)을 배워 들아 왔다기 선생의 부음(訃音)을 듣고 침실문 밖에서 위패(位牌)를 만들어 울고 함께 배우던 사람에게 통보하였다. 후에 유작(游酢)과 더불어 이천(伊川)선생을 뵈었을 때 이천 선생이 눈을 감고 앉아 있으니 두 사람이 모시고 서있었다. 선생이 깨치고 말하시길, "그대들, 아직 있었는가. 오늘이 이미 저물었으니 가서 쉬어라." 하셨다. 문 밖에 나가니 눈이 쌓여 깊이가 한자가 되었다.

[시]
도학 배워가지고 돌아오니 도는 이미 갔는데
산도 집도 무너져서 한스러움을 참을 길 없어
문 앞에서 슬피 울어 하늘이 무너진 듯하니
제자들에게 부음 돌려 함께 울었네
스승의 아우도 역시 내 스승이거니
유작과 함께 나가 섬기려 하니
때마침 선생님은 눈 감고 앉아 계셨는데
눈이 무릎까지 닿건만 조금도 괴로운 줄 모르네

양시(楊時)는: 양시는. '양시'는 중국 북송(北宋) 말의 유학자. 이정자(二程子:정호·정이)의 도학을 전하여 낙학(洛學:이정자의 학파)의 대종(大宗)이 되었다. 그 학계에서는 주자(朱子)·장식·여조겸(呂祖謙) 등 뛰어난 학자가 많이 배출되었다.

비화: 배워.

부음(訃音)을: 사람이 죽었다는 것을 알리는 말이나 글을.

유작(游酢)으로 더브러: 유작과 더불어. '유작'은 북송 건주(建州) 건양(建陽) 사람. 자는 정부(定夫) 또는 자통(子通)이고, 호는 녹산선생(廌山先生) 또는 광평선생(廣平先生)이며, 시호는 문숙(文肅)이다. 유잠(游潛)의 아들이고, 유순(游醇)의 동생이다. 신종(神宗) 원풍(元豊) 5년(1083) 진사(進士)가 되었다. 태학박사(太學博士)와 감찰어사(監察御史) 등을 지냈다. 화주지주(和州知州)로 나갔다가 한양군(漢陽軍)과 서주(舒州), 호주(濠州) 등지를 다스렸다.

원정대답(元定對榻)

元定對榻
蔡元定建陽人父發博覽羣書以程氏語錄邵氏經世書張氏正蒙授元定曰
此孔孟正脈也元定深通其義旣長辨析益精登西山絶頂忍飢食薺書聞朱
子名往師之朱子叩其學大驚曰此吾老友也不當在弟子列遂與對榻講論
諸經奧義每至夜分四方來學者必俾先從元定質正焉
詩 蔡公問學自家庭虛已尋師要道成勤苦西山通正脈紫陽初見亦應驚
力學精思素性存靑年探討見眞源晦庵叩學難爲友師道何慚一世尊

[五倫社28ㄴ] 채원뎡은 송나라 건양 사룸이니 아비 발이 글을 만히 보와 뎡시어록
과 쇼시경세셔와 댱시졍몽 【다 칙 일홈이라】 으로 원뎡을 ᄀᆞᄅᆞ쳐 골오ᄃᆡ 이는
공ᄌᆞ 밍ᄌᆞ의 뎡믹이니라 원뎡이 그 글 ᄯᅳᆺ을 깁히 아라 ᄌᆞ라매 문의를 분변ᄒᆞ고
푸러보미 더옥 졍ᄒᆞ야 셔산 졀졍의 올나 주리믈 ᄎᆞ마 ᄂᆞ믈을 먹고 글 닑더니
쥬ᄌᆞ 일홈을 듯고 가 스승ᄒᆞ니 쥬지 원뎡의 비혼 거슬 무러 보시고 크게 놀나
ᄀᆞᆯ아샤ᄃᆡ 이는 내 늙은 벗이오 뎨ᄌᆞ 항녈의 두디 못ᄒᆞ리로다 ᄒᆞ시고 탑을 디ᄒᆞ여
안자 경셔의 깁흔 ᄯᅳᆺ을 강논ᄒᆞ실 시 [五倫社29ㄱ] 미양 밤듕ᄭᅳ디 니르고 ᄉᆞ방의셔
와 비호는 사룸은 반ᄃᆞ시 ᄒᆞ여곰 몬져 원뎡을 조차 질뎡ᄒᆞ게 ᄒᆞ시더라

■ 원정대답(元定對榻: 채원정이 책상에 마주앉다.)

　채원정(蔡元定)은 송나라 건양(建陽) 사람이다. 아비 발(發)이 글을 많이 보아 [정씨어록(程氏語)]과 [소씨경세서(邵氏經世書)]와 [장씨정몽(張氏正蒙)]【모두 책 이름이다】으로 채원정을 가르치며 말하길, "이는 공자, 맹자의 정통 맥이니라." 채원정이 그 글의 뜻을 깊이 알았다. 자라서 문장의 의미를 분별하고 풀어서 보는 것을 더욱 정밀히 하여서 산 절정에 올라 굶주림을 참고 나물을 먹으며 글을 읽었다. 주자(朱子)의 이름을 듣고 가서 스승으로 삼으니 주자가 채원정이 배운 것을 물어 보시고 크게 놀라면서 말하길, "이는 내 늙은 벗이지 제자 항렬(行列)에 두지 못할 것

이다." 하시고 책상에 마주 앉아 경서의 깊은 뜻을 강론할 때 메양 밤중까지 이르고 사방에서 와서 배우는 사람은 반드시 먼저 채원정에게 질정(質正)하게 하시었다.

[시]
채원정이 글 배운 것은 집에서부터 시작인데
자기 몸 낮추고 스승 찾아 도 이루기를 기약했네
서산 마루에서 근고하여 정맥을 얻으니
주자도 처음 보고 그 학문에 놀랐네
힘써 배우고 자세히 생각하는 것은 원 성품에서 나온 것이라
젊은이가 이치 탐구한 참 근원을 얻었네
주자가 그 학문 보고 벗 삼기도 어렵다 하니
스승의 길 이렇게 높은 것이 무엇이 부끄러우리

채원뎡은: 채원정(蔡元定)은. '채원정'은 남송 건주(建州) 건양(建陽) 사람. 자는 계통(季通)이고, 호는 서산(西山)이며, 시호는 문절(文節)이다. 벼슬에 나가지 않고 학문과 강학에 몰두했다. 어려서 아버지 채발(蔡發)에게 배웠고, 장성하여 이정(二程)과 소옹(邵雍), 장재(張載)의 학문을 배웠다. 나중에 주희(朱熹)를 찾아가 수학했다. 주희가 강우(講友)로 대우했다.
뎡믹이니라: 정통 맥이다.
주리믈 츠마: 굶주림을 참아.
쥬즈: 주자(朱子). '주자'는 중국 남송의 유학자. 이름은 희(熹), 자는 원회(元晦), 호는 회암(晦庵). 주자는 존칭이다. 신안(안휘성) 사람. 주자학을 집대성하였다. 19세에 진사에 합격하여 관계(官界)에 들어갔으며 그 전후에 도학 외에 불교, 도교도 공부하였다. 24세에 이연평(李延平)과 만나 그의 영향 하에서 정씨학(程氏學)에 몰두하고 다음에 주염계, 장횡거(張橫渠), 이정자(二程子)의 설을 종합 정리하여 주자학으로 집대성하였다.
탑(榻)을 더ᄒᆞ여: 책상을 마주 하여.
질뎡ᄒᆞ게: 질정(質定)하게. 질정'은 묻거나 따져서 바로잡음.

역주 오륜행실도

1판 1쇄 발행 2019년 5월 28일

지은이 | 천명희
펴낸이 | 김진수
펴낸곳 | 한국문화사
등 록 | 1991년 11월 9일 제2-1276호
주 소 | 서울특별시 성동구 광나루로 130 서울숲 IT캐슬 1310호
전 화 | 02-464-7708
팩 스 | 02-499-0846
이메일 | hkm7708@hanmail.net
웹사이트 | www.hankookmunhwasa.co.kr

ISBN 978-89-6817-772-9 93710

・이 책의 내용은 저작권법에 따라 보호받고 있습니다.
・잘못된 책은 구매처에서 바꾸어 드립니다.
・책값은 뒤표지에 있습니다.